증보

놀이중심 교육과정

교과 · 교재 연구 및 지도법

오연주 · 김혜옥 · 박향아

창지사

머리말

유아들은 능동적이고 주도적이며 활동적이고 역동적입니다. 이러한 유아들의 특성을 고려하여 유아의 놀이 활동을 의미 있는 활동으로 이끌어주는 자료들이 필요한데 그것이 바로 교과 · 교재라 할 수 있습니다. 교과 · 교재는 영유아에게 적용할 때 주로 교재와 교구로 이야기 할 수 있습니다. 유아에게 제공되는 다양한 교과 · 교재는 유아의 학습을 촉진시키며, 자신의 능력과 수준에 맞는 교재와 교구를 가지고 놀이하는 동안 유아들은 자신이 경험하고 느낀 것들을 자신의 것으로 내면화할 수 있으며 다양한 개념을 형성해 나갈 수 있게 됩니다. 개정 놀이중심 교육과정의 교과 · 교재는 그 의미가 확장되어 영유아가 놀이를 하면서 놀이경험의 맥락과 의미를 이해하고 이에 따른 배움을 지원합니다. 영유아가 놀이를 하면서 의미 있는 배움을 갖도록 이끌어 주는 모든 것, 제한된 교재나 교구를 넘어서는 모든 자료를 교과 · 교재라 생각합니다. 특히, 3,4장에서는 2019개정 누리과정에서 중점을 두고 있는 놀이에서 활용할 수 있는 다양한 재료를 소개하여 교재.교구의 의미를 확장하여 활용할 수 있도록 돕는 능력 향상, 영유아의 놀이 확장을 지원하는 교사의 놀이 지원기술을 함양할 수 있도록 구성하였습니다.

그러나 예비 교사의 경우 제작 방법이나 제작 시 유의사항, 재료의 종류를 알지 못해 교과 · 교재를 제작하면서 어려움을 겪으며 많은 시행착오를 겪게 되는 것이 사실입니다. 부담스러운 교과 · 교재 제작이 아닌 유아들에게 지금 이 시기에 가장 필요하고 흥미 있는 것을 적절하게 제시해 줌으로써 유아들은 더욱 행복할 것이며, 이들을 보는 교사 역시 행복해질 것입니다.

이에 본 책에서는 교과 · 교재에 대한 이론적 배경을 통해서 교과 · 교재의 기본적인 원리를 습득해 나갈 수 있습니다. 예비 교사와 현장 교사가 교과 · 교재를 제작하는 과정에서, 필요한 재료의 특성을 알고 재료를 적절하게 선택할 수 있도록 교과 · 교재 제작 시, 재료 사용 시 유의점 및 제작 방법을 다루었습니다. 실제편에서는 각 생활 영역별 교과 · 교재를 제작하고 활용하는 방법을 실어 실제 교과 · 교재를 만들어서 융통성 있게 활용할 수 있는 다양한 예시들을 제시하였습니다.

이 책을 통해서 예비 교사 및 현장 교사들에게 유아들과 함께 해 나가는 데에 조금이나마 도움이 되기를 바랍니다. 또한 자료제작 및 사진을 제공해 주신 현장 유아교육전문가들에게도 감사하는 마음을 전합니다.

2023년 1월

저자 일동

차례

CHAPTER 1

교과 · 교재의 정의

학습목표 교과 · 교재의 정의에 대해서 이해할 수 있다.

- 교과 · 교재의 필요성에 대한 이해
- 영유아의 발달에 적합한 교과 · 교재를 선택할 수 있는 능력
- 영유아의 놀이에 적합한 교과 · 교재를 지원하는 태도

추상적 사고가 가능한 성인에게 가르침은 부분적으로 상징적인 매체만으로도 가능하다. 즉, 통상적인 교수 상황인 말이나 글로 가르쳐도 이해가 가능하다는 것이다. 그러나 영유아기는 발달적 특성으로 인해 말과 글로 이해하고 학습하는 시기가 아니다.

영유아기는 신체 · 언어 · 인지 · 사회성 · 정서발달의 기초를 잡아 가는 시기로 학습은 '오감각'을 통해 이루어진다. 즉, 만져 보고, 맛보고, 냄새 맡고, 소리를 듣고, 눈으로 봄으로써 학습한다. 오감각을 통한 통합적 접근이 이루어져야 영유아의 학습이 이루어질 수 있다. 영유아가 사과 그림을 보는 것과 실물 사과를 보는 것은 어떻게 다른지 생각해 보자. 그림카드의 사과는 약간 일그러진 동그라미의 시각적 경험과 성인이 [사과]라고 발음해 주는 청각적 경험을 통해 인지될 것이다. 반면, 실물 사과는 어떨까? 일그러진 동그란 모양은 같을 것이나 냄새가 나고, 건드리면 움직이고 굴러가기도 하며, 향기도 나고, 잡으면 무게감이 느껴지고, 던지면 '쿵' 하고 소리가 나면서 약간 물러지고 색깔이 변하기도 한다. 입으로 탐색해 보면 새콤달콤한 물이 입안으로 들어오는 것을 느낄 수 있을 것이다. 성인이 '사과'라고 명명하는 이 물건은 매우 다양한 측면을 지니고 있음을 느끼게 될 것이다. "사과는 동그랗고, 먹으면 새콤달콤하고……" 등의 말로 설명한다고 생각해 보자. 영유아에게 세상은 어떻게 느껴질까? 잘 이해 못 하는 것을 어른들은 자꾸만 설명하려 하는 지루하고 따분한 곳으로 느껴지지 않을까? 이러한 영유아의 특성 때문에 교과 · 교재는 영유아에게 매우 필요하며, 학습을 재미있고 즐겁게 할 수 있는 원동력이 된다.

1 교과 · 교재의 개념

1) 교과 · 교재의 개념

교과 · 교재는 교과와 교재가 합쳐진 말로서 사전에서는 교과(敎科)란 '교육의 목적에 맞게 가르쳐야 할 내용을 계통적으로 짜놓은 일정한 분야'를 말하고 교재(敎

材)란 '가르치는 데 쓰이는 교과서를 비롯한 여러 가지 재료'를 말하는 것으로 유아교육에서는 유아의 발달을 위해 제공되는 모든 것들로 주로 유아들의 놀이환경을 포함하여 놀잇감, 교수매체, 활동자료 등의 모든 것들을 포함한다.

2019 개정 누리과정에서는 유아가 중심이 되고 놀이가 살아나는 교육과정을 강조하면서 교과 · 교재의 개념도 달라지고 있다. 교사가 지도서에 의존하여 획일적으로 운영하거나 교사가 계획한 자유선택활동을 중심으로 운영하기 보다는 유아들의 놀이의 가치와 의미를 이해하고, 놀이를 통한 배움에 중점을 두고 있다. 2019 개정누리과정에서는 교과란 가르쳐야할 내용을 계통적으로 짜놓은 일정한 분야라고 해석하기 보다는 교사와 유아가 함께 만들어나가는 경험의 총체로, 교재란 가르치는데 쓰이는 여러 가지 재료라고 하기 보다는 유아 스스로 놀이를 통한 배움을 위해 필요한 재료라고 해석하는 것이 맞을 것 같다. 때로는 흙, 종이박스, 비닐, 끈, 솔방울, 줄, 또는 책상이나 공간 등 이러한 모든 것들은 놀이의 재료가 될 수 있기 때문이다.

2) 교과 · 교재의 필요성

2019개정 누리과정으로 인하여 유아들의 놀이에 필요한 어떤 것도 교재가 될 수 있다고 하여 기존의 교재나 교구가 필요하지 않다고 이해해서는 안된다. 유아들의 놀이에서는 주변의 여러 가지 재료도 필요하고 다양한 교구들도 필요하다.

유아기의 특성과 관련하여 교과 · 교재의 필요성은 다음과 같다(이대균 외, 2006).

- 영유아는 끊임없는 에너지를 가지고 있고, 그 끊임없는 에너지를 긍정적인 방향으로 발산시킬 수 있도록 하는 것이 바로 놀이이다. 따라서 놀이터와 놀잇감이 필요한데 그것을 유치원 교육과 관련하여 보면 영유아를 위한 활동이요, 활동할 장소이며, 교과 · 교재인 것이다.
- 영유아는 잘못할 가능성이 커서 다양한 사물을 직접 조작하는 활동을 해 보는 경험이 필요하고, 타인의 관점에서 사물과 사건을 바로 볼 수 있는 경험,

그리고 성인의 생활환경에 서서히 익숙해지는 데 도움이 되는 의도적인 활동이 필요한데 그것을 도와주는 것이 교과 · 교재이다.

- 영유아는 자신이 살고 있는 세계에 대해 예민한 흥미를 가지고 있기 때문에 이를 충족시키기 위한 실제적인 경험이 필요한데, 이를 도와주는 것이 교과 · 교재이다.
- 영유아는 성인에 비해 개인차가 크므로 다양한 개별 수준과 흥미에 따라 선택할 수 있는 단계별로 되어 있는 다양한 교과 · 교재가 필요하다.
- 영유아는 감각 운동적 경험으로 세계를 이해한다. 직접 눈으로 보고, 만지고, 듣고, 냄새 맡을 수 있는 구체적인 교과 · 교재를 다루어 볼 수 있는 경험이 필요하다.
- 영유아는 무한한 가능성을 가지고 있다. 영유아의 내면에 지니고 있는 잠재된 가능성을 자발적으로 펼치게 하기 위해서는 촉진제, 매개체가 필요한데 그것이 바로 성인과의 상호작용, 사물과의 상호작용이 자연스럽게 일어날 수 있도록 하는 적절한 교과 · 교재이다.

위에서 살펴본 바와 같이 영유아를 위한 교과 · 교재는 구체적 경험을 제공하고 영유아의 활동을 학습으로 연결시키고, 영유아가 배운 내용을 통합하도록 돕는 여러 가지 요소가 포함되어야 한다.

그러므로 교사는 영유아의 특성, 발달 수준, 연령, 주제에 따라 그에 적합한 다양한 교과 · 교재를 준비하고 제공해 주어야 한다. 이를 통해 영유아는 자신의 능력이나 흥미에 맞는 교과 · 교재를 선택하여 놀이하는 동안 개념을 습득하게 되며, 문제해결력을 기르고, 타인을 이해하게 되고, 자신감을 형성해 나가는 기회를 갖게 된다.

2 놀이중심 교육과정과 교과 · 교재

영유아는 스스로 배울 수 있는 힘을 가진 유능한 존재이며, 놀이를 통해 주도적으로 배워 나갈 수 있다. 영유아는 놀이 속에서 행위의 의미와 정당성을 경험하고, 다른 사람과 사물을 관찰하고 탐구하면서 새로운 의미를 발견하고 배우게 된다. 예를 들어, 진흙 바닥의 탐색은 미끄러움이라는 촉각에 대한 정서적인 경험과 발이 진흙 속에 깊이 빠지지 않기 위한 신체적 균형, 그리고 진흙 위를 걸어가는 자신을 지렁이라고 상상할 수 있는 상상력을 경험할 수 있게 한다.

영유아의 놀이는 어떤 척도에 따른 평가나 성과물로서의 인정 여부를 떠나 모든 과정과 시간의 흐름에 따른 발화와 행위의 발생이 배움과 사유의 과정이 될 수 있다. 따라서 놀이와 교육과정과 배움은 서로 분화되지 않으며, 함께 유기적으로 영유아의 전인적 발달에 기여한다. 이같이 놀이중심 교육과정은 영유아의 놀이와 학습을 분화하지 않으며, 영유아가 자율적인 놀이 활동을 통해 자발적으로 배움을 갖게 되는 과정을 의미한다.

1) 놀이자료

영유아에게 위험하거나 유해하지 않는 한 모든 자료가 놀이자료가 될 수 있다(일상의 사물들, 자연물, 자연현상 등). 또한, 영유아가 어떤 자료에 흥미를 갖고 탐색하고자 하며, 놀이를 통해 새롭게 의미를 부여할 때는 이를 수용해 주어야 한다(예: 재료탐색 놀이- 색 철사의 변신).

  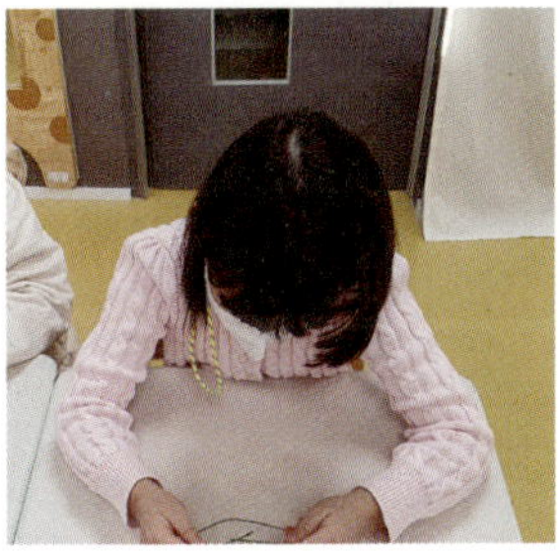

■ 영유아가 결정한 자료 활용 방법을 격려한다.

영유아는 자신만의 방식으로 자료를 해석하고 교사가 의도한 것과 다르게 자료를 활용하기도 한다. 어떤 자료는 단순한 탐색의 대상이 되기도 하고, 어떤 자료는 다양한 방법으로 오랫동안 놀이에 활용되기도 한다.

예 교사는 집 꾸미는 자료로 천을 제공했는데 유아는 옷으로 입고 패션쇼 놀이를 하는 데 사용했다.

■ 자연물이나 자연현상도 자료가 될 수 있다.

영유아는 자연물로 놀이하는 과정에서 색, 모양, 선, 질감과 같은 자연물 속성과 아름다움에 대한 감성, 생명의 존귀함을 스스로 배운다.

예 유아들이 밖에서 그림자를 발견하고 흥미를 보이며, 그림자 만들기, 그림자 밟기 등의 놀이를 하였다.

■ 다양한 일상의 사물을 놀이자료로 활용한다.

영유아는 일상의 물건을 놀이자료로 사용하면서 본래의 용도 외에 물질의 고유한 특성과 형태, 색, 질감 등의 감각적 요소를 발견하게 된다.

예 유아들은 재활용품을 활용하여 새로운 놀잇감을 만들어 놀이에 활용하였다.

■ 자료가 없이도 놀이할 수 있다.

영유아는 몸으로 주변 세계를 알아가고, 자신의 감정과 생각을 표출하고, 여러 가지 놀이를 한다.

예 놀잇감이 없어도 대문 놀이 하나만으로도 신나게 놀이했다.

■ 기존의 자료도 새롭게 활용해 본다.

기존의 기관에서 가지고 있던 흥미영역별, 생활주제별 자료도 잘 활용한다면 훌륭한 놀이자료가 될 수 있다. 그러므로 자료를 흥미영역이나 생활주제 또는 연령별로 분류하는 기존의 보관방법을 놀이자료별로 분류하는 등 효과적으로 기존의 자료를 활용할 수 있는 방법을 찾아보는 것이 바람직하다.

예 안전에 관한 이야기 나누기 활동 자료를 가지고 유아들이 알아맞히기 게임을 하고 있다.

놀이중심 교육과정의 교수학습은 영유아의 놀이를 관찰하고 배움을 지원한다는 점에서 기존 누리교육과정의 교수학습과 유사하다. 그러나 실행 부분에 있어서는 엄연한 차이가 있다. 기존 누리교육과정에서는 생활주제별로 구조화된 학습계획에 근거하여 영유아의 배움을 지원한다. 이와 달리 개정 누리과정에서는 영유아의 흥미나 호기심에 따라 주도적이고 자율적으로 놀이가 진행되도록 하며, 교사는 놀이를 관찰하면서 필요에 따라 배움이 연계될 수 있도록 상호작용이나 놀이자료를 제시하는 방법을 통해 지원한다. 따라서 교사의 교수학습을 위한 교과 · 교재도 구조화된 교육과정의 수행을 위한 도구가 아닌, 놀이 관찰을 통한 배움을 지원하기 위한 자료로서의 의미를 갖는다.

놀이중심 교육과정의 교수학습을 실행하기 위한 놀이자료의 이해와 활용 방안에 관한 내용은 아래와 같다.

첫째, 새로운 교과 · 교재를 제시할 때 교사가 의도한 대로의 결과를 얻기 위한 방안으로 이끌지 않아야 한다. 교사는 새롭게 제시한 자료를 가지고 영유아가 어떠한 방법으로 자신의 놀이에 활용하고 있는지 관찰하고 그 흐름 속에서 배움이 일어나도록 지원해야 한다. 예를 들어, 신체활동을 위한 교구로 보자기를 제시했는데 유아가 역할놀이에서 머리에 쓰는 소품으로 활용한다면 유아의 선택을 존중하고 놀이가 확장될 수 있도록 지원해야 한다.

교통기관과 관련된 놀이 시 1층 영아반의 자동차 교구를 교실에 비치해 주었다. 유아들은 바퀴의 더러워진 부분을 발견하고 "여기 바퀴가 더러워. 나 아빠랑 세차하러 가 본 적 있었다."라고 말하며, 세차장을 가 본 경험에 대해 이야기 나누면서 세차장 놀이가 이루어졌다. 차 안에 있으면 자동으로 세차해 주는 것을 회상하며 종이블록을 N 모양으로 쌓아 테이프로 고정하여 자동세차장 모습을 구성하였다. 하늘색 스카프, 천으로 물줄기를 표현하였고 역할교구로 제시된 계산기, 돈 교구, 수건, 수세미 교구로 세차장 놀이가 활발하게 이루어졌다. 한 유아가 "내가 가 봤던 세차장에서는 세차하고 맛있는 거 줬었어. 난 사이다 먹었고, 아빠는 커피 먹었는데."라고 말하며 역할교구로 제시된 음료 교구를 가져와 세차놀이 후 매트 자리에 앉아 마시는 흉내를 내기도 하였다.

둘째, 자연물이나 자연현상은 그 자체로 훌륭한 교과 · 교재로서 탐구 대상이며 상호작용의 대상이 될 수 있다(교육인적자원부, 2005). 영유아 주변의 자연물이나 자연현상은 탐색, 관찰, 몰입을 통해 배움이 일어나도록 매개하는 자료이다. 영유아는 자연물로 놀이하면서 색, 무게, 질감, 수량 등을 자연스럽게 배우게 된다. 예를 들어, 유아가 개나리꽃과 민들레꽃을 탐색하면서 노란색이라는 같은 점과 개나리꽃이 민들레꽃보다 작다는 다른 점을 발견할 수 있다. 이를 통해 영유아는 노란색이라는 색 인지와 '작다', '크다'와 같은 크기의 비교와 차이를 배울 수 있다. 영유아는 구체적인 자연물을 활용해 수 세기, 많고 적음의 양적 비교, 사물 간의 관계 인식, 기초적인 측정 개념을 학습할 수 있으며, 오감각을 이용한 감각놀이 탐구 및 관찰 등의 활동을 전개할 수 있다(정솔, 2020). 교사는 영유아가 자연물이나 자연 현상에 대해서 어떻게 놀이하는지에 대한 관찰을 통해 놀이 맥락을 이해하고 적절한 개입과 질문을 하면서 배움을 연결할 수 있다.

겨울에 먹을 수 있는 음식에 대한 이야기를 나눈 후에 가게의 큰 틀을 제공해 주었으며, 메뉴판, 만들기 재료의 경우 유아 스스로 만들어 가게를 완성하였다. 유아들끼리 역할을 정한 후에 가게에서 음식들을 판매하고 책상으로 이동하여 먹는 놀이를 하다가 옆에 만들어져 있는 빙어 축제에서 놀이를 하던 유아가 가게로 다가가 "빙어를 잡아 왔는데 이걸 구워 줄 수 있을까요?"라고 물어보자 "여긴 호떡만 구울 수 있는데..."라고 하며 주변 친구들과 이야기를 나눈다. 빙어 축제에 있던 친구들이 "근데 나는 빙어 잡아서 바로 구워 먹었었는데!"라고 하자 한 명의 유아가 벽돌 블록을 동그랗게 쌓아 올리며 "여기 불에 구워서 팔아 줄래?"라고 말을 한다. 불과 물고기가 같이 있어 유아들이 "이 뜨거운 걸 어떻게 잡아?"라고 고민하는 모습에 교사가 벽돌 블록 위에 철망을 올려 주며 "여기 위에 구워 볼래?"라며 새로운 자료를 제공해 주자 유아들이 흥미를 보였다. 화로 옆에는 블록들을 나열하고 다 구워진 빙어를 올려 두며 "여기에서 가져가세요."라고 확장을 하는 모습이 보이기도 하였다.

출처: 신촌어린이집(만 5세).

셋째, 모든 사물은 교과 · 교재로 활용될 수 있으며, 놀이를 통해 새로운 용도로 변용될 수 있다. 영유아는 성인과 다르게 재료에 의존하여 자신의 경험을 표현하고자 하는 경향이 있으므로 어떤 재료를 제공하느냐는 매우 중요하다. 영유아는 생활 주변의 새로운 재료를 경험하면서 새로운 표현에 대한 동기가 부여되고 자신이 보고 느끼고 경험한 것을 자유롭게 표현하게 된다(고세화, 2020). 예를 들어, 휴지심이나 상자와 같은 단순한 재활용품도 본래의 용도와는 다른 용도로 놀이에 활용하면서 자유롭게 자신의 경험이나 생각을 표현할 수 있다. 교사는 영유아가 주변의 재료를 탐색하면서 자신의 방식대로 활용할 수 있도록 다양한 재료를 교과 · 교재로 제시해 주어야 한다.

배에 계단(의자 대용)을 넣고 노를 젓는 모습

여름에 낚시 놀이를 하다가 다양한 교통기관 중 배에 관심을 보이는 유아들이 있었다. 종이 상자를 이용하여 배를 함께 만들어 보기도 하고 배 모양 매트를 제시해 주었다. 종이 상자에는 튜브를 만들어 붙여 주며 사람들이 바다에 빠졌을 때 던져 줄 수 있다고 하여 안전교육 시간에 활용하는 구명조끼도 제시해 주었다. 놀이를 하던 유아들에게 이 배는 어떤 힘을 이용하여 움직이는지 물어보자 기름의 힘으로 움직인다고 하기도 하고 전기의 힘으로 움직인다는 답변을 들을 수 있었다. 전기로 움직인다는 친구의 이야기에 전기가 물과 만나면 사람들이 죽을 수 있다며, 노의 힘으로 움직이는 배라고 설명해 주었다. 왜 노가 없는지 물어보자 유아들이 음률영역의 부채를 들고 와 노를 젓는 모습을 보이거나 노를 새로 만들어야 한다고 하면서 미술영역에서 꾸며 보았다. 하지만 노를 저을 때 팔의 길이와 배의 높이가 맞지 않아 힘들어하는 모습을 보여 어떻게 하면 좋을지 물어보자 의자를 가져와 배 안에 넣고 노를 저었다.

출처: 신촌어린이집(만 4세).

넷째, 기존 교과 · 교재도 영유아의 놀이에 따라 새롭게 활용할 수 있다. 교사가 영유아의 흥미나 활동을 위해 제시했던 기존의 교과 · 교재도 놀이에 따라 새로운 방식으로 활용될 수 있다. 예를 들어, 수 교육을 위한 야채 모형 교과 · 교재는 소꿉놀이 소품으로 활용될 수 있다. 또한, 신체 각 부분 명칭 교육을 위한 그림판 교구도 경우에 따라 알아맞히기 게임판으로 새롭게 활용할 수 있다. 따라서 기존의 교과 · 교재도 영유아의 놀이에 따라 새로운 교과 · 교재로 활용할 수 있다.

두 영아가 와플 블록으로 실제 자신이 들어갈 만큼의 크기의 집을 만들었다. 그 안에 스카프와 음식 모형들을 갖다 두고 '집'이라고 지정하였다. 남아는 여아에게 "아빠 갔다 올게!"라고 말하며 가방을 들고 집을 나섰고, 여아는 집 안에서 손을 흔들며 "여보 다녀오세요~"라며 배웅해 주었다. 남편 역할의 영아는 큰 와플 블록으로 '기차'를 만들었고, 아내 역할의 영아는 스카프에 색깔 물병과 음식 모형들을 담아 소풍 준비를 하였다. 기차를 만들던 영아가 "다 됐다! 민희(가명)야, 빨리 와! 기차 다 됐어. 음식은 여기에 넣고 가자."라며 의자 밑의 블록을 빼고 친구가 가져온 소풍 가방을 넣었다. 교사가 어디에 가는지 질문하자 "우리는 바닷가로 캠핑가요.", "다녀올게요~"라며 교사에게 손을 흔들며 블록 기차를 타고 출발하였다.

출처: 신촌어린이집(만 2세).

2) 교과 · 교재의 활용과 놀이지원

영유아는 다양한 놀이자료를 관찰하고 탐구하면서 지식을 획득하고, 영유아–영유아, 영유아–교사, 영유아–환경과 상호작용하면서 전인적인 발달을 하게 된다. 교사는 영유아가 놀이를 통해 다양한 경험과 상호작용을 하면서 배움과 연결될 수 있도록 놀이를 관찰하고 지원하는 역할을 해야 한다. 교사의 관찰을 통해 얻은 영유아 놀이에 대한 이해와 흐름에 따른 양상은 교수학습 운영이나 교과 · 교재의 기초 자료로 유용하게 활용될 수 있다. 이러한 관찰에 따른 실행은 영유아가 자발적이고 즐겁게 놀이에 참여하게 하며, 놀이를 지속하게 하는 요인으로 작용될 수 있다. 놀이관찰을 통한 교과 · 교재의 활용과 놀이의 지원 방안으로는 놀이관찰, 상호작용, 감각교육, 다양성의 존중, 놀이 참여 등을 제시할 수 있으며, 세부적인 내용은 아래와 같다.

(1) 놀이의 관찰을 통한 교과 · 교재의 지원

교사가 예상하고 계획한 교과 · 교재의 활용 방법과 실제 영유아가 교과 · 교재를 활용하는 방식은 서로 다르게 나타날 수도 있다. 따라서 기존 교사의 교수학습계획에 따라 이루어졌던 교과 · 교재의 활용에서 벗어나 우선적으로 영유아의 놀이 자체를 민감하게 관찰해야 한다. 교사가 교과 · 교재를 제시하였을 때 이에 수반되는 영유아의 반응을 관찰하고 적절하게 지원해야 한다. 다음은 유아 놀이 관찰을 통한 교과 · 교재 지원에 관한 사례이다.

그러던 어느 날, 교사는 이미 제공되어 있던 휴지심에 색종이와 포장지를 붙여 주었고, 영민이가 관심을 가졌다. 휴지심을 길게 테이프로 연결해 붙여 자신의 키보다 더 커졌고, 영민이는 긴 휴지심으로 배의 노 젓는 놀이를 하고, 파이프로 이야기를 주고받고, 요술막대가 되어 상상놀이를 즐겼다. 이 모습은 다른 유아들로 하여금 모델링이 되어 모든 휴지심이 소진될 때까지 같은 작품을 만들어 나가게 하였다. 이후에도 일회용 뚜껑을 서로 맞대어 테이프를 꼼꼼하게 붙이고 "다람이가 굴리면서 노는 장난감이야." 하고 소개하며 여러 명의 유아들이 교실을 기어 다니고 뛰며 굴리는 장난감을 쫓아가는 놀이에 확장하여 사용하였다.

출처: 고세화(2020).

교사는 재활용품인 휴지심을 놀이자료로 제공하였으나 유아들이 관심을 보이지 않자 다양한 색깔의 색종이와 포장지를 휴지심에 붙여 주었다. 교사가 제시한 놀이자료에 관심을 보인 한 유아의 놀이 활동을 통해 휴지심은 배의 노가 되기도 하고 파이프와 요술막대 등 다양한 상상놀이의 매체로 확장되었다. 이처럼 교사의 다양한 놀이자료 제시는 영유아의 단순한 놀이를 상상놀이로 변화시켜 놀이 수준의 변화를 가져오게 할 수 있다.

유아들이 역할놀이로 음식점 놀이에 흥미를 보이고 있었다. 다양한 음식을 파는 가게놀이를 하던 중 한 유아가 "어? 갑자기 비가 많이 오기 시작했어. 어떡하지? 비가 다 들어오잖아."라고 말하며 상황극 놀이로 이루어졌다. "우산이 없어요. 비를 다 맞게 생겼잖아."라고 말하는 유아를 보고 "아! 그거 만들까?"라고 말하며, 역할영역에 있는 보자기를 꺼내어 가게놀이 교구 지붕 앞쪽에 갖다 대며 "텐트처럼 만들면 비가 안 들어올 거야."라고 말하였다. 놀이 시 유아들의 움직임으로 인해 보자기가 떨어지자 "선생님, 여기 테이프로 붙여 주세요."라고 도움을 요청하여 보자기를 가게 교구 앞부분에 단단히 고정해 주자 유아들은 비를 막아 주는 천막의 모습을 구성하였다.

출처: 신촌어린이집(만 4세).

(2) 상호작용을 통한 교과 · 교재의 활용과 지원

영유아는 또래와 상호작용을 하면서 자연스럽게 지식을 습득하거나 발달을 할 수 있다. 영아의 경우, 아직 언어로 상호작용을 하기 어렵기 때문에 또래 영아의 행동이나 표정을 따라 하면서 상호작용하게 된다. 예를 들어, 한 영아가 블록 끼우는 것을 다른 영아가 보고 따라 하면서 조작적 능력이나 신체적 능력이 발달하게 된다. 유아의 경우는 또래와 자신의 생각이나 느낌을 표현하고 묻고 답하는 과정을 통해 언어능력이 촉진될 수 있다. 또한, 또래가 사용하는 재료나 방법을 관찰하면서 질문하고 답하는 과정을 통해 지식을 습득할 수도 있다. 교사는 영유아-영유아, 영유아-환경 간의 상호작용이 활발하게 일어날 수 있도록 정서적으로 격려하거나 놀이자료를 제시하여 지원할 수 있다. 또한, 영유아의 놀이가 지속될 수 있도록 놀이공간을 확장하거나 공간의 변화를 줄 수 있다.

캠핑 놀이를 하고 싶어 하는 유아들을 위하여 주제 망을 잡아 보고 필요한 용품들에 대한 이야기를 하였다. 캠핑 경험이 있는 유아들은 적극적인 모습으로 발표를 하였으며, 유아들의 의견을 반영하여 열매 캠핑장을 구성하여 놀이를 진행하게 되었다. 텐트는 모기장으로 설치해 주었으며, 작은 공간과 큰 공간을 유아들이 나누고 이름을 정해 보기도 하였다. 캠핑 경험이 있는 유아들은 캠핑장 앞에 음식을 먹을 수 있는 공간을 스스로 마련하고 다른 유아들에게 "여기 불을 넣으면 고기는 아이스박스에 있어야지."라고 알려주기도 하였다. 캠핑 경험이 없는 유아들의 경우에는 실내공간과 실외의 공간을 배치하는 능력이 서로 달랐으며, 경험이 많은 유아들은 공동 시설을 사용하는 방법을 알고 있어 유아들에게 서로 이로운 정보를 주기도 하였다.

출처: 신촌어린이집(만 5세).

(3) 감각을 통한 교과 · 교재의 활용과 지원

영유아는 감각적인 특성을 가진 물체를 접하면서 정서적인 느낌을 경험하고 자신의 감정이나 생각을 표현하게 된다. 또한, 감각적 경험을 통한 자발적인 탐구는 과학이나 사물에 대한 개념을 습득하도록 이끈다. 교사는 영유아 주변의 다양한 자연물이나 비구조적인 놀이자료를 지원하여 영유아가 감각적인 경험을 통해 아름다움을 느끼고 자신의 감정을 표현할 수 있도록 지원할 수 있다. 예를 들어, 유아들이 산책 활동을 하면서 낙엽에 대한 관심을 보인다면 낙엽을 관찰하고 경험할 수 있도록 다양한 방법으로 교실에 배치할 수 있다. 낙엽을 자세히 볼 수 있도록 현미경을 제공할 수도 있고, 주워 온 낙엽으로 교실 바닥에 길을 만들 수도 있다.

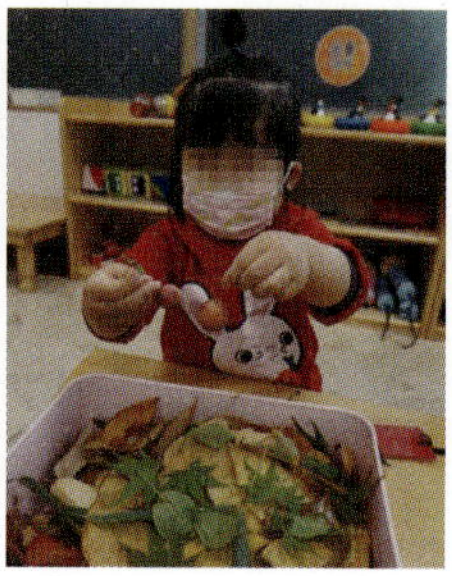

한 영아가 등원 길에 초록색 나뭇잎을 주워 왔다. 영아가 초록색 나뭇잎을 친구들에게 보여 주자 그날 우리 반은 나뭇잎에 많은 관심을 보였다. 영아가 주워 온 초록색 나뭇잎을 역할놀이에 활용하자 나뭇잎을 가지지 못한 영아가 속상해하며 나뭇잎을 빼앗으려는 모습을 보였다. 그 모습을 본 다른 한 영아가 환경구성에 있던 나뭇잎 코팅을 가져와 속상해하는 영아에게 나누어 주며 코팅된 나뭇잎으로 역할놀이를 진행할 수 있도록 도와주었다. 교사는 평소에 가지고 있던 여러 나뭇잎을 제공해 주었고 그날은 나뭇잎에 많은 관심을 보이며 놀이가 진행되었다. 한 영아가 등원 길에 가져온 그저 나뭇잎 하나로 그칠 수 있었지만 그날 영아들의 흥미와 관심으로 인해 나뭇잎 놀이 자료는 우리 반에서 하나의 중요 놀이자료가 될 수 있었다.

출처: 신촌어린이집(만 1세).

(4) 다양성을 존중하는 교과 · 교재의 활용과 지원

영유아는 같은 연령일지라도 기질이나 수준, 개인적 경험에 따라 발달 수준에 차이가 있을 수 있다. 따라서 영유아의 개별적인 변인이나 수준, 기질과 같은 특성을 관찰하고 다양한 수준의 교과 · 교재를 지원해야 한다. 교사는 영유아가 개별적 특성에 따라 교과 · 교재를 어떻게 활용하여 놀이하는지 관찰하고 발달에 따라 일관성 있게 반응하고 지원해야 한다.

친구와의 끼적이기를 즐기던 영아가 갑자기 점토 놀이 코너로 이동해 점토 놀이를 하고 싶다는 의사를 표현하였다. 교사는 영아의 요구를 수용해 천사점토와 사인펜을 제시해 주었다. 점토 놀이가 천사점토 위에 사인펜으로 물을 들이던 것에 한정되어 있었는데, 점토 위에 그림을 그리는 영아의 모습을 볼 수 있었다. 교사는 영아가 점토를 넓게 펼쳐 종이처럼 만들어 더 편안하게 끼적이기를 할 수 있도록 도움을 주었다. 끼적이기는 종이 종류에서만 할 수 있다는 교사의 고정관념을 벗어나 종이만이 아닌 다양한 재질에서도 할 수 있다는 것을 영아의 창의성으로 인해 생각할 수 있었던 의미 있는 확장 놀이였다.

출처: 신촌어린이집(만 1세).

(5) 놀이 참여에 따른 교과 · 교재의 활용과 지원

교사가 놀이에 직접 참여하는 것은 영유아와의 놀이 공감대를 형성하고 영유아가 즐거움을 느끼게 한다. 또한, 교사의 놀이 참여는 영유아의 놀이에서 배움의 순간이 발생했을 때 즉각적인 지원을 할 수 있게 한다. 영유아의 놀이 과정에서 문제가 발생하거나 탐색을 하는 동안 배움이 촉발되어 호기심과 궁금증이 발생했을 경우에는 질문과 대답을 통해 사물의 이해나 지식의 확장으로 연결될 수 있다. 또한, 교사는 영유아가 스스로 문제를 해결할 수 있도록 힌트를 주거나 도움이 될 수 있는 교구를 제시함으로써 영유아를 지원할 수 있다. 영유아는 교사의 질문이나 제안을 통해 다시 탐구하고 문제를 발견하며 해결함으로써 더 높은 수준으로 사고할 수 있게 된다.

(6) 영유아 인성 놀이를 통하여 영유아의 인성 개발을 위한 지원

놀이를 통하여 영유아는 긍정적인 자아감을 형성하고 남을 배려하며 더불어 즐겁게 성장하는 경험을 갖도록 지지해야 한다.

수영장 놀이를 하며 유아들에게 순서에 대한 갈등이 발생하였다. 순서를 어떻게 하면 좋을지 유아들과 이야기 나누었다. 유아들이 순서대로 이름을 적고, 긴 바늘이 2칸 이동하면 비켜 주자고 하였다. 그래서 융판에 1~10까지의 숫자를 적은 후 차례로 이름을 적어 놀이해 보았다. 유아들이 자신의 차례가 지나가면 이름을 지우고 다음 친구에게 구명조끼를 전달해 주었으며, 수영장 놀이를 할 때 '구명조끼를 입은 친구들이 놀이해요'라는 규칙을 만들어 구명조끼를 입고 차례를 알려 주면서 질서 있게 놀이가 진행되었다.

출처: 신촌어린이집(만 3세).

1. 영유아 놀이에서 놀이자료의 중요성을 경험했던 사례

버스 놀이 자료를 준비하였는데 유아들이 버스 놀이보다는 카센터 놀이에 관심을 보이며 놀이가 이루어졌습니다. 그러나 다음날 상자로 구성된 큰 종이 버스 틀을 제공해 주자 유아들이 관심을 보이는 모습이 보였다. 종이 버스에 버스 놀이 자료에 제공된 버스 손잡이를 부착하기도 하고 종이 버스를 색칠하고 버스의 번호를 정하며 놀이가 시작되었다. 버스카드를 찍을 수 있는 카드기를 제공해 주자 유아들이 미술영역의 종이로 버스카드를 만들기도 하고 교실의 의자를 배치하여 앉는 곳과 운전석을 구성하였습니다. 놀이 자료를 디테일하게 제공해 주자 유아들이 관심 없던 놀이에 흥미를 보이며 놀이가 활발하게 이루어졌다.

2. 놀잇감으로 교사는 미처 생각하지 못했는데 영유아가 생각해 낸 사례

① 교사가 칼날이 없는 보풀제거기로 헝겊 인형의 보풀을 제거하고 있었는데, 영아도 보풀제거를 희망하여 보풀제거를 스스로 해 볼 수 있게 기회를 제공하였습니다. 반에 있는 헝겊 놀잇감의 보풀을 제거하는 것으로 놀이가 활성화된 적이 있었습니다. 더 나아가 영아들이 접착롤러에도 관심을 가지는 것이 보여 테이프를 이용해 접착롤러처럼 만들어 주고, 칼날 없는 보풀제거기도 더욱 제공해 주어 한동안 우리 반의 놀잇감으로 사용되었다.

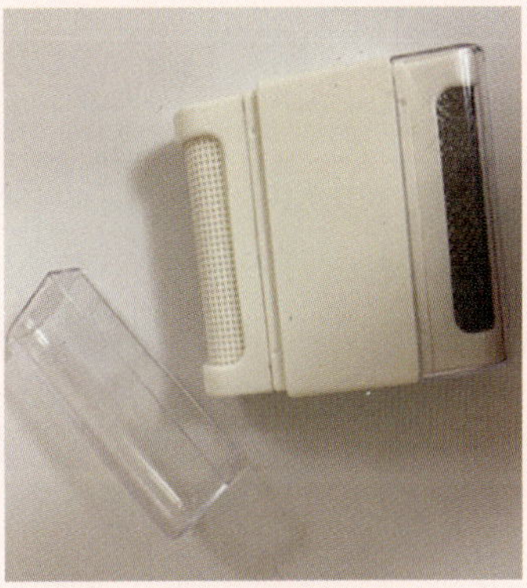

교사는 영유아가 자기주도적 놀이 활동을 진행하기 위하여 영유아의 익숙한 자료의 새로운 사용을 허용해야 한다.

② 평상시 공기청정기에 다가가지 못하게 하던 교사가 아무런 제지도 하지 않고 오히려 밝게 웃으며 공기청정기를 만지고 있는 영아의 모습을 그대로 읽어 주며 상호작용하자 의아해하는 영아의 반응을 볼 수 있었다. 그러나 금세 항상 탐색하고 싶어 했던 공기청정기였던지라 버튼을 눌러 보고, 바람에 머리를 날려 보는 등 즐겁게 놀이를 하는 영아의 모습이 보였다. 또한, 가까이 다가오는친구에게 버튼 사용법을 알려 주기도 하고 자리를 양보해 주며 서로 바라보며 환하게 웃는 모습도 볼 수 있었다. 항상 통제만 하던 교사가 바람을 같이 느껴 보고, 휴지, 스카프 등의 자료를 제시해 주자 더욱 신나 다양한 어휘를 사용하며 바람을 표현한다.

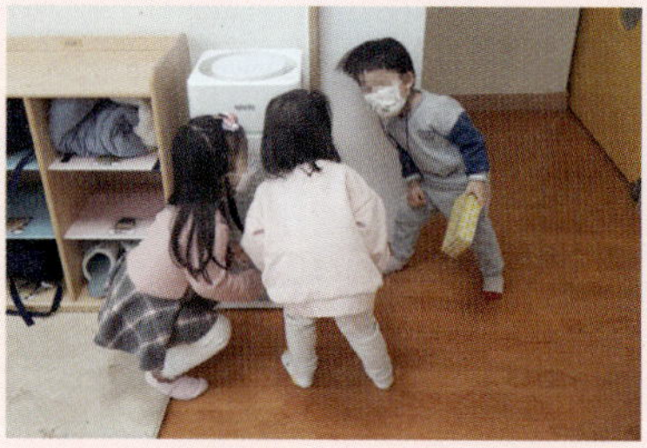

3. 놀이를 통해 영유아의 창의성이 발현되었던 사례

낚시 놀이에 흥미를 보이며 낚시 놀이에 사용된 파란색 비닐과 블록으로 낚시터를 구성하며 놀이하던 유아가 파란색 비닐 위에 블록과 동물 모형을 올려놓고 배낚시 놀이를 시작하였다. 그러나 다른 유아들이 동물 모형이 아닌 직접 배낚시를 하고 싶다고 제안하며 박스로 배를 만들고 재활용품들을 이용하여 유아들이 낚시 배를 구성하였다. 역할 영역에 파란색 비닐을 더 넓게 붙여 구성하며 배낚시 놀이가 진행되는 모습이 보였다.

3 교과 · 교재의 선택

1) 교과 · 교재 구입 시 기준

교과 · 교재는 반드시 돈을 주고 구입한 것만이 좋은 것은 아니다. 주위에서 흔히 볼 수 있는 재료로 교육 내용과 활동의 종류에 따라 필요한 교구를 만들어 제공하는 것이 더 바람직하다.

그러나 교사가 제작할 수 없는 경우 구입해서 사용해야 하며, 교과 · 교재를 구입하는 경우 제작된 교과 · 교재보다 견고하고 매력적이어서 필요한 교과 · 교재는 구입하는 것이 좋다.

이정환(1999)에 의하면 교과 · 교재를 구입할 때는 교사의 치밀한 계획으로 프로그램의 의도, 목표 달성, 교육의 효과 달성 등을 세밀히 검토해야 하며, 교과 · 교재 구입 시 다음과 같은 사항을 고려해야 한다고 하였다.

- 먼저 프로그램의 목적을 달성시킬 수 있는 구입할 교구의 목록을 작성한다.
- 재고품을 점검하여 필요한 교구의 우선순위를 정한다.
- 교구 및 설비를 보관할 장소의 공간을 고려한다.
- 경제적인 교구 구입을 할 수 있는 정보를 수집하여 분석한다.
- 예산에 맞는 범위에서 구입 절차를 밟는다.
- 안내 책자의 각 교구에 값을 매긴 다음 판매자와 값을 조정하거나, 구입하고자 하는 교구 중 교사의 제작 가능성을 고려한다. 또한, 단체 구입의 방법으로 값을 할인받을 수 있는지를 고려한다.
- 소비재 교구나 자료(종이, 점토, 페인트 등)에는 많은 비용을 들이지 않도록 한다.
- 교구 구입 시 반드시 시범 조작 사용해 본 후 구입한다.
- 안전한 교구와 장비를 구입한다. 예를 들어, 날카롭고 뾰족한 끝이나 모서리, 돌출부가 없는 것, 잘 부서지지 않고 줄어들지 않는 것, 위생적이며 물세탁이 가능한 것, 유독물질이 없는 것 등을 구입하며, 실외놀이 기구는 굳게 고정시키고 특히 연결 부분을 유의하여야 한다.

- 비교적 오래 유지되는 교구를 선택한다.
- 가능하면 융통성 있게 사용될 수 있는 것을 선택한다.
- 미적으로 만족감을 주는 것으로 구입한다.
- 유아의 발달 수준에 맞게 흥미가 있어야 하고, 적극적으로 참여시키는 교구를 구입한다.
- 단순하면서도 영유아가 다양하게 가지고 놀 수 있는 것으로 구입한다.

이상의 조건에 비추어 보아 교과 · 교재를 구입할 때 고려해야 하는 점을 살펴보면 다음과 같다.

① 영유아의 발달 수준을 고려하여야 한다.

아무리 매력적이고 훌륭한 교과 · 교재라 할지라도 그 교구를 사용하게 될 영유아의 발달 단계에 적합하지 않다면 좋은 교과 · 교재라 할 수 없다. 예를 들어, 유니트 블록은 좋은 놀잇감이지만 만 2세 반 영아에게는 적합하지 않다. 만 2세 영아에게는 몇 개만 쌓아도 근사한 구성물이 되는 스펀지 블록이나 할로우 블록이 더 적합할 것이다. 그러므로 영유아의 발달 수준과 흥미에 적합한 교과 · 교재를 선정하여 구입하는 것이 필요하다.

<영아용 블록>

<유아용 블록>

* 영아용 블록은 던져도 다치지 않는 가볍고 부드러운 재질의 블록으로 끝이 둥글고 부드러워 쉽게 끼우고 뺄 수 있는 블록을 선택한다.
* 유아용 블록은 여러 모양의 블록으로 꾸미기와 구성하기가 가능한 다양한 블록으로 선택한다.
* 블록 구입 시 쌓을 수 있는 블록(벽돌 블록, 유니트 블록 등)과 끼울 수 있는 블록(레고 블록, 버그 블록 등)을 알맞은 비율로 구입 · 배치하여 영유아의 다양한 구성 활동을 돕는다.

<영아용 소꿉>

<유아용 소꿉>

* 영아용 역할놀이 구입 시 쉽게 깨지지 않는 부드럽고 견고한 재질의 소꿉놀이 기구를 구입한다. 특히, 영아용 소꿉은 실제 이유식 그릇이나 컵 등으로 영아 수에 맞추어 준비하고 안전을 고려한 이유식 수저(실리콘 재질)로 준비한다.
* 유아용 역할놀이 구입 시 다양한 모양과 기능의 소꿉놀이 기구를 구입하며, 만 5세의 경우 실제 부엌에서 사용하는 그릇을 준비하고 실물에 가까운 음식물 자료를 구입한다.
* 소꿉 그릇에 음식물을 담아 다양한 상 차리기 놀이를 할 수 있도록 그릇 크기를 고려하여 음식물을 준비한다.

<영아용 퍼즐>

<유아용 퍼즐>

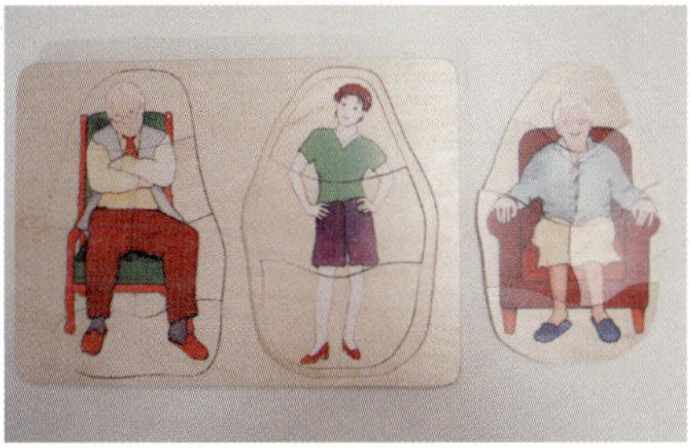

* 영아용 퍼즐은 영아가 쉽게 퍼즐을 잡고 맞춰 볼 수 있는 꼭지 퍼즐로 단순한 모양으로 구성(2조각, 모양 퍼즐)되어 있으며, 밑면에는 똑같은 그림이 그려져 있어 쉽게 맞춰 볼 수 있도록 한다.
* 유아용 퍼즐은 여러 모양의 꼭지 퍼즐과 조각 퍼즐(6~24조각), 겹 퍼즐 등 다양한 퍼즐을 준비한다.

② 교육적 가치가 있는 것이어야 한다.

전개되는 주제에 적합한지, 교과 · 교재를 활용하는 동안 또는 활용한 뒤에 영유아에게 유익하고 교육적으로 도움을 줄 수 있는 것인지 고려해 보아야 한다. 그러므로 어떤 주제를 전개할 때 사용하면 좋은 교과 · 교재인지, 교과 · 교재를 활용했을 때 어떤 가치가 있는지를 살펴보아 교육 활동 전개 시 영아에게 도움이 될 수 있는 것을 선정하여 구입하는 것이 필요하다.

<영아용 교구>

* 영아가 인형을 통해 업어 주기, 우유 주기, 기저귀 갈기 등 자신의 경험을 극놀이로 표현해 볼 수 있다. 옷을 입히고 벗기는 과정을 통해 눈과 손의 협응을 길러 줄 수 있다.

* 지퍼 올리기, 단추 끼우기, 실 끼우기 등의 다양한 소근육 활동과 부드러운 천의 재질로 일상생활 훈련도 가능하다.

* 다양한 색깔의 물고기를 바구니에 담고 쏟는 놀이를 한다.
* 벨크로가 붙어 있는 낚싯대로 물고기 잡기 놀이를 하면서 손과 눈의 협응력을 기른다.

<유아용 교구>

* '봄' 주제에 제시되는 교구로 다양한 색깔과 모양의 돌리기 판을 이용하여 각 판에 해당하는 꽃을 가져와 자신의 꽃밭을 꾸며 보는 활동으로 진행된다.
* 돌리기 판과 게임규칙을 변형하여 Ⅰ, Ⅱ 수준으로 게임을 진행할 수 있다.

* 그림을 보며 시간의 경과를 순서대로 배열해 본다.
* 관계 있는 그림을 찾아보며 사건의 인과관계를 이해한다.

* '가을' 주제에 제시되는 교구로 게임 규칙에 따라 Ⅰ, Ⅱ 수준으로 게임을 진행할 수 있다.
* 그룹 게임판 앞면과 뒷면에 각각 다른 게임판이 그려져 있어 스스로 흥미 있는 것을 선택하여 게임을 할 수 있으며, 직접 수확물을 가져와 세어 볼 수 있도록 하여 유아가 흥미를 갖고 활동할 수 있도록 돕는다.

③ 오래 쓸 수 있도록 견고한 것이어야 한다.

교과 · 교재를 구입하는 이유 중 하나가 반영구적으로 사용할 수 있기 때문이다. 교과 · 교재는 반마다 돌아가면서 사용하기도 하고 한 반에서도 여러 명이 함께 사용하기 때문에 사용하다가 부서지거나 쉽게 고장 나는 교과 · 교재는 구입하기에 적당하지 않다. 그러므로 튼튼하게 만들어져 쉽게 부서지지 않고 사용할 수 있는 교과 · 교재를 구입하는 것이 좋다.

* 롤러코스터의 경우 볼트와 넛트의 조임 부분이 헐겁지 않게 조여져 있으며, 롤러코스터의 돌아가는 부분의 쇠가 견고하여 쉽게 휘어지거나 모양이 변형되지 않아야 한다.
* 영아가 입에 넣고 빠는 부분이 쉽게 빠지거나 연결된 줄이 끊어지지 않아야 한다.
* 플라스틱 부분이 쉽게 금이 가거나 깨지지 않으며, 천류는 잦은 세탁에도 여밈 부분이 뜯어지거나 모양 · 색 등이 변하지 않아야 한다.
* 나무 재질의 교구에서 끝부분이 부드럽게 처리되어 있으며, 쉽게 마모되지 않는다.

④ 다양한 방법으로 사용이 가능한 것이어야 한다.

한 가지 방법으로만 사용할 수 있는 것보다는 다양한 방법으로 사용할 수 있는 것이 좋다. 특히, 교구의 경우 영유아가 놀이하는 동안 놀잇감을 탐색하여 새로운 놀이로 발전 · 확장시킬 수 있는 것이 바람직하다. 그러므로 영유아의 적극적인 탐색 활동을 통해 다양하고 창의적인 놀이를 할 수 있는 것으로 선택해야 한다.

<영아용 교구>

* 영아가 흥미를 보이는 다양한 동물 모형으로 극놀이를 한다.
* 각 동물의 다양한 감촉을 느껴 보며 '보들보들하다', '까끌까끌하다' 등의 다양한 어휘를 익혀 볼 수 있다.

* 케이크를 이용하여 생일축하 극놀이를 할 수 있다.
* 촛불, 딸기 등을 떼거나 덧붙여 케이크 꾸미기 활동을 한다.
* 조각 케이크를 친구들에게 나누어 주며 일대일 대응 활동으로 전개한다.

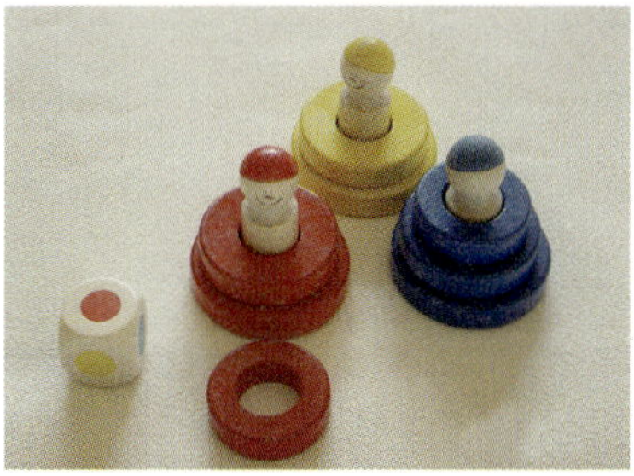

* 링을 기둥에 끼우며 소근육 발달을 촉진한다.
* 색깔별로 분류하며 링 끼우기를 한다.
* 주사위를 던져 나온 색깔에 맞게 링 끼우기를 하는 등 단순한 게임으로 활동을 전개한다.

<유아용 교구>

* 다양한 모양의 자석 가베를 이용하여 모양을 구성하고 기본적인 도형의 개념을 이해한다.

* 다양한 동물을 배열하는 활동을 통해 위, 아래, ~ 앞에, ~ 뒤에 등의 어휘를 익힌다.
* 주사위를 던져 나온 그림의 동물을 쌓아 올리는 게임을 통해 손과 눈의 협응력, 균형감 등을 기른다.

* 각 모양에 맞는 퍼즐 조각을 맞춘다.
* 퍼즐 안에 어떤 그림이 그려져 있을지 예측해 보며 퍼즐 맞추기를 한다.

⑤ 안전한 재질로 만들어져 있고 모서리가 둥글게 처리되어 있는 것을 선택한다.

아무리 매력적이고 교육적인 교과 · 교재라 할지라도 영유아의 놀이 과정에서 위험 요소가 있는 것을 구입해서는 안 된다. 나무로 제작된 교과 · 교재의 경우 표면과 모서리가 매끄럽게 마감되어 있고 칠이 묻어나거나 벗겨짐이 없어야 한다. 만약, 부서질 경우 조각들이 위험하지 않은 것을 선택한다.

⑥ 매력적인 것을 구입한다.

영유아는 매력적인 교구를 좋아한다. 아무리 교육적인 교구라 할지라도 영유아의 흥미를 끌 수 없는 교구라면 무용지물이 되기 쉽다. 그러므로 색깔 · 모양 · 크기 · 촉감 등이 영유아의 호기심을 끌 수 있는 매력적인 교구를 선택하여 구입하는 것이 좋다.

위 사항들을 고려하여 반영구적으로 사용할 교과 · 교재를 선택해야 잘못된 교과 · 교재 구입으로 인한 경제적 손실을 줄일 수 있을 것이며, 영유아에게 좀 더 매력적인 교과 · 교재를 제공해 줄 수 있을 것이다.

2) 교과 · 교재 제시 시 기준

교사가 만들었거나 혹은 구입한 교과 · 교재를 언제 영유아에게 제시해 줄지를 결정하는 것은 매우 중요한 일이다. 아무리 좋은 교과 · 교재라 할지라도 어떤 시기에 어떻게 제시해 주느냐에 따라 그 효과는 상당한 차이를 나타낸다.

① 영유아의 발달 수준을 고려한다.

아무리 좋은 교구라 하여도 발달 수준에 맞지 않으면 그 효과는 미비하다. 영유아에게 너무 어렵거나 너무 쉬워도 안 되며, 영유아의 발달 수준에 적합하거나 영유아의 발달 수준보다 아주 조금 높은 수준의 교과 · 교재를 제시하는 것이 영유아의 흥미를 끌 수 있다. 그러므로 영유아의 개인차를 고려하고 각 영역별 발달 수준을 고려하여 교과 · 교재를 제시하는 것이 좋다.

② 가장 효과적인 시기에 제시한다.

주제의 내용을 포함하고 주제를 심화시킬 수 있는 교과 · 교재의 경우 미리 계획하여 연간계획안이나 월간계획안에 포함되도록 학기 초에 계획을 세워 두어 가장 효과적인 시기에 제시하도록 한다.

③ 구체적이고 단순한 것에서 점차 추상적이고 복잡한 것으로 제시한다.

영유아에게 주제를 접근할 때와 마찬가지로 교과 · 교재를 제시할 때도 학기 초에는 단순한 것과 구체적인 것을 제공해 주고 학기가 지나갈수록 점차 난도를 높여 나가는 것이 필요하다.

④ 교과 · 교재를 점차 바꾸어 나간다.

영유아의 흥미도가 떨어져 주제가 바뀌어도 기존의 교구들을 전부 치우는 것이 아니라 새로운 주제에 따라 해당하는 교과 · 교재를 점차 바꾸어 나간다.

⑤ 새로운 활동을 몇 개 첨가해 준다.

새로운 교과 · 교재를 제공하거나 소개해 줄 때는 한꺼번에 소개하는 것보다는 영유아가 익숙한 활동에 새로운 활동을 몇 개 첨가해 주는 것이 좋다. 새로운 활동은 하루에 2~3개 정도 제공해 주는 것이 바람직하며, 교과 · 교재를 제공해 줄 때는 새로운 교과 · 교재에 대해 소개해 주는 것이 바람직하다.

위에서 살펴본 바와 같이 교과 · 교재를 어떤 시기에 제공해 줄 것인가를 신중하게 결정한 뒤 영유아에게 직접 소개해 주는 것은 일일 활동을 전개할 때라고 할 수 있다. 일일 활동을 전개할 때 각각의 교육 내용을 전개하기 위해 고려해야 하는 점은 다음과 같다.

① 먼저 활동할 교구의 종류를 선정한다.

예를 들어, 이야기 나누기를 할 경우 구체물을 사용할 것인지, 상징물(모형)을 사용할 것인지, 그림을 사용할 것인지 결정한다.

② 영유아의 집단 크기를 고려해야 한다.

교육 내용을 전개하는 데 있어서 어떻게 영유아의 집단 크기를 구성할 것인지 결정한다. 대집단으로 하는 것이 효과적인지, 소집단으로 하는 것이 효과적인지, 아니면 개별활동으로 하는 것이 효과적인지를 고려한다. 소그룹으로 활동을 진행할 경우, 다른 영유아들의 상황을 고려하여 계획하여야 한다.

③ 교육 내용을 제시할 장소를 결정한다.

대집단의 신체 활동이라면 유희실이나 강당으로, 소집단의 토론이라면 다른 영유아의 방해를 받지 않는 조용한 공간을 선택하는 것이 필요하다.

④ 동기 유발 방법을 고려한다.

영유아의 흥미를 이끌어 내고 유지시킬 수 있는 가장 적당한 동기 유발 방법을 사용하여 집중시켜야 한다. 동기 유발은 모든 활동의 시작이며, 활동의 성패를 좌우하는 데 중요한 역할을 하므로 다양한 방법을 이용하여 동기 유발을 시키는 것이 필요하다.

⑤ 활동의 전개와 마무리를 어떻게 할 것인지 구상한다.

어떤 방법으로 영유아에게 활동을 전개시킬 것인지를 결정하고 마무리의 경우 어떻게 자연스럽게 다음 활동과 연결시킬 것인가도 포함하여 미리 구상해 놓는다.

생각을 모아요

※ 영유아에게 교과 · 교재가 필요한 이유에 대해서 토론해 보세요.

※ 영유아에게 좋은 교과 · 교재란 어떤 것인지에 대해서 토론해 보세요.

CHAPTER 2

놀이중심 교육과정과 교과 · 교재

학습목표 놀이중심 교육과정과 교과 · 교재에 대해서 이해할 수 있다.

- 학자들의 기본 사상과 교수원리에 대한 이해
- 학자들의 기본 사상과 교수원리가 반영된 교과 · 교재의 목적을 이해하는 능력
- 영유아를 위한 각각의 교과 · 교재가 가진 목적을 이해하는 태도

1 역사적 배경

현재에 이르러 유아 교육에 있어 교과 · 교재는 필수 불가결한 것으로 인식되고 사용하고 있다. 이러한 교과 · 교재에 대한 생각과 필요성은 과거의 많은 학자들에 의해 주장되었고 그 결과 오늘날에 이르게 되었다.

이에 과거의 학자들에 의해 주장되어 온 기본 사상을 알아보고 그 기본 사상을 내포하고 있고 그러한 사상들을 실천하기 위한 도구로 교과 · 교재에 대한 인식이 어떠했는지를 알아봄으로써 교과 · 교재에 대한 중요성 및 필요성에 대해 좀 더 심도 있게 이해할 수 있으리라 생각한다. 이에 교과 · 교재의 필요성에 대해 이야기한 많은 학자들 중 대표적인 코메니우스, 루소, 페스탈로치, 프뢰벨, 몬테소리의 기본 이론과 교과 · 교재에 대한 생각들을 알아보도록 한다.

1) 코메니우스

코메니우스(Johan Amos Comenius, 1592~1670)는 감각적 실학주의자로 전통적인 언어 위주의 교육에 반대하여 직접 볼 수 있는 실물이나 표본, 사진, 모형 등 구체적 사물을 제시하여 유아가 감각을 통해 사물을 인식한다고 생각하였다(안인희, 1984).

그는 교육을 통하여 유아는 그들의 특정한 문화적 여건과 조화를 이룰 수 있다고 보고, 연령, 빈부, 성별에 관계없이 균등하게 교육받아야 한다고 주장했다.

대표 저서로 『대교수학(*The Great Didactic*)』(1632)과 『세계도회(*Orbis Sensualium Pictus*)』(1658)가 있다. 『대교수학』은 그의 교육 이론 기초를 발전시킨 책으로, 유아교육에서부터 대학 교육(0~24세)에 이르는 완전한 학교 제도를 고안하여 주장하였고, 유아를 위한 최초의 그림책인 『세계도회』는 유아가 주변에서 쉽게 볼 수 있는 사물들의 그림을 라틴어로 설명하고 있어 세계 최초의 시청각 교재라고 할 수 있다.

(1) 기본 사상

❶ 인간 본성은 선하다

코메니우스는 교육 이전에 주어진 인간의 내재적인 가능성을 신뢰하여 인간의 본성인 선을 바탕으로 자연을 안내자로 삼으면 인간의 본성인 선의 차원에 이른다고 하였다.

❷ 교육은 자연의 질서에 따라야 한다

자연의 질서에 따른 시간표를 뜻하며, 발달과 학습에는 순서가 있어 그것을 따라야 한다고 하였다.

❸ 감각 교육이 모든 학습의 기초가 된다

교사는 가능한 한 유아가 여러 가지 감각기관을 이용하여 실물과 접촉하도록 해야 한다고 하였다.

❹ 조기 교육의 중요성을 시사했다

뼈와 근육도 유연할 때 쉽게 굽히고 형성시킬 수 있듯이, 교육도 조기에 시작해야 한다고 보았다. 이에 '어머니 무릎 학교'라 하여 출생부터 6세까지 가정에서 어머니로부터 받는 교육이 중요하며, 어머니에게 건강, 일상 언어, 신앙의 기본 등을 배운다고 하였다.

(2) 교수 원리

- 단순한 것에서 복잡한 것으로, 쉬운 것에서 어려운 것으로, 일반적인 것에서 특수한 것으로 진행시켜야 한다.
- 실물 경험을 통한 감각 교육이어야 한다.
- 학습은 직관에서 출발하여 감각에 호소해야 한다.

2) 루소

루소(Jean Jacques Rousseau, 1712~1778)는 그의 저서 『에밀(*Emile*)』(1762)을 통해 자신의 교육 사상을 밝혔다. 『에밀』은 출생에서부터 사춘기에 이르러 결혼하기까지의 성장과정에 걸친 가상적인 유아 양육에 대해 쓴 책으로, 이 책에서 루소는 자연에서 감각기관을 통해 직접 만져 보고 체험해 봄으로써 배울 수 있다는 자연주의 교육을 주장하였다.

『에밀』에서 나타나는 인간 발달의 5단계

① 출생~2세경까지의 유아기로서 양육 과정을 구체적으로 묘사하고 있다.

이 시기의 유아는 기쁨, 고통을 경험함에도 불구하고 활동적이며, 호기심이 많아 많은 것을 배운다. 언어를 획득하기 시작하는데 거의 전적으로 혼자 힘으로 해내므로 성인이 유아를 독촉하거나 교정해 주지 않도록 한다. 이는 유아를 소심하게 만들고 독립성을 잃게 할 뿐이라고 하였다.

② 2~12세경까지의 아동기로서 심신의 발달 과정을 서술하고 있다.

아동은 일종의 직관적 추리력을 갖게 되지만 극히 제한적이다. 달리고, 소리치고, 잠시도 가만히 있지 않는 아동의 행동을 교사가 억제하려 한다면 아동은 교사에게 의지하거나 절망하게 된다. 교사의 역할은 연령에 적합한 여러 형태의 과제를 제시하는 것이다. 특히, 감각기관 훈련이 신체적 발달에 중요하다는 이론을 구체적 방법을 통해 제시했다. 자연환경을 유일한 교육 장소로 삼아 감각 교육을 했으며, 책을 통한 훈련, 지식은 무의미하다고 보았다.

③ 12~15세경까지의 소년기로서 이 시기 특징은 지적인 발달이다.

신체적 · 감각적 발달에 기초를 둔 이성을 발견하는 시기로 자연과 사회, 인간에 대한 유용한 지식을 학습할 수 있는 가장 적절한 시기다. 따라서 지금까지의 소극적 교육에서 적극적 교육으로의 전환기이다. 그러나 아직까지는 감각적 · 물리적 세계에서의 탐구이므로 아직 전사회적이라고 보았다.

④ 15세경은 청년기인 사춘기이다.

비로소 아동은 사회적 존재인 인간으로서 생활하기 위한 제2의 탄생을 경험한다. 또한, 본격적인 지적 교육이 실시된다. 역사, 문학, 철학, 법률 등뿐 아니라 사랑과 종교에 대한 교육을 받는다고 하였다.

⑤ 여성을 위한 교육으로는 에밀과 결혼한 소피라는 가상적인 여자를 위한 교육론이 전개된다.

남녀 교육에 차별을 두어 여성은 남성과 다르기 때문에 역할이 다를 수밖에 없다고 주장하면서도 정신적 자립성과 사랑에 바탕을 둔 이상적인 여성상을 추구하는 것을 단념하지 않았다.

(1) 기본 사상

❶ 자연주의 사상

교육은 건전한 발달을 위해 자연의 계획에 따라 이루어져야 한다. 인간의 본성은 선한 것이며, 선은 바로 자연이다. 그런데 이것이 인간이 만든 문명, 학문 등의 악 속에서 타락해 가므로 가능한 한 사회악에서 유아를 보호하기 위해 유아는 어른 세계에서 떨어져 자연에 따라 성장 · 발달해야 한다.

❷ 어린이 존중 사상

루소의 아동관은 성선설에 있다. 당시에는 어린이를 한낱 어른의 축소물이나 어떤 기준에 도달하지 못한 미성숙 상태로 보는 입장이 일반적인 견해였으나, 루소는 아기는 태어나면서부터 선한 존재이므로 어린이가 존중되어야 함을 주장하였다.

(2) 교수 원리

❶ 소극적인 교육

교육은 가르치는 것이 아니라 안내하는 것이다. 왜냐하면, 유아는 백지상태와 같은 존재가 아니라 그들 나름대로의 특유의 감정과 사고 양식을 갖고 있는 존재이기 때문이다. 그러므로 이러한 유아가 외부의 간섭에서 벗어나 성장 · 발달해야 한다고 하였다.

❷ 개별화 원칙

유아 개개인에 따라 다르게 나타나는 특성을 존중하여 개별적으로 교육해야 한다. 유아 스스로 생각하고 행동하도록 하는 것이 좋다고 하였다.

❸ 감각을 통한 교육

자연환경을 통해 실제적으로 충분한 감각 훈련을 하게 되면 결과적으로 이성의 힘이 강화된다고 보았다. 뿐만 아니라, 『에밀』을 통해 감각 훈련을 어떻게 할 것인지 구체적인 사례를 제시해 놓았다.

3) 페스탈로치

페스탈로치(Johann Heinrich Pestalozzi, 1746~1827)는 루소의 영향을 많이 받아 교육은 아동의 본성을 따라야 한다고 했으며, 교육 이론을 실제 교육 현장에 도입하며 감각에 의한 교수 방법을 확장시켰다. 유아의 타고난 감각 운동적인 활동성을 반영하여 교육시켜야 하며, 유아에게 가장 가까운 가족에서 시작하여 학교에서 사회로 동심원적으로 차츰 확대시켜 나가야 한다고 보았다. 어머니가 아동을 가장 잘 가르칠 수 있다고 보았고, 언어는 항상 직관에 그리고 실물 또는 내용에 결부시켜야 한다는 감각에 의한 교수 방법을 주장하였다. 교육 목적은 사회적 인간 개조, 즉 사회적 자아실현과 개인적 자아실현 모두에 두고자 했다.

(1) 기본 사상

교육 사상의 기본 원리는 '합자연의 원리'이다. 즉, 교사는 유아 내부 세계와 성장과정, 유아 주위에 둘러싼 자연의 특성과 발전 법칙을 잘 이해하여 그 이해를 바탕으로 무리 없이 유아를 키워 나가는 것이다.

(2) 교수 원리

❶ 자발성의 원리

유아의 능력은 내부로부터 발전시켜 가도록 해야 한다는 것이다. 유아의 일상생활에서 느끼는 자연적 요구와 이에 따른 감각 운동적인 개인 활동 속에서 교육 방법 원리를 찾는다. 주입식 · 타율적 훈련 방법이 아니라 자기 활동적 · 자발적 훈련 방법을 강조하였다.

❷ 방법의 원리

유아의 성장 발달은 일정한 단계를 거쳐 이루어지므로 교육 역시 이 단계에 따라 이루어져야 한다고 하였다.

❸ 직관의 원리

직관은 모든 인식의 절대적 기초로 보았다. 관찰을 통한 사물 교육이 언어 교육보다 선행하며, 보고 듣고 행하는 것이 판단이나 추리보다 선행한다고 보고 모든 사물을 수(數) · 형(形) · 어(語)의 세 측면에서 파악하는 일이 인식의 기초가 되므로 국어, 수학, 기하학을 매우 중시했다.

❹ 힘의 조화와 균형의 원리

도덕적, 즉 윤리적인 힘(가슴), 지능적, 즉 정신적인 힘(머리), 신체적, 즉 기능적인 힘(손)의 세 가지가 조화 · 발전되어 삼육(三育)을 통한 전인적 발달을 강조한다.

❺ 개성과 사회성 조화의 원리

교육을 가장 좋은 사회 개혁의 수단으로 보았지만 인간은 자기 목적적을 가진 존엄한 존재로 결코 다른 목적을 위한 수단이 되어서는 안 된다고 강조한다.

4) 프뢰벨의 은물

프뢰벨(Friedrich Wilhelm August Fröbel, 1782~1852)은 낭만주의 철학과 루소, 페스탈로치 등의 영향을 받아 이를 바탕으로 독자적 교육 체계를 정립하였다.

(1) 기본 사상

교육의 궁극적 목적을 신과 인간과 자연의 통합으로 보았다. 프뢰벨이 생각한 교육은 인간의 내적 본성을 발현(unfolding)하는 것이며, 자유스러운 환경을 제공하여 유아가 자신의 능력을 자연스럽게 전개시켜 나가는 자기 활동적인 인간이 되도록 하는 것이 교육의 목적이었다. 자신의 본성을 개화시키기 위해 내적 경향에 대해 외부적 형태의 것을 투입할 것을 주장하였는데 그것이 바로 은물과 작업이다.

(2) 교수 원리

❶ 통일의 원리

세계 안에 모든 것은 전체의 일부분이므로 그 본질에 있어 하나라고 생각하였다. 각 개체는 보다 높은 존재와 통일성을 이루는 것이라고 생각하였다.

교육이란 좀 더 높은 통일성으로 성장하는 과정이며, 지적 · 도덕적 · 미적 교육이 합일되어야 하므로 모든 종류의 교수가 지적 · 도덕적 · 미적 경험을 동시에 수반하는 것이어야 한다.

❷ 창조적 자기 활동의 원리

인간의 본성을 신적인 것으로 보았으며, 신성의 본질은 활동이며, 창조이며, 노동이라고 보았다. 어린이가 갖는 본질적인 왕성한 활동성을 해방시키고 그들의 흥미, 욕구에 따른 내적인 동기에 입각하여 내면적인 힘을 기르게 하므로 교육은 창조적인 자기 활동 과정이 되는 것이다.

❸ 노작의 원리

프뢰벨은 단순한 생산 노동을 모두 노작으로 보았다. 노동의 중요성을 강조하여 근로나 생산 활동은 어려서부터 교육되어야 한다고 하였다. 또한, 어린이의 놀이를 최초의 생산 활동으로 간주했다.

❹ 사회화의 원리

프뢰벨은 인간이 사회적 동물이기 때문에 교육도 사회화의 한 과정이라 하였다. 그러므로 협동과 예절이 어린이 교육의 특징이 되어야 한다고 생각했다.

(3) 은물과 작업

은물(gifts)이란, '신이 주신 선물'이라는 뜻으로 프뢰벨에 의해 고안된 놀잇감이다. 프뢰벨은 유아가 은물, 즉 신이 창조한 세상 사물의 기본 형태를 제공하여 놀이하는 동안 신과 인간과 자연에 대한 합일을 느낄 수 있으며, 유아의 왕성한 창조적 활동을 만족시켜 줄 수 있다고 보았다. 은물은 완성된 교구가 아니라 도형의 가장 기본적인 모양으로 되어 있어 유아 스스로 만들도록 되어 있다.

프뢰벨은 은물과 함께 작업(occupation)을 고안하여 은물과 작업을 통해 유아의 정신을 제대로 발현시킬 수 있다고 생각하였다. 은물은 시대가 변천함에 따라 여러 형태로 바뀌고 있으나 기본 형태인 최초 10종류로 1은물부터 10은물까지 이루어져 있다.

(4) 은물의 종류

<제1은물>

구 성 지름 5cm의 면실로 짠 끈이 달린 공 6개, 끈이 없는 공 6개(빨강, 노랑, 파랑, 주황, 초록, 보라)

목 적
- 활발한 움직임에 의해 몸의 여러 기관의 기능 발달을 촉진한다.
- 모방에 의하여 공의 특징이나 성질에 관심을 가지며 깊이 인식한다.
- 물체의 모양을 정확히 인식하고 수, 방향, 색깔 등을 안다.
- 대상, 공간, 시간에 대한 지각을 발달시킨다.

놀 이 활동놀이, 모방놀이, 수 놀이, 방향놀이, 색깔놀이

놀이의 예 연상놀이(무엇 같니? / 무엇이 생각나니?), 모방놀이(김밥 연상), 자동차 만들기, 기차 만들기, 이야기 만들기(풍선 가족)

<제2은물>

구성 지름 5cm의 구, 고리 달린 구, 5cm의 원기둥, 고리 달린 원기둥, 한 변의 길이가 5cm인 정육면체, 고리 달린 정육면체, 직육면체 받침대 1개, 기둥 2개, 보 1개, 길이 30cm의 막대 1개, 둥근 놀이 긴 막대 2개

목적
- 구, 원기둥, 정육면체의 특징과 성질을 안다.
- 세 가지 모양이 갖고 있는 공통점과 차이점을 분별하는 능력을 키운다.

놀이 인식 형식, 모방놀이, 회전 놀이

놀이의 예 비교놀이('1가베'와 비교하기- 같은 점 먼저, 차이점 나중, 굴려 보기), 연상놀이(닮은 모양 찾기, 지점토 만들기), 모방놀이(악기놀이), 활동지(공간 지각력 놀이)

<제3은물>

구성 한 변의 길이가 2.5cm인 작은 정육면체 8개

목적
- 건축물을 만들어 본다.
- 부분과 전체의 관계를 이해하게 된다.

놀이 인식 형식, 건축놀이, 무늬놀이, 지혜놀이

놀이의 예 연속된 건축놀이 형태, 독립된 건축놀이 형태, 쌓기 놀이, 간식 시간 빵 자르기, 비교하기('2가베'와 비교하기), 중심무늬놀이, 대칭놀이, 빈자리 찾기 놀이

<제4은물>

구 성 가로 2.5cm, 세로 5cm, 높이 1.25cm의 작은 직육면체 8개

목 적
- 자르는 법에 의해 정육면체의 새로운 내적 힘을 안다.
- 직육면체를 안다.

놀 이 건축놀이(연관놀이, 독립된 건축놀이), 무늬놀이(중심놀이), 지혜놀이(빈자리 탐구, 건축), '3가베'와, '4가베'의 연합 건축

놀이의 예 건축놀이(그리스 건축), 세계 여러 나라 집 만들기(수상집, 이글루), 빈자리 채우기(중심무늬놀이- 큰 면으로 둘러싸인 빈자리, 작은 면으로 둘러싸인 빈자리), 요술나무 만들기, 비교하기(정육면체와 직육면체의 면, 길이, 높이의 비교)

<제5은물>

구 성 한 변의 길이가 2.5cm인 작은 정육면체 21개, 큰 삼각기둥 6개, 작은 삼각기둥 12개

목 적
- 삼각형의 성질과 삼각기둥의 성질을 안다.
- 공간 개념을 인지하게 되고, 순서의 개념을 발달시킨다.

놀 이 소개(전체, 부분), 건축놀이, 무늬놀이, 지혜놀이, 도형놀이

놀이의 예 비교하기('3가베', '4가베'와의 비교), 건축놀이(윗부분, 1/3 건축놀이, 독립된 건축놀이, 큰 삼각기둥을 움직이는 건축놀이, 작은 삼각기둥을 움직이는 건축놀이), 무늬놀이(중심놀이), 지혜놀이(정사각형, 직사각형, 삼각형, 평행사변형, 사다리꼴, 육각형)

<제6은물>

구 성 높이 1.25cm, 길이 5cm, 폭 2.5cm의 직육면체 18개
높이 1.25cm, 길이 2.5cm, 폭 2.5cm의 작은 직육면체 12개
높이 1.25cm, 길이 5cm, 폭 1.25cm의 긴 직육면체 6개

목 적 기둥과 받침의 구실을 알게 해 준다.

놀 이 소개(전체, 부분), 건축놀이

놀이의 예 비교하기('4가베', '5가베'와의 비교, 직육면체와 기둥의 비교, 직육면체와 받침의 비교, 기둥과 받침의 비교, 기둥 면의 소개, 받침 면의 소개), 건축놀이(부분을 사용한 독립된 건축, 전부를 사용한 독립된 건축, 5가베와 6가베의 연합 건축)

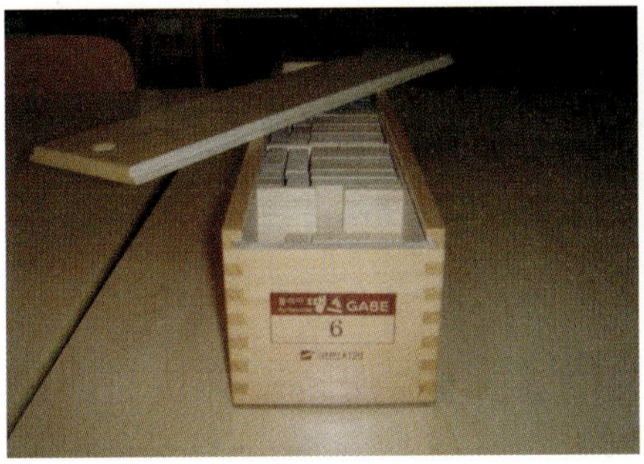

<제7은물>

구 성 한 변의 길이가 2.5cm인 정사각형, 정사각형을 대각선으로 나눈 직각이등변삼각형

세 변의 길이가 2.5cm로 같은 정삼각형, 직각부등변삼각형, 둔각이등변삼각형

지름 2.5cm인 원, 지름 2.5cm인 반원, 한 변의 길이가 2.5cm인 마름모

목 적
- 면의 종류를 알고 면을 구체화하여 알 수 있다.
- 4종류의 삼각형과 그 특징을 알도록 한다.

놀 이 정사각형, 직각이등변삼각형, 정삼각형, 직각부등변삼각형, 둔각이등변삼각형

놀이의 예 정사각형(소개, 실물놀이, 독립된 실물, 무늬놀이), 직각이등변삼각형(소개, 실물놀이, 독립된 실물, 무늬놀이), 정삼각형(소개, 실물놀이, 독립된 실물, 무늬놀이)

<제8은물>

구 성 2.5cm 막대 약 250개, 5cm 막대 약 250개, 7.5cm 막대 약 250개
10cm 막대 약 250개, 12.5cm 막대 약 250개, 15cm 막대 약 250개

목 적
- 여섯 가지의 다른 길이의 직선을 구체화해서 경험하고 길이의 수적 관계를 안다.
- 물건의 긴 것과 짧은 것의 차이를 명확하게 안다.

놀 이 소개, 실물놀이, 무늬놀이

놀이의 예 소개(여섯 가지 막대 전체를 사용한 복습), 실물놀이(연관 있는 놀이, 독립된 놀이), 무늬놀이(중심무늬)

<제9은물>

구 성 세 종류의 둥근 고리, 세 종류의 반 고리
지름 5cm 고리, 지름 3.75cm 고리, 지름 2.5cm 고리
지름 5cm 반 고리, 지름 3.75cm 반 고리, 지름 2.5cm 반 고리

목 적
- 원과 반원의 관계를 경험시킨다.

놀 이 소개, 실물놀이, 무늬놀이

놀이의 예 소개(고리, 반 고리, 큰 고리, 작은 고리, 중간 고리), 실물 놀이(연관 있는 놀이, 독립된 실물놀이), 무늬놀이(가로무늬, 중심무늬)

<제10은물>

구 성 지름 10mm, 높이 5mm인 작은 알갱이 약 500개

목 적
- 점에 대해서 안다.
- 점의 연결에 의해 직선과 곡선이 생긴다는 것을 안다.
- 점, 선, 면, 입체의 밀접한 관계를 알게 된다.

놀 이 소개, 실물놀이

놀이의 예 실물놀이(선으로 표현하기- 세로선, 가로선, 대각선, 곡선, 속을 채운 것), 면으로 표현하기, 연관 있는 놀이, 독립된 실물놀이

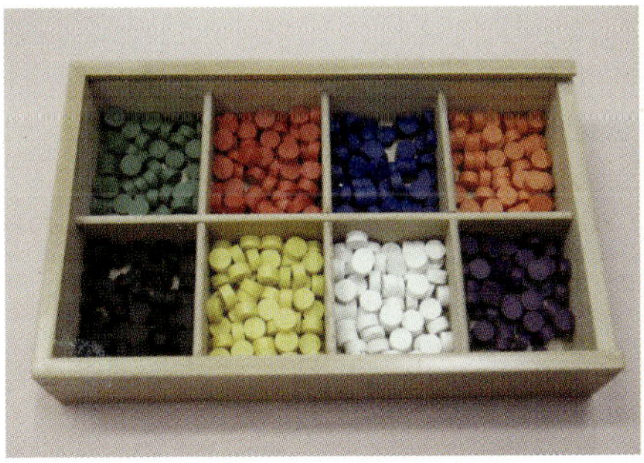

5) 몬테소리의 감각교구

(1) 기본 사상

❶ 흡수 정신

몬테소리(Maria Montessori, 1870~1952)는 유아가 자기 스스로 발달해 갈 수 있는 능력이 있으며, 그것은 유아 자신으로부터 전개되는 과정으로 보았다. 즉, 유아가 자기 내부에 잠재되어 있는 정신 능력을 통해 환경을 받아들이고 스스로 경험을 통해 배우는데, 이를 흡수 정신(absorbent mind)이라 하였다.

❷ 민감기

오직 한 가지 일에만 몰두하는 유아기의 특정 시기를 가리키는 말로 특별한 이유 없이 어떤 특정 행동을 반복하여 그것에 집중적으로 관심을 갖게 되는 시기를 말한다. 이 민감기(sensitive period)에 터득해야 할 것을 학습하지 못하면 일생을 통해 학습 능력에 영향을 미치게 된다.

(2) 교수 원리

❶ 감각 교육

몬테소리는 교육은 감각을 이용하여 이루어질 때 효과적이고 또 감각기관의 훈련과 발달은 제반 개념을 이해하기 위한 기초가 된다고 주장했다. 이에 유아가 시각, 청각, 미각, 촉각 등 감각을 경험할 수 있는 교구를 제작하였고 이러한 감각 교육을 통해 지적 발달을 이룰 수 있다고 보았다. 몬테소리는 감각교육을 실행하기 위해 다양한 감각교구를 개발하였다. 몬테소리 교구는 감각교구, 일상생활훈련, 언어교육, 산수교육, 문화교육 등이 있다.

❷ 자동 교육

유아가 개인적으로 교구와 상호작용을 통해서 스스로 실수를 발견하고 수정하며 배워 나간다는 것이다. 따라서 자기 교정적 교구를 사용하여 개별적으로 활동하면서 스스로 학습된다고 한다.

❸ 준비된 환경

유아의 발달 단계에 맞는 환경을 조성해 주어 유아가 자신의 속도에 맞추어 학습하도록 도와주어야 한다. 이를 위해 환경을 구성하는 교사의 역할이 중요하다.

(3) 몬테소리 교구의 종류

❶ 감각 교구

교구		사진
분홍탑	• 분홍색으로 통일된 10개의 목재 정육면체 – 정육면체 각 변의 길이가 최소 1cm부터 최대 10cm까지 있음 – 크기 식별의 점차성을 가진 1:10의 교구임	
빨간 막대	• 빨간색으로 통일된 막대 10개의 목재 막대 – 가장 짧은 것: 100cm, 10cm씩 증가함 – 막대의 단면은 2.5cm×2.5cm로 굵기가 일정하여 1차원의 변화를 보임 – 점차성의 길이 식별을 보는 1:10의 교구	
색 원기둥	• 파랑(1차원), 빨강(2차원), 노랑(3차원), 초록(3차원의 역비례)의 원기둥 – 꼭지 원기둥과 내용과 크기가 같지만 꼭지가 없고 색이 구분되어 있는 점이 다름 – 꼭지 원기둥을 통하여 공통점, 차이점, 비교, 관련성, 점차성 등을 보는 교구	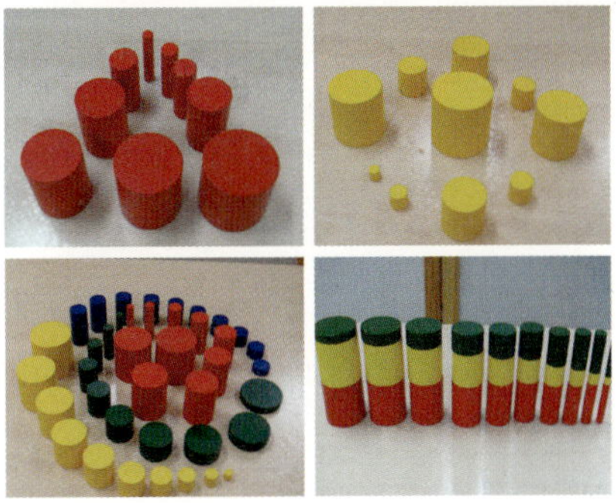

교구		사진
색판	• 빨강, 노랑, 파랑 3원색의 색상판 각각 2장씩 모두 6장 • 흰 테두리가 있는 짝 맞추기 교구	 

❷ 수 교구

교구		사진
수막대	• 1에서 10까지 10개로 이루어진 나무 막대 • 가장 짧은 나무 막대는 10cm이며, 가장 긴 막대는 100cm • 수막대의 빨간색은 홀수, 파란색은 짝수를 가리킴	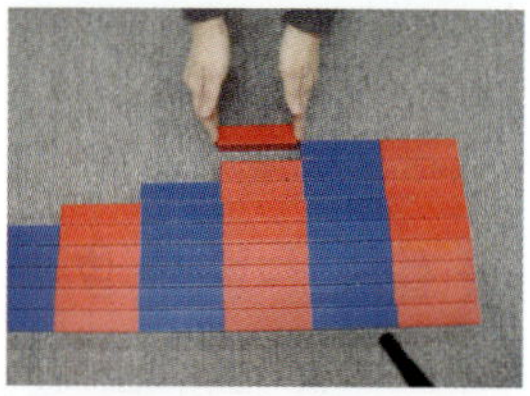
수막대와 수카드	• 수막대, 1부터 10까지의 숫자가 쓰인 숫자 카드 – 숫자판은 10장이고 10장의 카드에는 1부터 10까지의 숫자가 쓰여 있음	 
셈막대	• 다섯 칸으로 나누어진 나무상자 2개 – 각 칸에는 1~10까지 쓰여 있음 • 45개의 셈막대와 상자	 
1, 10, 100, 1000 구슬(양) 소개하기 (십진법의 소개)	• 쟁반 • 1, 10, 100, 1000의 구슬을 쟁반의 왼쪽 끝에 1000의 구슬부터 순서대로 담기	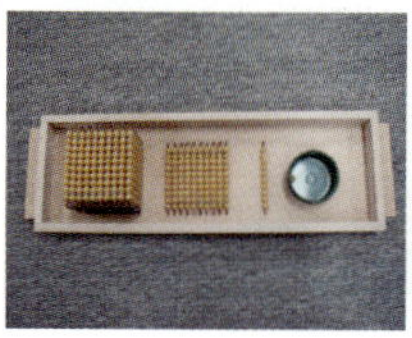 

❸ 일상생활 교구

교구		사진
화초에 물 주기	• 물뿌리개, 식물 이름표, 스펀지, 피처, 쟁반, 마른 수건, '화분에 물을 주었어요.' 표기, 비닐 매트	 
깔때기 사용하여 물 옮겨 붓기	• 깔때기, 피처 2개(또는 입구가 작은 병), 색 물, 스펀지, 쟁반, 비닐 매트	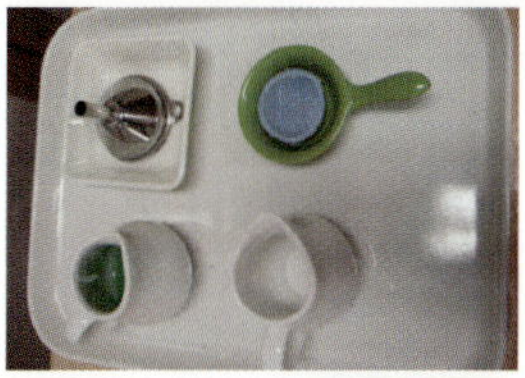
바느질 하기	• 디자인 종이, 끈, 실패, 가위, 바늘, 바늘꽂이, 작은 그릇, 연필, 작은 매트, 바구니	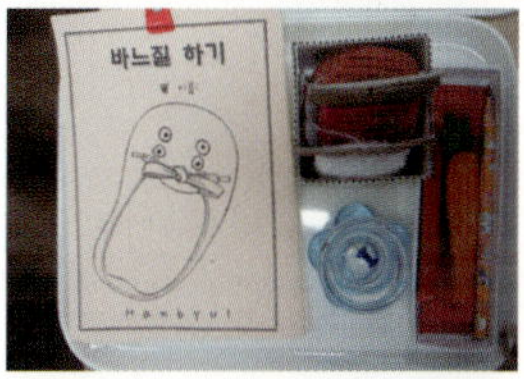
손톱 깎기	• 활동지, 손톱깎이, 풀, 작은 그릇	
오리고 붙이기	• 가위, 풀, 디자인 종이, 쟁반	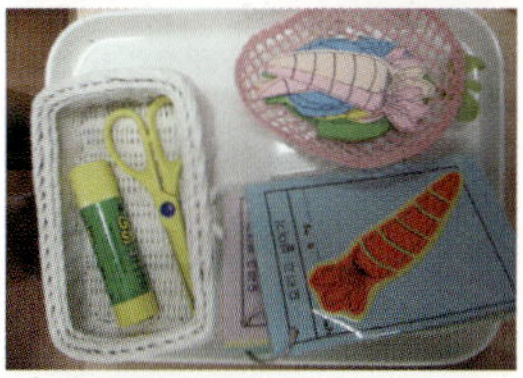
집게 사용하여 옮기기	• 여러 색의 작은 솜공, 바구니 2개, 집게, 쟁반	

교구		사진
빗자루로 쓸어 모으기	• 작은 빗자루, 플라스틱 좁쌀, 마카로니, 네모난 테이프 모양이 붙은 쟁반	
큰 스포이트로 물 옮기기	• 큰 스포이트, 투명 그릇 2개, 피처, 쟁반, 비닐 매트, 색 물, 작은 수건, 스펀지	
숟가락 사용하기	• 그릇 2개, 플라스틱 좁쌀(또는 콩), 숟가락, 쟁반	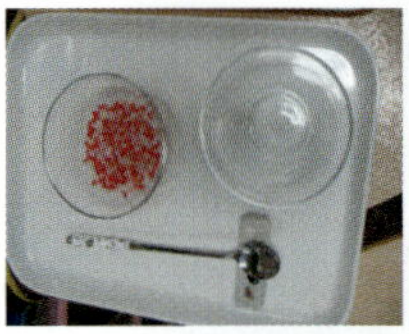 
한 그릇에서 한 그릇으로	• 비닐 매트, 투명 피처 2개, 스펀지, 색 물, 쟁반	
한 그릇에서 세 그릇으로	• 비닐 매트, 피처 4개, 스펀지, 색 물, 쟁반	
모양 펀치하여 붙이기	• 모양펀치, 활동지, 연필, 풀, 쟁반, 직사각형의 여러 색종이	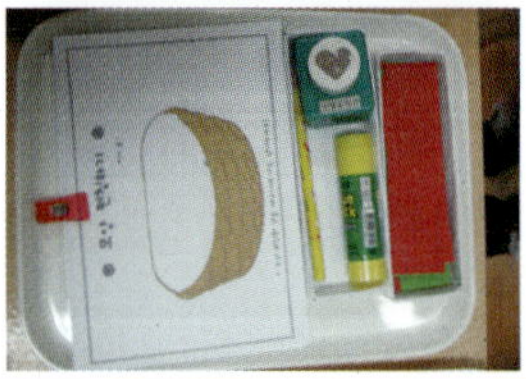
그 외	① 단추 끼우기: 큰 단추, 작은 단추, 고리 단추 끼우기 ② 지퍼 올리기 ③ 리본 매기 ④ 안전핀 꽂기	⑤ 똑딱단추 끼우기 ⑥ 벨트 매기 ⑦ 구두단추 끼우기 ⑧ 구두끈 매기

2 교수매체의 기초이론

1) 블랜디드 러닝(Blended Learning: 혼합형 학습)

(1) 의의

학습 효과를 극대화하기 위한 방법으로 온라인과 오프라인 교육, 다양한 학습방법을 혼합하는 혼합형 학습방법이다. 이 개념은 다양한 교수 전략을 사용한다는 측면에서 전혀 새로운 개념이 아니며, 실제로 융통적 학습이라는 개념으로 학교 교육 분야에서 현재까지도 다양한 연구가 진행되고 있다.

블렌디드 러닝은 학자들마다 그 정의를 달리 내리고 있다. 드리스콜(Driscoll, 2002)은 다양한 웹 테크놀로지 간의 조합, 웹 기반 학습과 면대면 학습 간의 조합, 다양한 교육학적 접근방법론 간의 조합, 학습과 업무 간의 조화로운 효과를 창출하기 위한 교육공학과 업무과제 간의 조합 등의 네 가지 다른 개념으로 정의하였다. 싱(Singh, 2001)과 리드(Reed, 2001)는 블렌디드 러닝(Blended Learning)이란, 적합한 시간에 직합한 기술을 적합한 학습 스타일에 맞추기 위해 적합한 학습 관련 기술을 적용함으로써 학습목표(learning objectives)의 성취에 초점을 두는 것이라고 정의하였다.

이러한 학자들의 정의를 근거로 블렌디드 러닝에 대한 관점을 정리하면 다음과 같이 범주화할 수 있는데, 첫째로는 블렌디드 러닝을 전통적인 집합 교육과 온라인 학습 환경의 통합과 같은 학습 전달 기제 간의 혼합전략으로 보는 관점이다. 이는 가장 일반적인 정의로 기존의 전통적 집합 교육에 온라인 학습이 가진 장점을 추가하기 위한 혼합 학습전략이다. 둘째, 테크놀로지와 관계없이 다양한 학습 방법론을 혼합한 전략으로 보는 관점이라고 할 수 있다(오인경, 2004). 이는 최적의 교육성과를 창출하기 위해 구성주의, 행동주의, 인지주의 등 다양한 교육학적 접근 방법과 그에 따른 학습전략을 혼합하여 사용하는 것을 뜻한다(구나현, 2006).

(2) 특징

블렌디드 러닝같이 혼합된 형태의 학습은 단일한 유형과 학습 모드에 의존한 수업 방식에 비해 다양한 장점을 가진다. 이런 장점으로 최근 기업 교육 분야에서도 그 중요성이 커지고 있다. 이러한 블렌디드 러닝의 특징을 살펴보면 다음과 같다.

첫째, e-러닝과 오프라인 교육의 장점만을 수렴하는 개선된 교수법이다(Graham, 2005). 이러한 접근 방식은 오프라인 교육과 e-러닝을 결합하여 학습 활동의 수준을 높이며, 학습자 간의 상호작용과 학습자 중심의 학습 활동을 증진시키는 장점을 지닌다(구나현, 2006).

둘째, 교수자가 아닌 학습자를 만족시키기 위한 학습이다. 개별 학습자에게 맞춤형 학습을 제공함으로써 역동적인 학습자 중심의 학습을 가능하게 한다(Smith, 2002).

셋째, e-러닝보다 높은 접근성과 융통성을 가진다(Graham, 2005). 학습자가 전통적인 수업으로부터 e-러닝으로 점진적으로 전환할 수 있도록 하기 때문에 학습자의 입장에서 변화를 수용하기에 더 수월하고 교수자의 입장에서도 e-러닝에 필요한 능력을 개발할 시간적 여유가 늘어난다는 이점이 있다(Driscoll, 2002; 오인경, 2004 재인용).

넷째, 시간과 비용을 절약할 수 있다(Graham, 2005; Singh, 2003). 특히, 단기간에 광범위하게 흩어진 학습자들을 대상으로 학습 내용을 전달할 수 있다. 상황 배경에 따라 e-러닝, 교실 수업, 사례 연구, 텍스트 교재 혹은 멀티미디어를 사용한 수업 등의 다양한 방법을 혼합하는 것을 통해 비용과 시간을 효율적으로 절감할 수 있다(Singh, 2003).

(3) 장점

첫째, 학습장소의 혼합

교실 안의 수업과 교실 밖의 수업의 혼합을 의미한다.

놀이공간은 유아들의 놀이를 따라가면서 자연스럽게 변화될 수 있다.

사례1) 곤충모형 놀이(실외 → 실내 혼합)

영유아의 실외 텃밭에서 하던 곤충 놀이가 교실에서 곤충 모형만들기 놀이로 이어졌다.

사례2) 구슬놀이(실내 → 실외 혼합)

유아들은 재활용 박스를 이용해 구슬치기 놀이 틀을 만들고 놀이를 하였다. 구슬을 이용한 놀이에 흥미를 느낀 유아들이 놀이터에서 발견한 나뭇잎을 이용해 나뭇잎 구슬놀이를 시작하였다. (장소에 따른 교구의 변화: 박스 구슬치기 놀이 → 나뭇잎 구슬 놀이)

둘째, 오프라인 교육과 온라인 학습환경의 통합(학습전달 기제 간의 혼합전략)

오인경(2004)은 블랜디드 러닝을 학습목표 달성을 위해 교실학습, 실험실 상황, 읽기 숙제, 수행지원도구와 같은 기존의 전통적인 학습 방법과 CD-Rom, 비디오, 필름, 비실시간/실시간 웹기반 교육과 같은 교수 테크놀로지를 혼합하는 것이라고 정의하였다.

온라인과 오프라인 교육을 혼합하는 혼합형 학습의 장점은 학습자가 온라인에서 학습한 내용을 오프라인으로 확장하는 과정, 오프라인에서 경험한 것을 온라인 공간으로 해석하여 전이하는 이중적 과정을 통해 학습을 강화할 수 있다는 점이다(장세희, 김영식, 2003).

컴퓨터나 모바일을 활용한 웹기반학습이 근래 주목받는 이유는 인터넷 접속이 쉬워졌고 교사들의 온라인을 기반으로 한 교육자료 활용 측면이 가능해졌기 때문이다. 이러한 온라인과 오프라인 통합학습에 활용될 수 있는 교과 교재의 예로는 증강현실 그림책을 살펴볼 수 있다. 증강현실 그림책은 기존의 애니메이션과 팝업북이 전자적으로 융합되어진 결과물로 책장 위에서 화면을 통해 입체적인 영상을 볼 수 있다. 즉 그래픽 정보와 스마트 기기의 카메라로 인식되는 가상콘텐츠를 종이책 내부에 심어놓고, 이를 새로운 영상합성 기술을 활용하여 동적이고 입체적인 3D영상물로 확장시킨 책이다.

증강현실 그림책은 컴퓨터, 스마트기기(스마트폰, 태블릿)을 활용하지 않는 경우, 일반 종이그림책과 같은 형식으로 보여지나, 페이지에 제시된 마커를 컴퓨터나 스마트기기(스마트폰, 태블릿)의 카메라로 인식하면 그림책의 콘텐츠를 입체적인 화면으로 볼 수 있다(김영욱, 2010).

이러한 증강현실 그림책의 장점은 아이들에게 흥미를 유발하고 몰입감과 이해력을 증진시켜 학습의 효과를 높여준다는 것이다. 또한 예술성과의 교류로 다양하고 풍부한 사고를 하도록 도와준다는 점에서 교육적 가치가 크다고 할 수 있다(고운정, 2012). 그리고 영유아들에게 추상적인 개념을 이해하게 하고 (Furió, et al., 2013) 현실 세계에서 쉽게 접할 수 없는 일들을 시각화할 수 있는 잠재력을 제공한다 (Chen et al., 2017).

증강현실 그림책을 활용한 교육과정 사례에서도 이러한 점을 볼 수 있다. 유아들에게 증강현실 그림책을 활용한 학습활동을 실시하였을 때 활동 초기에는 증강현실 그림책의 3D 이미지에만 관심을 보였다. 그러나 활동 중기에 접어들며 점차적으로 자신에 경험을 토대로 이야기를 구성하거나 자신이 새롭게 경험한 것을 토대로 놀이를 재구성하였다. 즉 스마트기기 온라인 접속을 통한 증강현실 그림책 내용을 오프라인인 놀이공간에서 새로운 이야기로 만들며 놀이를 하였다. 유아들은 증강현실 그림책에서 배운 내용을 서로 주고 받으며 더 깊은 지식수준으로 성장하는 기회를 얻게 되었다. 즉 일방적인 학습 형태가 아닌 자신들 스스로 내용을 확장하고 연결하는 학습의 주체자로 주도적인 학습이 이루어지게 되었다.

※ 오프라인 교육과 온라인 학습환경의 통합 사례(증강 현실그림책)

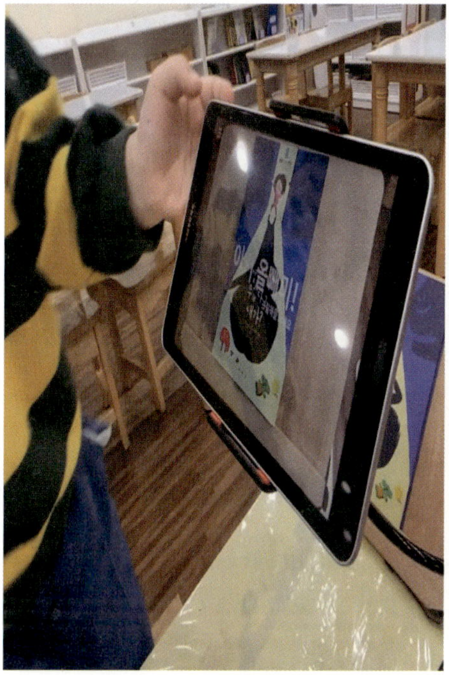

'깜깜한게 무섭다고' 증강현실 그림책 읽기
(온라인 학습환경)

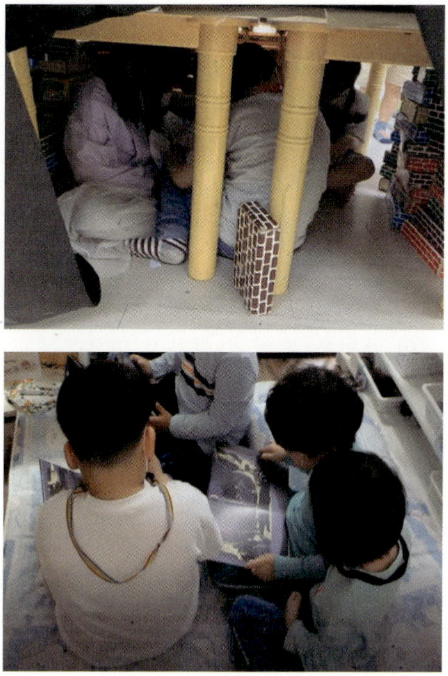

'깜깜한게 무섭다고' 놀이활동
(오프라인 학습환경)

2) 의사소통 이론

의사소통이란 사람들 간에 지식이나 의견, 감정 등의 정보를 교환하는 것을 뜻한다. 의사소통을 통해 영유아는 새로운 지식을 얻기도 하고 자신의 생각이나 행동을 변화시키기도 한다. 학습은 교사와 유아, 유아와 유아 그리고 유아와 교재교구와의 상호작용을 과정속에서 이루어진다(홍길회 외, 2019). 의사소통 모형을 기반으로 할 때 영유아 교수-학습과정은 하나의 의사소통 행위이다

의사소통이론은 교사가 송신자의 역할을 하며 메시지인 학습 내용을 다양한 방식의 채널을 통해 수신자인 영유아에게 정보를 전달하고 영유아는 수신된 정보를 해독하여 반응을 나타낸다. 의사소통의 과정에서 메시지의 전달을 왜곡하거나 방해하는 요소를 소음이라고 한다.

의사소통 이론 중 대표적인 모형이라 할 수 있는 벨로의 의사소통 모형은 산물을 중심으로 교육공학을 중요시했던 시대에 교육공학 안에 커뮤니케이션 과정과 피드백을 첨가하였다.

(1) 벨로의 의사소통 모형

벨로의 의사소통 모형은 교수자가 학습자에게 시청각 자료를 제시하는 단계를 넘어 교수자와 학습자가 메시지를 주고받는 커뮤니케이션 과정을 강조하였다. 송신자로부터 정보가 통로인 감각기관을 지나 수신자에게로 전달되는 과정을 보여준다. 이는 송신자와 수신자의 송신체계로서 효율적인 커뮤니케이션을 위해서는 송신자와 수신자의 커뮤니케니션 기술, 개방적 태도, 지적능력 및 공통적인 사회적 문화적 배경이 필요하고 전달내용이 조직적이고 체계적으로 기호화되어야 하며 오감이 효과적으로 동원되어야 한다.

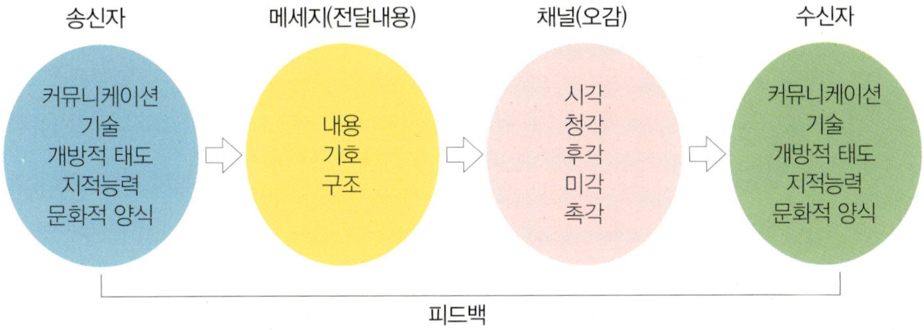

- 송신자(sender) : 정보원인 교사를 뜻하는 것으로, 메시지의 목표에 대한 정보를 전달하거나 이에 영향을 줄 만한 메시지를 준비하는 것이라고 볼 수 있다.
- 메시지(message) : 전달내용, 학습자에게 전달된 정보, 교육내용을 송신자가 수신자에게 보내는 의미체, 교사에 의해 교수목표에서 선택된 기호로 고안된 것을 의미한다.
- 채널(channel) : 메시지를 나르는 통신 수단이며, 이는 송신자와 수신자의 오감을 뜻하기도 한다.
- 수신자(receiver) : 학습자, 정보를 받아들이는 대상이다.

벨로의 의사소통모형에서는 교사가 메시지를 잘 전달하기 위해서는 단순히 시청각 자료를 제시하는 것을 넘어 영유아와 오감을 통한 커뮤니케이션 과정이 이루어져야 한다는 것이다. 교사가 송신자의 역할을 하며 교육내용의 의미체인 메시지를 수신자와 송신자에 오감 채널을 통해 수신자인 영유아가 정보를 받아들이게 된다. 이들의 상호작용 관계 속에서 메시지의 해석이 이루어진다.

(2) 메시지 전달을 방해하는 소음

의사소통을 방해하는 소음의 원인으로는 물리적 소음과 심리적 소음이 있으며 물리적 소음은 주로 환경적인 요인이고 심리적 소음은 심리적인 요인을 말한다.

물리적 소움의 요인으로는 지나치게 밝은 교실, 교실 주변의 소란함, 교수매체의 불안정한 기계적 상태, 좌석배치이다. 심리적 소음으로는 영유아의 지적 수준에 맞지 않는 메시지와 내용, 교사의 어려운 어휘와 단어 사용, 영유아의 발달단계에 적합하지 않은 교재교구의 선택, 과거에 갈등으로 일으켰던 경험이다. 의사소통을 약화시키는 요인으로는 불신, 무관심, 걱정, 교사의 일방적 언어사용, 참고물 대상의 어려움, 지각적 어려움, 신체적 불편이 있다.

❶ 교사의 일방적인 언어사용

수신자의 발달단계에 적합하지 않은 어휘와 일방적 언어사용은 영유아에게 있어 복잡하고 이해할 수 없는 메시지이다. 영유아는 주의집중 시간이 짧으며 흥미롭지 않은 자극에 대해서는 반응하지 않거나 다른 곳에 주의를 돌린다. 따라서 교사는 어려운 어휘와 일방적 언어사용보다는 상호적 · 발문적인 언어를 사용하여 영유아의 적극적 참여를 독려하는 것이 바람직하다.

❷ 참고대상물의 혼란

수신자에게 메시지 전달을 하기 위한 매체를 적절하게 제시하지 않는 것이다. 영유아의 사전지식은 새로운 지식을 학습하는 것에 있어 연결고리의 역할을 한다. 영유아가 사전경험이나 사전지식이 없는 상태에서 새로운 지식이나 자료를 받아들이게 되면 영유아는 제시된 교육내용에 있어 혼란을 느끼게 된다. 쉐넌-슈람 의사소통 모형에서는 송신자와 수신자를 쌍방향적인 관계로 보고 송신자가 보낸 기호화된 메시지를 수신자가 해독할 능력을 가지고 있을 때 의사소통이 이루어지는 것으로 보았다. 교사가 영유아의 사전경험이 내포되지 않은 메시지를 전달하는 경우 영유아는 메시지를 해독할 능력이 없기 때문에 의사소통이 잘 이루어지지 않게 된다. 그러므로 교사는 새로운 내용을 가르칠 때 영유아의 사전경험이나 사전지식을 고려해 내용을 전달하고, 사진이나 영상과 같은 실제적인 시각자료도 활용하여 영유아의 이해를 도와야 한다.

❸ 공상

영유아는 교사의 이야기를 듣는 와중에도 공상에 빠질 수 있다. 따라서 영유아가 공상을 하게되면 현실이나 수업과 관련이 없는 내용을 마음대로 상상하고 소통하며 이해하게 된다.

❹ 지각적 어려움

수신자의 개별적인 지적 이해 정도를 고려하지 않는 것이다. 지각은 감각을 기반으로 이루어 지는데 개인마다 느끼는 것에 따라 감각이 다를 수 있어 개인차가 발생하게 된다. 영유아의 흥미나 지각도 개인에 따라 차이가 발생하므로 개별적인 지적 이해도를 고려하여 교육내용을 제시해야 한다.

❺ 신체적인 불편

영유아의 신체적인 환경을 고려하지 않는 것이다. 영유아의 신체적 불편함은 영유아의 인지적 · 정서적 상태에도 영향을 준다. 영유아가 자신에 신체의 불편함을 느끼게 되면 효과적인 학습효과 및 결과를 기대하기가 어렵다. 교사는 영유아의 개인적 질병이나 교실의 환경, 즉 교실의 소음, 채광, 온도, 습도 등을 체크하여 영유아가 신체적으로 불편함을 느끼지 않도록 해야 한다.

교사가 영유아에게 메시지(교육내용)의 선날에 있어 최대한 소음을 줄이기 위해서는 교사는 영유아의 발단단계에 적합한 어휘사용과 자료를 활용하여야 한다. 이는 영유아가 교육내용을 채널인 오감을 통해 받아들이는 과정에서 이해를 돕기 위한 것이다. 교사가 영유아의 발달단계에 적합하지 않은 자료를 제시하거나 과도한 어휘를 사용하게 되면 영유아는 교육내용에 대해 복잡하고 추상적인 내용으로 받아들이게 되어 이해하기 어렵게 된다. 영유아에게 메시지 전달 시 사진이나 영상, 프린트물과 같은 실질적인 자료 사용은 사전경험이 부족한 영유아에게 교육내용에 이해를 도울 수 있다. 또한 교사는 영유아에게 교육내용을 전달할 때 일방적인 언어사용보다는 쌍방향적인 발문적 언어를 사용하는 것이 바람직하다.

교사가 메시지를 잘 전달하기 위해서는 단순하게 교재교구를 제시하는 것을 넘어 영유아와 메시지에 대한 커뮤니케이션 과정이 필요하다. 교사와 영유아는 커뮤니케이션 과정 가운데 이에 배경이 되는 지적능력, 태도, 기술, 사회적 · 문화적 양식을 지니고 있어야 한다. 또한 효율적인인 커뮤니케이션을 위해서는 영유아와 오감을 통해 상호작용하는 메시지 전달 내용이 조직적이며 체계적으로 기호화해서 전달되어야 한다.

(3) 교사와 영유아의 교과 · 교재의 커뮤니케이션 과정(벌로의 의사소통 모형)

❶ 교사는 영유아에게 교과 교재를 제공할 때 어떤 의도나 기대를 갖게 되지만, 기본적으로 영유아는 자신만의 방식으로 교과 교재를 활용하며 놀 수 있다. 영유아들이 교사의 의도와 다르게 교과 교재를 활용하는 경우에도 영유아가 결정한 자료 활용방법을 격려해야한다. → 커뮤니케이션의 기술

❷ 교과 교재는 위험하거나 유해하지만 않다면 일상의 사물, 자연물, 자연현상과 같은 모든 것이 자료가 될 수 있다. 영유아는 자연물로 놀이하는 과정에서 아름다움을 경험하며, 자연물 고유의 특성과 색깔, 질감 등 감각적 요소를 발견할 수 있다. → 조직적, 체계적 메시지 기호. 오감의 효과적 사용

❸ 영유아는 일상의 흔한 물건도 자기만의 방식으로 해석해 교과 교재로 활용될 수 있다. 일상적으로 사용하는 밥그릇도 유아의 놀이해석에 따라 악기로 변신하게 된다. → 영유아의 지적능력

❹ 영유아의 신체활동도 교과 교재가 될 수 있다. 영유아는 자신의 신체를 인식하고 조절하는 것만으로도 즐거운 놀이가 된다. 따라서 실내에서 영유아의 몸 움직임을 지나치게 통제하지 말고 놀이 활동으로써 이어질 수 있도록 지원하는 것이 필요하다. → 개방적 태도

3 영유아발달과 교과 · 교재

1) 만 1세 영아의 발달적 특성

만 1세 영아는 더 이상 신생아처럼 무기력한 존재가 아니라, 서서히 진행된 각 영역의 발달이 유기적으로 상호 시너지 효과를 내며, 마침내 주체적인 존재로서 많은 극적인 순간들을 맞게 된다.

특히, 신체발달 부분에서 영아가 홀로 걷기에 성공하면, 영아는 그 행동반경이 더욱 넓어지므로 실제 의욕적으로 탐색할 공간도, 대상물도 한층 확대된다. 또한, 영아가 대소변 가리기에 성공할 정도로 괄약근을 미세하게 조절할 무렵이면 다른 근육보다 자유롭게 발달한다. 눈과 손의 협응, 괄약근의 조절 등은 영아로 하여금 탐구의 대상을 자율적으로 탐색하도록 돕고, 이러한 탐색이 원하는 대로 조절되어 이루어진다면 영아는 성취감을 느끼게 된다.

이러한 자신감을 바탕으로 영아는 주변 세계를 더욱 넓게, 더욱 적극적으로 탐색하게 된다. 뻗어 나간 공간만큼 새로 접하게 된 개념, 대상, 구체물은 이제 또 다른 언어-인지의 영역으로 발달을 도모한다. 영아는 일상에서 접하는 단어들을 폭발적으로 습득하고, 나름의 규칙에 따라 문법을 연습함으로써 기초적인 의사소통의 의미를 갖고 생활하게 된다.

또한, 교사나 또래와 함께 자주 의사소통함으로써 언어적인 기술을 획득하게 되고, 아직 글을 알지는 못하나 그림책을 보는 경험을 통해 책을 다루는 기술, 문해적 경험을 하게 된다. 자신이 생각한 모양으로 긁적거리기 위해 팔, 손, 손가락을 조절할 수 있게 되고, 자신이 그린 그림에 이름을 붙이며, 사물의 그림과 사진을 보고 이름을 말할 수 있게 된다. 영아는 이러한 것들이 의미를 전달하기 위한 상징임을 알게 된다.

(1) 신체발달

감각기능을 발달시키고 자신의 신체를 인식하며 조절하는 기본운동능력을 기르기 위해 신체기관의 협응을 필요로 하는 자료와 신체의 움직임에 필요한 활동자료가 적합하다.

(2) 사회 · 정서발달

영아가 양육자와 안정적인 관계를 형성하고 자신을 다른 사람으로부터 분리된 존재로 인식하며 분화되어 가는 정서를 표현할 수 있는 경험이 제공되는 교구가 필요하다.

(3) 언어발달

듣고 말하는 것을 즐거워하고, 상황에 따라 적절한 언어로 표현하며, 그림책에 관심을 보이고, 끄적거리기를 시도할 수 있도록 언어카드, 화보 등의 교구를 준비한다. 영아가 배변 의사를 자연스럽게 표현할 수 있도록 배변 관련 그림책을 제공한다.

(4) 인지발달

주변 사물과 자연현상에 대하여 관심을 가지고 감각과 조작으로 수학적 경험을 하며 탐색할 수 있도록 교구를 제시해 준다.

영아가 건강과 안전을 고려한 바른 생활습관 형성을 위해 주변의 위험한 요인을 파악하고 자신을 보호할 수 있는 그림책을 구성하여 제공한다. 자신의 신체와 감각자극에 호기심을 보이며, 소리나 간단한 노래를 즐겨 듣고 점차 소리나 몸 움직임, 끼적이기 등의 복잡한 반응을 즐기며, 예술적 표현을 경험할 수 있는 자료를 제공해 주어야 한다.

만 1세	
발달영역	특징
운동발달 	• 혼자 걸을 수 있게 된다. • 도움을 받아서 계단을 오르고 내릴 수 있다. • 질질 끌고 다니기, 뒤집어 비우기, 끌어당기기, 비우고 채우기를 좋아한다. • 공을 던질 수 있다. • 능숙하지는 못하지만 살살 뛰기도 한다.
언어발달 	• 뜻 없는 소리를 혼자 재잘거리기 시작한다. • 말귀를 알아듣고 물건 등을 달라고 하면 갖다줄 수 있다. • 그림카드와 단어를 연관시켜 맞출 수 있다. • 다른 뜻을 가진 두 단어를 결합시킬 수 있다. • 그림책을 보고 듣는 것과 동요를 좋아한다.
인지발달 	• 행동의 변화에 따라 호기심을 나타낸다. • 물체와 다른 물체를 결합시킨다. • 블록으로 간단한 구성물을 만들고 놀잇감 쌓기 및 간단한 퍼즐을 한다. • 호기심을 가지고 끊임없이 시행착오를 거듭하면서 탐색을 시도한다. • 자신의 놀이를 변화시킨다.

만 1세	
발달영역	특징
정서발달 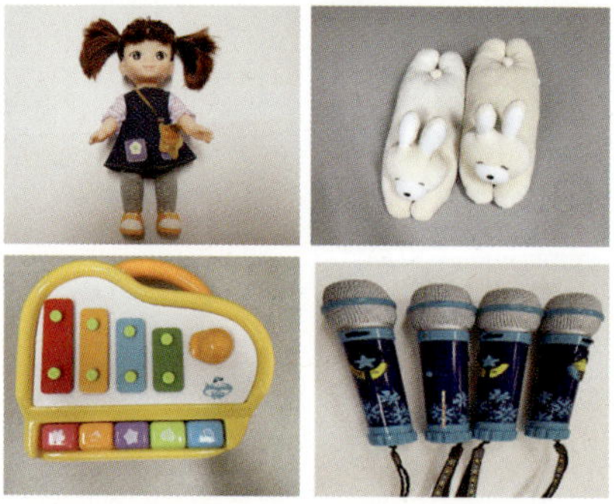	• 떼를 쓰고 화를 낼 줄 안다. • 성인에게 애정을 표시한다. • 성취감을 통해 긍정적인 자존감을 발달시킨다. • 부정적인 태도를 표현할 줄 안다. • 놀잇감, 인형을 가지고 표현하며 놀 줄 안다.
사회발달 	• 자기중심적이고 자신의 견해로 세상을 본다. • 옷을 입힐 때 협조할 줄 안다. • 상호작용을 하는 게임을 즐긴다. • '나', '내 것' 등의 언어를 많이 사용한다. • 자신의 일을 스스로 하려는 의지를 표현하려고 한다.

2) 만 2세 영아의 발달적 특성

만 2세가 되면 신체발달과 운동발달이 이루어져 복잡한 동작이 가능해지고, 주변에 대한 호기심도 높아져 질문을 많이 하게 된다. 동시에 자율성을 획득하게 되고 기억력의 발달로 사고의 폭도 넓어진다.

만 2세 영아는 인지발달 단계에 있어서는 전 개념적 단계에 해당된다. 이 시기에는 물리적으로 눈앞에 없는 것을 머릿속에 그릴 수 있는 능력을 획득하게 되어 상징놀이가 활발하게 일어나기 시작한다. 또한, 자기중심적인 사고가 지속되어 타인의 관점이나 감정을 이해하기 힘들고 또래와 함께 있어도 대화를 나누기보다는 집단독백을 하며, 가끔 병행놀이를 한다.

사회성 발달에서는 독립심이 발달하고 자율성을 획득하는 시기인 만큼 자신감과 성취감을 느낄 수 있도록 주변에서 격려해 주는 것이 필요하다.

만 2세 영아는 특히 폭발적인 언어발달이 이루어지는 시기이다. 만 2세 영아가 사용하는 언어의 형태를 보면 자기중심적인 언어를 반복, 독백, 집단적인 독백의 형태로 사용하다가 점차 사회화된 형태의 언어를 사용하는 것이 가능하다. 이때 교사는 영아의 언어 표현을 격려하고, 바른 언어 사용을 위한 모델로서의 역할을 수행하여야 한다.

(1) 신체발달

영아가 신체 활동에 참여함으로써 기본적인 운동수행 능력 발달을 꾀하고, 기초체력을 기르며, 신체 균형감을 기르고, 즐겁게 신체 활동에 참여할 수 있는 자료를 제공한다.

(2) 사회성발달

영아가 자신의 정서를 적절한 방법으로 표현하고, 다른 사람들의 정서를 이해하며, 주변인들과 긍정적인 관계를 형성하기 위해 개인이나 소그룹으로 활용 가능한 게임자료, 역할놀이 소품 등을 제공해 준다.

(3) 정서발달

영아 자신의 감정과 느낌을 강력하게 표현하며, 자기의 요구가 받아들여지지 않을 때는 심하게 울거나 손발을 흔들며 뒹굴기도 한다. 이 시기는 공포가 아주 심해지는데, 특히 청각적인 것, 어두운 곳, 새로운 상황에 두려움을 나타낸다. 이러한 특징을 고려하여 교사는 교실에 영아가 무서워할 만한 것이 있는지 점검해야 하며, 교실의 어떤 것에 공포를 나타낼 경우 영아를 직접 데리고 가서 확인시키고 대화함으로써 영아의 공포심을 줄일 수 있다.

(4) 언어발달

영아가 듣고 말하는 것을 즐거워하고, 상황에 맞는 언어를 익히며 생각과 느낌을 말로 주고받거나 끼적이기를 즐길 수 있도록 언어카드, 그림책 등을 제공한다.

(5) 인지발달

영아가 주변의 사물과 자연현상에 호기심을 가지고 여러 가지 방법으로 탐색하며, 일상생활에서 충분히 수학적 · 과학적 경험을 할 수 있도록 개인 및 소그룹이 참여할 수 있는 입체게임, 퍼즐 등을 제공한다.

영아가 건강하고 건전한 생활습관을 길러 자신의 건강을 보호하고 바르게 생활하도록 한다. 이를 위해 청결과 위생, 수면과 휴식, 바른 식생활, 의생활 및 심신의 건강을 바탕으로 발달을 촉진하기 위한 내용을 그림책으로 구성하여 제공한다. 주변 사물, 환경, 자연에서 아름다움을 발견하고 즐기는 경험으로 창의성과 감성이 풍부해지고 발달해 가는 기초를 마련하기 위해 음률세트와 미술자료 등을 제공한다.

만 2세	
발달영역	특징
운동발달	
	• 미각이나 후각, 촉각이 완전하게 발달한다. • 자세에서 좀 더 안전성을 갖게 된다. • 두 발 모아 뛰기를 할 수 있다. • 걷거나 뛰면서 빨리 움직이고 두 발로 제자리에서 뛸 수 있다. • 몸의 균형을 잡고 공을 앞으로 찰 수 있게 된다.

만 2세	
발달영역	특징
언어발달 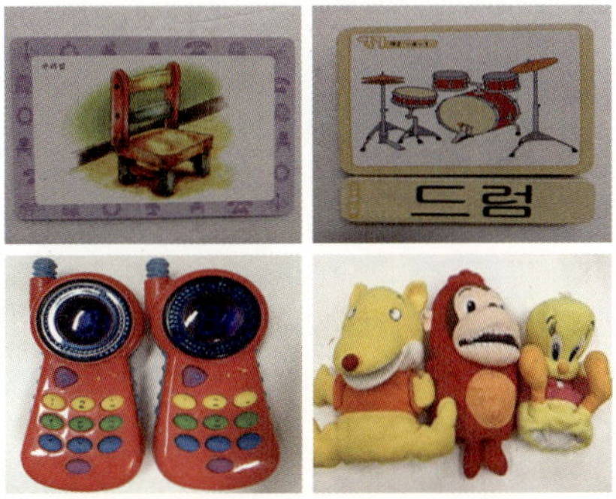	• 주변 사물의 이름을 말할 수 있다. • 모든 신체 부위를 지적할 수 있다. • 명사, 동사, 대명사를 사용할 수 있다. • 서너 개의 단어로 된 문장을 구사한다. • '나', '너'와 같은 대명사를 사용하기 시작하고 자신에게 필요한 것을 말로 표현할 수 있다.
인지발달 	• 사고를 통하여 목표를 달성하기 위한 수단의 탐색도 가능해진다. • 비슷한 물건을 분류하고 짝 맞추기를 한다. • 인지적인 시행착오를 점점 더 많이 한다. • 대상 영속성 개념이 완전히 발달한다. • 자신이 다른 사람과 물체로부터 분리되어서 존재한다는 것을 안다.
정시발달 	• 자신을 귀여워해 주기를 원하며, 인형, 장난감 등을 안고 귀여워한다. • 타인의 정서를 이해하기 시작한다. • 낯선 사람에게 두려움을 나타낸다. • 시기심을 느낀다. • 관심받기를 원한다.

만 2세	
발달영역	특징
사회발달 	• 인형에게 음식을 먹이거나 옷 입히는 시늉을 한다. • 성인의 행동 모방, 특히 돌보아 주는 사람과 가사 일 모방이 나타난다. • 본인의 의지를 표현하고자 하는 시도로 주변의 모든 것을 반대하기도 한다. • 자아 개념이 계속 발달한다. • 다른 사람과의 관계를 확장시킨다.

3) 만 3세 유아의 발달적 특성

만 3세아는 신체발달과 언어발달의 측면에서 2세아와는 큰 차이를 나타낸다. 만 3세아는 만 2세아와 마찬가지로 신체 · 운동적 놀이를 즐기지만 보다 오랜 시간 동안 놀이를 지속할 수 있고 좀 더 복잡한 활동을 할 수 있게 된다. 양손을 사용한 신체적 기술에 관심이 많으므로 감각 운동 기능의 협응과 눈과 소근육의 협응이 필요한 끈 매기, 가위질하기 등의 활동을 좋아한다. 세발자전거를 탈 수 있으며, 수레를 밀거나 정글짐에 오르기를 할 수 있고, 달리기를 할 때 자신의 신체를 잘 통제할 수 있게 되어서 출발과 멈출 때 다른 사람이나 사물과 부딪히지 않고 좀 더 부드럽게 진행할 수 있다. 그러나 놀이에 열중하면 배설 욕구를 적절히 조절하는 능력에 어려움을 보이며, 옷 입고 벗기, 도구의 사용 등 기본생활을 위한 신체적 기술이 여전히 부족하다.

(1) 신체 · 운동 발달

신체적인 기술이 발달하여 독립적이고 활동적인 운동과 새로운 신체적 기능을 활용하게 된다. 대근육 활동이 활발해지고 소근육 발달이 점차 정교화된다. 단순한 협응력이 요구되는 기술은 시간은 오랜 시간이 걸리지만 도움 없이 할 수 있게 된다. 그러므로 도움 없이 단순한 협응력을 시도해 볼 수 있는 자료를 제공한다.

(2) 사회성발달

한두 명의 친한 또래와 병행놀이가 나타나며, 신체적 싸움으로 또래와 관계를 해결하는 경향이 있으나 차례 지키기 등과 같은 집단 간의 규칙이나 놀이 규칙을 이해하기 시작한다. 그러므로 유아가 집단활동을 경험하도록 구성된 자료를 제공한다.

(3) 정서발달

자신의 감정을 솔직하게 표현하고 부정과 반항의 표현이 많으며, 때로는 화를 내고 떼를 쓰게 되는데, 특히 장난감을 성공적으로 잘 다룰 수 없게 될 때 나타난다. 성인 및 또래의 칭찬과 인정에 관심이 많으며, 또래에 대한 질투의 감정이 강하게 나타난다. 그러므로 감정을 표현해 보는 그림책이나 교구를 제공한다.

(4) 언어발달

유아의 언어습득(어휘와 문법)은 놀라울 정도로 급속하게 발달하여 900단어 정도를 말할 수 있게 되고, 점차 자신의 기분을 나타내는 행동과 함께 언어로 표현하게 된다. 이 시기에는 종종 놀이와 식사 중에 또는 다른 유아와 함께하는 활동 중에 자기 자신에게 혼잣말을 하거나, 상대방과 서로 연관 없이 이루어지는 평행적인 대화인 집단독백을 하게 된다. 언어를 통한 행동 통제가 시작되므로 성인의 언어적 지시가 유아의 행동을 수정할 수 있게 된다. 역할놀이를 통하여 의사소통기술을 발달하도록 역할놀이 교구를 많이 제공한다.

(5) 인지발달

주의집중 시간이 짧고 실제와 가상을 구별하지 못하나, 주변 환경과 사물에 대한 탐색을 위한 감각과 인지력이 발달하는 시기이다. 그러므로 사물의 탐색을 경험하도록 실물자료나 사진자료 등을 제공한다.

> 일상생활 속에서 기초적인 예절과 질서를 익히기 위한 내용으로 구성된 그림책을 제공한다. 옷 입고 벗기 등의 활동을 도구를 이용하여 경험해 보도록 한다. 좋아하는 음악을 들어 보고 음악에 맞추어 몸을 움직이며 표현할 수 있는 도구를 제공해 준다.

만 3세	
발달영역	특징
운동발달	
 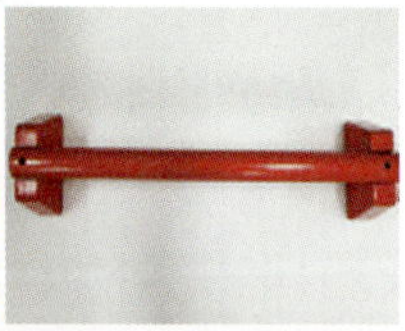  	• 대근육이 발달하고 몸의 균형이 증가된다. 자전거를 탈 수 있다. • 발을 바꿔가며 계단 오르내리기를 할 수 있다. • 얕은 평균대를 걸을 수 있다. • 혼자 옷을 벗을 수 있다. • 소근육을 자유롭게 사용한다.
언어발달	
  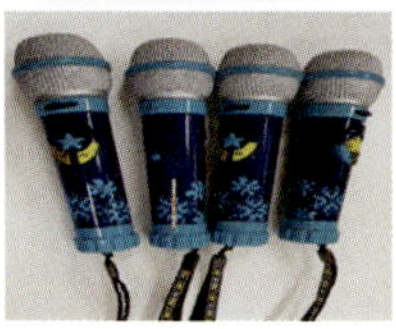 	• 자신의 생각이나 느낌을 언어적으로 표현하는 능력이 발달한다. • 다른 사람이 책을 읽어 주는 것에 흥미를 느끼고 좋아한다. • 정확한 메시지를 전달하려고 노력한다. • 자기의 이름을 알고 말할 수 있다. • 글자를 보고 그릴 수 있다.

만 3세	
발달영역	특징
인지발달 	• 기억력이 증진된다. 놀이에 20분 정도 집중할 수 있다. • 꾸미고 만드는 것을 좋아한다. • 통찰력이 발달하여 직접적이고 사적인 문제에 관한 질문이 많아진다. • 상상놀이가 활발해진다. • 자신의 나이를 안다.
정서발달 	• 진다는 것에 대한 의미를 알고 지는 것을 싫어한다. • 상대방이 자신에 대한 관심을 갖는 것과 인정에 대한 욕구가 크다. • 역할놀이(소꿉놀이)를 좋아한다. 놀이에 대한 흥미가 크게 늘어난다. • 뜻대로 되지 않거나 화가 나면 바닥에 누워 뒹굴기도 한다. • 질투가 생기고 자기주장이 강해진다. • 언어가 발달함에 따라 울음은 다소 감소하고, 말이나 웃음으로 기쁨을 표현한다.
사회발달 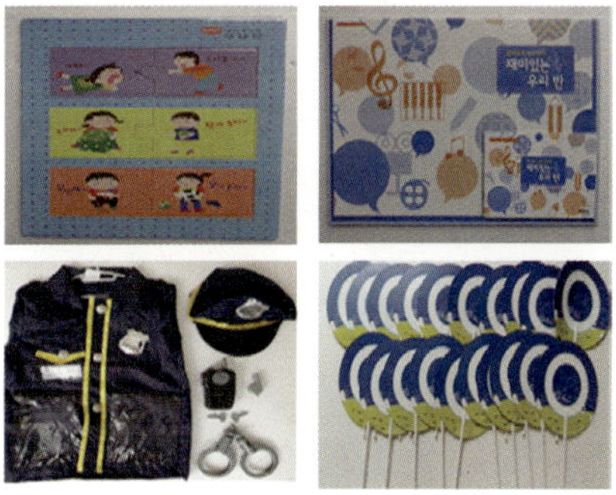	• 상대방으로부터 관심을 얻고자 노력한다. • 남을 위할 줄 알게 되고 친구들과 나누어 가질 줄도 알게 된다. • 놀았던 장난감을 정리정돈한다. • 만났던 사람들을 기억한다. • 성 역할이 형성된다.

4) 만 4세 유아의 발달적 특성

만 4세아는 자아 개념이 형성되어 가는 단계이며, 스스로 욕구에 따라 자율적으로 행동하려는 의지가 강해지며, 자신의 정서를 적절한 방법으로 표현하는 능력이 있다. 언어적으로도 이야기를 듣고 이해하며, 느낌을 문장으로 표현할 수 있게 된다. 또한, 성 정체감이 형성되어 남녀의 차이를 구분할 수 있게 된다. 자신과 주위의 사물 및 현상에 많은 관심을 갖고 지속적으로 탐색하며, 음악이나 미술 등 예술적 요소에도 많은 관심을 갖게 된다. 역할, 사물, 행동 상황 등 가작화 요소를 탐색할 줄 알며, 적절한 재료와 도구를 택하여 미술적 표현을 즐긴다. 소리, 악기, 음악에 관심을 갖고 탐색하며, 간단한 악기를 연주하거나 다양한 노래나 춤으로 표현 능력을 갖게 된다. 신체적으로는 감각기능이 예민해지고 다양한 감각기관을 활용하여 사물을 이해한다. 균형감이 있어 다양한 이동운동, 비이동운동, 조작운동, 도구를 이용한 운동을 즐긴다.

만 4세아는 유아기로서 자리를 잡아가는 시기로 성인(교사, 부모)이 양육의 어려움을 호소하는 시기이다. 발달 특성상 호기심이 많고 주변 상황에 대한 관심이 매우 높으며, 자기주장이 강한 특성을 나타내고 신체 활동이 왕성하여 활발한 신체 활동이 이루어진다. 놀이의 조직화가 가능해지는 시기이며, 주변 상황에 대한 관심이 매우 높아 또래와 충돌이 많이 발생하는 시기이다.

(1) 신체발달

유아가 신체조절 능력을 증진시키고 자신의 신체에 대한 바른 이해를 형성하도록 하고 신체 놀이 활동을 통하여 기본 운동 능력을 기름과 동시에 새로운 동작을 시도해 보도록 하는 활동의 교구를 제공한다.

(2) 사회성발달

유아가 자기를 인식하고 올바른 판단과 합리적인 결정을 할 수 있는 민주시민으로 성장할 수 있도록 더불어 살아가는 능력을 기를 수 있는 내용을 제공한다.

(3) 정서발달

자신의 감정 표현을 통제할 수 있으며, 성인을 의식하면서 행동한다. 자신감이 증가하지만 인내심이 부족하며, 성인의 통제를 확인하려는 경향이 있다. 이 시기의 유아는 어둠, 천둥, 개 등에 대해 종종 이유 없는 공포를 나타내기도 한다. 유아가 도움이 필요할 때 성인이 옆에서 도와줄 수 있다는 안도감을 느끼게 하는 것이 보다 효과적이다.

(4) 언어발달

유아가 듣기, 말하기, 읽기, 쓰기의 의사영역이 골고루 발달하도록 하여 다양한 정보 획득이나 원활한 상호작용, 타인과의 갈등 해결을 위한 의사소통 프로그램을 제공한다.

(5) 인지발달

유아는 생태적으로 주변 사물에 대한 호기심을 가지고 열정적인 탐구를 하며, 새로운 것을 발견해 내고자 하므로, 문제 제기, 책과 자료 조사하기, 실험하기 등의 도구를 활용한 활동을 제공한다.

유아의 자조 기술 습득을 토대로 스스로 바른 습관 태도를 형성하고 타인에 대한 이해를 증진시키도록 하는 내용을 바탕으로 사회생활의 기본이 되고 기초가 되는 것들을 경험할 수 있는 교구를 제공한다. 유아가 다양한 경험을 통해 표현 능력이 발달하고 창의성이 향상되며, 사물에 대한 관심과 표현을 통해 심미적 성장을 이루게 되므로 음악감상, 명화감상, 다양한 재질 탐색활동 등의 경험이 가능한 교구를 제공한다.

만 4세	
발달영역	특징
운동발달 	• 대근육의 운동 기능이 가능하다. (선 따라 걷기, 한 발로 뛰기, 매달리기, 계단 오르내리기, 미끄럼 타기, 기어오르기) • 킥보드 타기, 장애물을 피해 가며 자전거 타기를 할 수 있다. • 대 · 소근육 기술이 더욱더 능숙해진다. • 필기도구를 자유롭게 사용할 수 있다. • 친구와 공을 주고받을 수 있다. • 음악에 맞춰 춤을 출 수 있다.
언어발달 	• 글자와 숫자를 보고 베낄 수 있다. • 자신의 의사표현을 말로 정확하게 할 수 있다. • 언어의 형태와 구조가 거의 완전해진다. • 부정확한 말들이 사라지고 억양이 정확해진다.
인지발달 	• 분류하기, 수놀이, 문자놀이 등에 관심이 많아진다. • 가능한 일과 불가능한 일의 구분이 명확해진다. • 사물을 비교하여 특징을 찾을 수 있다.

만 4세	
발달영역	특징
정서발달    	• 어른들의 관심을 받고 싶어 한다. • 자신감이 증가하고 과장되게 이야기하기도 한다. • 독립심이 길러지고 주체성이 확립된다. • 인내심이 적고 기다리지 못한다.
사회발달    	• 역할놀이, 소꿉놀이, 극놀이, 모험적인 놀이를 좋아한다. • 집단 활동시간이 꽤 길게 가능해진다. • 남녀의 성 차이에 관심이 생긴다. • 경쟁심이 강화되고 승부욕이 커지며, 싸움의 원인이 되기도 한다.

5) 만 5세 유아의 발달적 특성

만 5세 유아는 좀 더 학문적인 호기심을 갖게 되는 시기이다. 학습의 방법도 단편적인 욕구의 충족에서 문제해결을 위해 스스로 찾아가는 탐구가 가능하며, 유아에 따라 깊이 있는 탐색과 논리적 정리에 흥미를 갖는다. 그러므로 유아의 흥미에 따른 주제의 심화나 확장을 위하여 유아가 개방적으로 사고하면서 다양한 경험의 세계를 열어 주는 기초적인 활동이 필요하다.

또한, 이 시기는 규칙이 있는 게임을 즐기고 규칙을 만들어 나가는 활동을 통해서 사회적인 관계를 학습하게 되는 시기이기도 하다. 그룹게임이나 다양한 신체 활동을 통하여 이러한 발달을 도와줄 수 있을 것이다.

(1) 신체발달

유아가 주제를 진행해 나가는 과정에서 관련한 움직임들을 통해 자신의 신체를 조절하고 신체의 움직임에 대하여 사고하고 탐색하도록 하며, 신체와 다른 기구와의 조화를 고려한 움직임을 경험할 수 있는 교구가 필요하다.

(2) 사회성발달

유아가 활동을 통하여 즐거움을 갖고, 정답을 요구하지 않는 활동을 통해 자아존중감을 가질 수 있다. 개방적 활동은 유아가 다양하게 사고하는 데 도움을 주며, 친구들과 자신의 생각이 다름을 비교해 볼 수도 있다. 친구들과의 관계에서 자신을 돌아보고, 친구에 대하여 생각해 볼 수 있도록 하고, 함께 문제를 해결해 나가는 과정을 통하여 사회적인 관계에 대해서도 경험할 수 있는 자료가 필요하다.

(3) 정서발달

스스로 감정 표현을 할 수 있으며, 자신감이 증가한다. 상상력이 발달하여 상상적인 공포감이 나타나며, 분화된 정서 형태에 의한 정확한 감정 표현을 할 수 있다. 정서의 표현을 행동으로 나타내지 않고 말이나 기호로 표현하게 되며, 상황에 맞게 부정적인 정서를 피할 줄 알게 되고 감출 수도 있다.

(4) 언어발달

유아가 듣고 말하고, 읽고 쓰는 활동은 그 자체가 따로 일어나기보다 활동의 과정에서 이루어지는 경우가 많다. 그러므로 활동을 진행해 나가면서 활동을 계획하고 실행을 위해서 의견을 말하고, 자신의 의견을 조절하고, 모인 의견을 정리하는 등의 활동을 통하여 의사소통 능력을 기르는 경험을 제공하는 교구가 필요하다.

(5) 인지발달

유아가 호기심을 가질 수 있는 자연물이나 자연현상을 좀 더 심도 있게 다루어 볼 수 있는 것이 필요하다. 주변의 사물에 좀 더 관심을 가질 수 있도록 주제를 집약시켜서 제공하고, 주제의 탐구과정에서 수학적 탐구와 과학적 탐구가 이루어질 수 있는 경험이 제공되는 교구가 필요하다.

> 유아가 주제와 관련하여 건강에 관하여 생각해 보고, 건강을 실천하기 위해 기초적 지식을 이해하고 실천할 수 있도록 하며, 안전에 관한 지식과 실천, 예절과 관련한 지식 및 이해 실천의 근간을 경험할 교구를 제공한다. 유아가 주변의 사물이나 소리, 자연, 예술 작품에 관하여 관심을 갖고, 주제와 관련한 생각이나 느낌을 표현적 활동으로 전환시킬 수 있도록 하는 활동을 경험하는 것이 좋다. 아울러 전통적인 형식이나 틀에 구애되지 않고 새로운 발상을 통한 예술적 활동을 경험하기 위한 다양한 자료가 제공되어야 한다.

만 5세	
발달영역	특징
운동발달    	• 게임이나 경기에서 효과적으로 출발, 회전, 멈추기를 한다. • 발달된 신체로 다양한 운동 기술들을 사용하려고 시도한다. • 소근육 조절 능력이 더욱 발달하여 필기도구의 사용이 원활하고 색종이 접기 등을 할 수 있다.

만 5세	
발달영역	특징
언어발달 	• 풍부하고 다양한 어휘를 사용한다. • 수수께끼나 동화를 즐겨 듣거나 읽는다. • 구어를 습득하고 육하원칙에 따라 대답할 수 있다. • 단어의 양이 늘어나고 다양한 단어를 사용한다. • 단어를 읽고 쓰는 것에 관심을 보인다.
인지발달 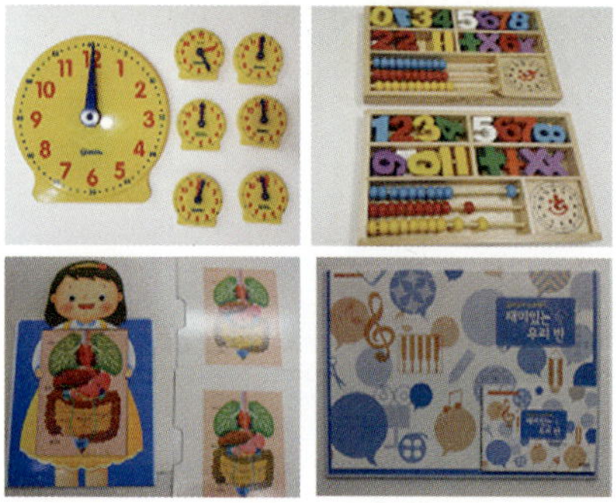	• 논리적인 사고가 시작되고 새로운 것에 대한 호기심이 많아진다. • 주변을 관찰하고 실험하는 것을 좋아한다. • 글쓰기와 그림 그리기가 점차 세련되어지고 그림에 대한 설명을 할 수 있다. • 그림을 색칠할 때 선 밖으로 튀어나오지 않게 세심하게 색칠한다.
정서발달 	• 실외놀이 활동을 좋아한다. • 동정심이 생겨 아프거나 약한 친구를 보살피기도 한다. • 스스로 해야 할 일을 알고 자신의 일에 책임감을 보이기 시작한다. • 계획을 하여 놀이할 수 있다. • 동생을 돌보고 뿌듯해한다.

만 5세	
발달영역	특징
사회발달	• 집단생활에 적응하는 것을 배워 나간다. • 친구들과 협동하며 놀이할 수 있고 규칙이 있는 게임을 하기 시작한다. • 나쁜 것을 피하고 좋다고 여겨지는 것에 관심을 갖는다. • 친구들과의 협동 놀이가 증가하고 협동심과 책임감을 갖게 된다.
   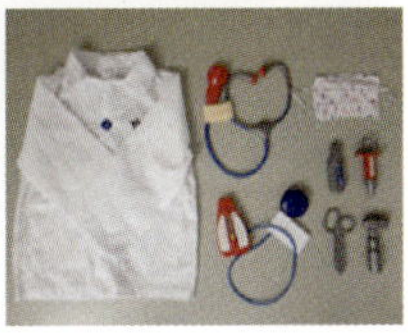	

생각을 모아요

※ 다음의 교구로 경험할 수 있는 영아의 발달에 대해서 토론해 보세요.

교구명: 넣고 빼기 티슈상자	
구성: 티슈상자, 스카프 12개 티슈상자에서 형형색색의 스카프 12개를 티슈 뽑듯이 뽑으며 놀이하는 교구입니다.  	

교구명: 쥐기 운동 볼	
구성: 큐션 패드 12개 12개의 쿠션 패드는 영아 손에 쥐기 쉬운 구조로 잡고 흔들며 놀이하는 교구입니다.  	

※ 다음의 교구로 경험할 수 있는 유아의 발달에 대해서 토론해 보세요.

<table>
<tr><th colspan="2">교구명: 3D패턴블록(곡선)</th></tr>
<tr><td>구성: 16조각/활동카드 6장
평면적 · 입체적으로 모양을 만들며 창의적인 조작놀이를 하는 교구입니다.
</td><td></td></tr>
<tr><th colspan="2">교구명: 사고력타일(목재주사위)</th></tr>
<tr><td>구성: 나뭇조각 250개
깔끔한 목재 주사위를 잇거나 쌓아가며 유아의 무한한 상상력과 창의력을 이끌어 내는 놀이교구입니다.
</td><td></td></tr>
</table>

CHAPTER 3

놀이중심 교육과정 운영과 교과 · 교재

학습목표 놀이중심 교육과정 운영과 교과 · 교재 활용을 이해할 수 있다.

- 놀이중심 교육과정에서 교과 · 교재에 대한 이해
- 놀이중심 교육과정 운영시 놀이에 적절한 교과 · 교재를 활용할 수 있도록 돕는 능력
- 놀이중심 교육과정 운영시 유아의 놀이 확장을 위해 적절한 교과 · 교재를 지원하는 태도

1 놀이중심 교육과정 운영

개정된 누리과정과 제4차 표준보육과정은 영유아중심 · 놀이중심 교육과정으로, 놀이 그 자체가 배움의 내용이자 방식이며 과정이라는 인식에 기반하여 교육의 과정을 실행하는 것에 중점을 두고 있다. 그러한 점에서 놀이중심 교육과정은 놀이의 주체인 영유아가 주도적이고 자발적으로 놀이를 하면서 배움을 경험하는 일련의 과정이다. 즉, 영유아가 역동적이고 자유로운 놀이 과정을 경험하면서 지식의 확대로 연결되는 것이다.

놀이중심 교육과정이 기존의 주제중심 통합교육 활동과 다른 점은 교사가 영유아의 자율적인 놀이를 관찰하면서 놀이 경험의 맥락과 의미를 이해하고 이에 따른 배움을 지원한다는 것이다. 그러한 점에서 놀이중심 교육과정의 교과 · 교재는 그 의미가 확장된다. 영유아가 놀이를 하면서 의미 있는 배움을 갖도록 이끌어 주는 모든 것으로 확대되며, 제한된 교재나 교구를 넘어서는 놀이를 위한 모든 자료라고 할 수 있다. 이러한 놀이자료는 놀이공간과 다양한 놀이재료를 포함하는 것으로 영유아 주변에 있는 일상용품과 자연물, 자연현상을 모두 포함한다. 따라서 개정 누리과정과 제4차 표준보육과정에서의 교과 · 교재는 놀이자료라는 말로 바꿀 수 있다. 교사는 이러한 인식에 기반한 놀이자료의 활용과 지원을 위해 개정된 교육과정의 놀이중심성을 이해해야 한다.

1) 놀이중심 교육과정의 일과 구성

개정 누리과정에서는 일과에서 바깥놀이를 포함하여 영유아의 놀이가 충분히 이루어지도록 편성하여 운영할 것을 강조한다. 놀이, 일상생활, 활동을 교사가 미리 계획할 수도 있지만 영유아와 의논하여 순서를 정할 수도 있고 날씨의 변화나 놀이에 대한 흥미 지속 여부에 따라 달라질 수도 있다.

■ 놀이시간을 충분히 운영한다.

교사는 놀이의 흐름을 중단했을 때 중요한 배움의 순간을 놓칠 수 있다고 판단되면 놀이시간을 연장할 수 있다.

예 유아들이 배를 띄워 보는 놀이를 하다가 상자를 이용하여 직접 탈 수 있는 배를 만들고 싶어 하여 놀이시간을 계획한 시간보다 연장하였다. (일과시간의 변형)

■ 일상생활이 융통성 있고 영유아 주도적으로 이루어지도록 한다.

교사는 놀이의 흐름을 지속하기 위하여 영유아의 기본적인 요구를 방해하지 않는 범위 내에서 일생생활 운영방법, 일과시간 배치 등의 변화를 시도해 볼 수 있다. 일상이지만 놀이와 같은 방식으로 일상생활을 즐길 수 있는 방법을 영유아와 함께 찾아볼 수 있다.

예 책상을 식당의 테이블처럼 꾸미고 좋아하는 음악도 틀어서 식당놀이처럼 즐겁게 점심을 먹었다.

■ 놀이와 연결하여 활동을 운영한다.

놀이가 활발하게 이루어질 수 있도록 지원하는 과정에서 필요한 경우 이야기 나누기, 노래, 동화, 게임 등 적절한 유형의 활동을 연결하여 운영한다. 활동의 내용은 놀이를 지원하거나 놀이 중 문제를 해결하기 위한 내용으로 구성하는 것이 좋다.

예 놀이를 하면서 그림책을 밟거나 던지는 등의 문제 상황이 발생하자 잠시 모여서 책을 소중하게 다루는 태도에 대해 이야기 나누기를 진행하였다.

■ 일과시간을 융통성 있게 운영한다.

교사는 전날의 놀이 흐름에 대한 기록과 평가를 반영하여 다음 날의 일과를 다른 순서로 조직할 수 있다. 날씨나 자연현상에 따른 관심을 놀이에 반영하기 위해 일과 순서를 바꿀 수도 있다. 영유아와 함께 일과를 평가하고 다음 날의 일과 중 일부를 영유아 스스로 정해 보게 하는 것, 일과의 변화가 필요하다고 판단될 때 교사가 독단적으로 결정하지 않고 영유아의 의견을 반영해 주는 것 등의 방법이 있다.

예 등원 후 실내에서 놀이를 하는 것이 일과 계획이었지만, 등원 길에 비를 맞은 유아들이 빗소리에 관심을 보여서 산책을 나가는 것으로 변경하였다.

2) 놀이중심 교육과정에서의 공간 활용

영유아는 놀이를 통해 하나의 공간을 자신의 놀이에 적합한 공간으로 새로운 목적을 부여하여 사용하기도 하고 놀이할 공간을 스스로 찾아내거나 만들기도 하고, 공간과 공간을 연결하여 새로운 놀이로 확장하기도 한다.

- 학기 초에는 놀이자료를 구분하기 위한 기본적인 영역을 구분하고 각 영역이 지나치게 협소해지지 않도록 가구를 배치해 보는 것이 좋다.
  ※ 실내영역 환경구성에 있어 기존의 자유선택영역으로 구분되어 있는 것을 영유아들의 놀이에 따른 기본적인 영역으로 구분하고(모든 영역을 구성하는 것이 아니라 중요하다고 생각되는 영역을 선택해서 구성) 놀이를 관찰하면서 영역을 다시 재배치함.
- 한 번 정한 영역을 한 학기 내내 고정하지 않고 놀이에 따라 즉각적으로 재배치해 주려는 융통성을 발휘하고 실내외 전체 공간을 놀이를 위해 다양하게 활용하려는 노력이 필요하다.
  ※ 놀이 흐름에 따라 놀이가 확장될 수 있도록 놀이환경을 지원함.

■ 놀이공간을 융통성 있게 배치해 본다.

교사는 기존의 교육철학이나 교실의 구조, 영유아의 연령, 흥미에 따라 자율적으로 교실을 구성할 수 있다. 교실 내에 반드시 배치되어야 하는 흥미영역이 정해져 있는 것이 아니므로 영유아의 놀이를 지원할 수 있도록 공간을 융통성 있게 구성한다.

예 음률영역과 언어영역을 연결해 놀이를 지원할 수 있다. (노래를 부르거나 음악을 듣는 활동을 통해 유아의 언어와 말하기를 연결할 수 있다.)

■ 놀이하는 공간을 넓혀 본다.

영유아의 놀이를 관찰한 결과, 좁은 공간이 놀이를 방해하는 요소라고 판단되었거나, 영유아가 놀이공간을 넓히고 싶다고 스스로 요구하였을 때, 교사는 놀이를 방해한 가구와 설비를 치우거나, 영유아의 관심이 적은 놀잇감을 제거함으로써 충분한 공간을 만들어 줄 수 있다.

예 유아들과 의논하여 관심이 적은 일부 놀이자료와 책상을 교실 밖 공간으로 옮겨 교실의 놀이공간을 넓혀 보았다.

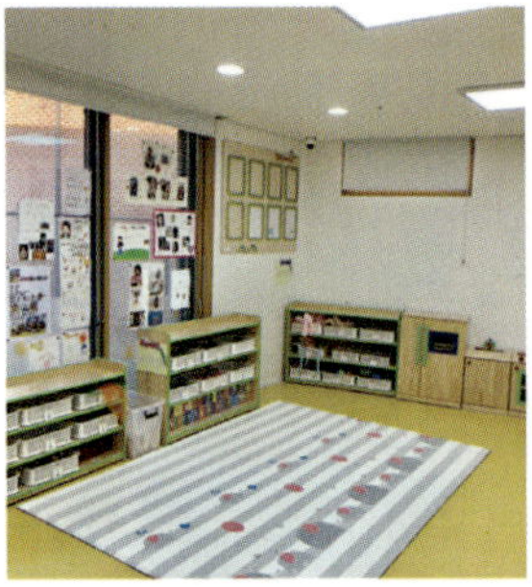

■ 영유아에게 공간 배치의 주도권을 주어 본다.

교사가 영유아의 놀이를 따라가면서 자연스럽게 영유아 스스로 놀이공간을 배치하거나 변경하도록 지원한다.

예 유아들 스스로 자료장의 위치를 이동하거나 필요 없는 책상을 치워 원하는 놀이공간으로 재구성하였다.

■ 다른 놀이공간을 찾아본다.

교사는 교실이나 실외놀이터 외에 복도, 현관 입구, 교실과 교실 사이의 공유 공간, 계단 밑 등도 안전하다면 영유아의 놀이공간으로 허용할 수 있다. 그러나 비상구나 비상계단 등 비상 시 대피경로에는 놀잇감이나 자료장을 배치하지 않도록 주의한다.

예 계단이나 강당 등은 이동 및 공유의 공간이기도 하지만 때로는 유아들에게 공간에 대한 새로운 시각과 특별한 놀이경험을 제공하는 공간이 될 수도 있다.

※ 유아들의 쌓기놀이 중 공간이 협소하여 놀이의 흐름이 방해가 될 경우 더 넓은 공간인 복도를 놀이장소로 제공할 수 있다.

놀이공간의 활용 예시

– 게시판의 변화 –

게시판: 에헤라디야~ 연 날리자

게시판: 거리두기 모자

게시판, 재활용품 만들기: 동물원

게시판, 재활용품 만들기: 민속놀이 작품과 재활용품으로 만든 피사의탑

게시판: 봄 세상

게시판: 캠핑놀이 소개

[다양하고 안전한 실내외 놀이공간 구성]

실외 공간은 유아가 마음껏 뛰어놀며, 자연과 계절의 변화를 만나고 탐색할 수 있는 놀이환경이다. 교사는 유아가 몸을 충분히 움직여 즐겁게 놀이하고 위험으로부터 자신을 안전하게 보호하는 능력을 기를 수 있도록 지원해야 한다.

[놀이와 연계한 활동을 통한 유아의 배움 지원]

교사는 일상생활과 활동에도 유아의 흥미와 관심을 반영하여 유아가 즐겁게 경험하며 배우도록 지원할 수 있다. 교사가 활동을 운영할 때 유아가 주도하는 놀이의 내용과 연계하여 유아가 즐겁게 배울 수 있도록 지원하는 것이 중요하다.

게시판: 우리나라 좋은 나라

게시판: 세계 국기, 우리나라 장승

게시판: 마음을 담은 도자기

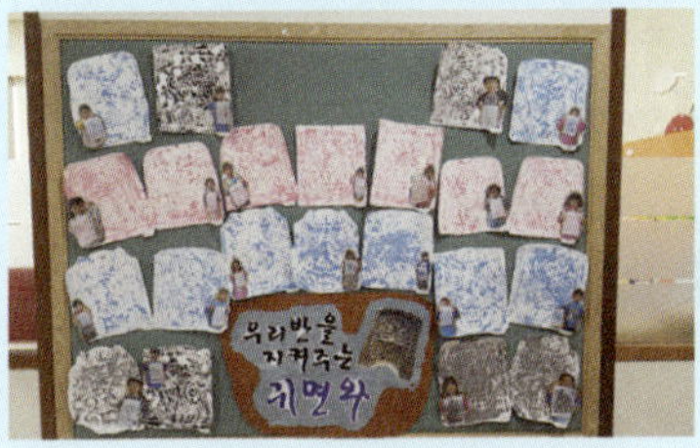

게시판: 귀면와 판화

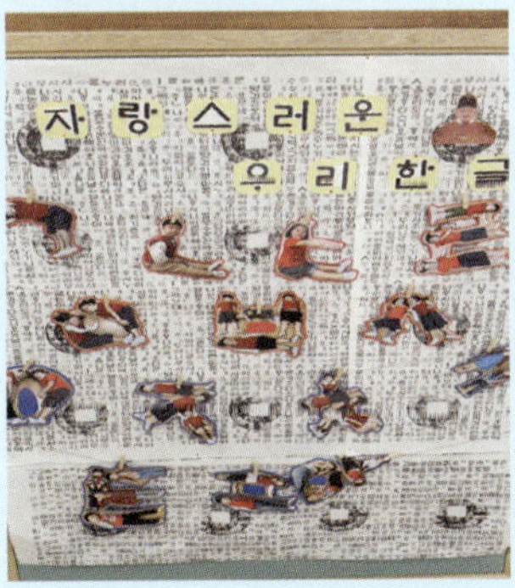

게시판: 자랑스러운 우리 한글

게시판, 재활용품 만들기: 노리개

[성, 신체적 특성, 장애, 종교, 가족 및 문화적 배경 등으로 인한 차별 없이 편성하여 운영]

누리과정은 유아가 성, 신체적 특성, 장애, 종교, 가족 및 문화적 배경 등으로 인해 차별받지 않고 서로 배려하는 마음을 가지도록 편성 · 운영해야 한다. 유아들에게 다양한 가족 형태 및 문화적 배경을 이해할 수 있는 경험을 제공하여 다양성을 존중하고 배려할 수 있도록 지원한다.

– 교실 영역의 변화 –

영역의 변화: 교실에 생긴 기찻길 1

영역의 변화: 교실에 생긴 기찻길 2

영역의 변화: 공룡시대

게시판의 변화: 보건교육 관련

[다양하고 안전한 실내외 놀이공간 구성]

교실을 포함한 유치원과 어린이집의 실내 공간은 유아에게 가장 친숙한 놀이환경이다. 교사는 놀이공간을 구성하고 변형해 나가면서 유아의 자유로운 놀이를 지원할 수 있다. 교실의 흥미영역은 유아들이 가장 좋아하는 놀이를 중심으로 구성하는 것이 좋으며, 유아들이 흥미를 보이지 않는 영역은 다른 영역과 통합하여 재구성하거나 다른 영역으로 대체하는 것도 가능하다. 실외 공간은 유아가 마음껏 뛰어놀며, 자연과 계절의 변화를 만나고 탐색할 수 있는 놀이환경이다. 교사는 유아가 몸을 충분히 움직여 즐겁게 놀이하고 위험으로부터 자신을 안전하게 보호하는 능력을 기를 수 있도록 지원해야 한다.

영역의 변화: 마트 만들기

영역의 변화: 우리 동네 미용실 놀이

영역의 변화: 우리 동네 빵 가게

영역의 변화: 우리 동네 소방서

영역의 변화: 우리 동네 장난감 가게

영역의 변화: 우리 동네 카페

[가정과 지역사회와의 협력과 참여에 기반하여 운영]

유아가 속해 있는 가정, 기관, 지역사회 등은 모두 교육과정의 주체이므로 상호 연계하고 협력해야 한다. 지역사회는 유아의 다양한 경험을 지원하는 풍부한 자원이다. 따라서 유치원과 어린이집에서는 유아들이 지역사회의 여러 기관이나 장소를 직접 경험하면서 지역사회에 관심을 가질 수 있도록 지원해야 한다.

[놀이와 연계한 활동을 통한 유아의 배움 지원]

교사는 일상생활과 활동에도 유아의 흥미와 관심을 반영하여 유아가 즐겁게 경험하며 배우도록 지원할 수 있다. 교사가 활동을 운영할 때 유아가 주도하는 놀이의 내용과 연계하여 유아가 즐겁게 배울 수 있도록 지원하는 것이 중요하다.

3) 놀이중심 교육과정에서의 상호작용

영유아와 교사 간 상호작용은 놀이의 시작, 새로운 놀이로의 전이 및 확장, 마무리 등 놀이의 흐름을 관찰하고 관찰하기, 질문하기, 지원하기, 함께 참여하기, 정서 지원하기 등의 방법으로 간접적 또는 직접적으로 놀이를 지원할 수 있다.

- 영유아와 영유아의 상호작용을 지원한다.

교사는 영유아가 누구와 놀이하는지, 어떻게 놀이하는지, 어떤 관계를 맺는지 관찰함으로써 영유아의 성향, 사회적 능력, 대인 관계 등을 파악하여 지원할 수 있다.

- 영유아와 환경의 상호작용을 지원한다.

동일한 놀이 주제나 자료에 대한 흥미와 몰입도는 영유아마다 다르다. 그러므로 영유아가 어떤 놀이를 좋아하는지, 다양한 놀이를 즐기는지, 한 가지 놀이를 주로 하는지 등을 파악하고 이를 바탕으로 적절한 공간을 찾아볼 수 있도록 지원한다.

- 놀이지원을 위해 관찰한다.

영유아가 놀이에서 보이는 감정의 상태, 궁금해하는 것, 흥미를 보이고 탐색을 하는 것 등을 관찰하면서 기다리는 것이 우선되어야 한다.

예 교사는 유아가 직접적인 도움을 요청하거나 갈등이 발생하지 않아서 가만히 놀이를 관찰하며 미소, 끄덕거림 등 정서적 지원을 제공하며 지켜보았다.

- 제안하며 놀이를 지원한다.

놀이지원으로서의 제안은 영유아의 흥미와 관심에 기반해야 하지만, 때로는 안전이나 교육적 가치에 기반할 수 있다.

■ 영유아의 놀이에 참여하며 지원한다.

영유아의 놀이가 문제 상황에 부딪혔을 때에 교사의 놀이참여는 영유아들이 문제를 명확하게 이해하고 문제해결을 도울 방법을 찾는 데 도움이 되며, 놀이 중 배움을 위한 적절한 순간에 즉각적인 지원을 제공하는 데 도움이 된다.

예 꽃가게를 구성하는 놀이에 교사가 참여함으로써 꽃을 만드는 방법을 활발하게 의논하는 계기가 되었다.

■ 질문하며 놀이를 지원한다.

교사는 영유아의 관심과 흥미를 알아내기 위해서보다는 영유아의 생각이 유연하게 흐르도록 질문하는 것이 좋다. 영유아와 능동적으로 생각을 나눌 수 있는 질문이 바람직하다.

■ 정서적으로 지원해 준다.

교사는 영유아가 놀이를 통해 성취감을 경험할 수 있도록 긍정적인 정서 지원(미소, 끄덕거림, 공감하는 표정)을 해 주어야 한다. 동시에 유아가 놀이하는 과정에서 느끼는 부정적인 정서에도 관심을 기울이며, 유아의 정서를 인지하기 위한 공감, 격려 등을 제공하여 놀이를 통해 스스로 원인과 해결방법을 찾을 수 있도록 도와주어야 한다.

4) 놀이중심 교육과정에서의 놀이와 안전

교사는 안전한 놀이를 보장하기 위하여 물리적 환경의 안전성을 점검하고 위해를 가할 수 있는 사물이나 물질을 사전에 차단하여야 한다.

■ 안전이라는 이유로 놀이를 불필요하게 제한했는지 검토해 본다.

위험요소가 있는 놀이 상황에 대해 교사는 무조건 어떤 놀이를 금지하기보다 왜 그 놀이가 위험할 수 있는지 영유아들과 의논하는 과정을 통해 위험요소를 해결하고 놀이할 수 있는 방법을 찾아볼 수 있다.

예 의자의 균형이 무너질 때 주의해야 할 점에 대해 토의하여 위험한 상황이 발생하지 않도록 지원하였다.

■ 위험한 요소가 있는지 영유아 스스로 살펴볼 시간과 기회를 제공해 본다.

풍부한 놀이경험 및 안전교육을 통해 다양한 사물의 속성을 잘 알게 되면 영유아는 스스로 조심할 부분을 더 잘 판단하게 된다.

■ 새로 찾아본 놀이공간의 안전을 유아와 함께 점검해 본다.

영유아가 그 공간의 물리적인 특성을 충분히 알 수 있도록 도와주고 그 공간을 언제 사용하는 것이 좋을지, 어떤 점을 조심해야 하는지 스스로 생각해 보고 약속을 정하도록 지원한다.

예 유아들은 책상 밑, 교실 테라스 등의 놀이공간을 스스로 찾아냈다. 처음에는 부딪힘이나 미끄러짐 등 안전이 우려되었지만 유아들은 조심해서 걷기 등의 규칙을 스스로 만들며 놀이했다.

영아의 교과 · 교재 놀이 활동

종류	재료
종이	1. 습자지 (습자지 놀이) 2. 신문지 (신문지놀이)
블록/ 모형	3. 자동차 모형 (바퀴그림) 4. 과일모형 (과일 놀이)
생활도구	5. 색 종이접시 (그릇으로 놀이해요) 6. 수건, 때수건, 가재수건 (수건으로 놀이해요) 7. 숟가락 (숟가락으로 놀이해요) 8. 양말 손인형, 빨래집게 (양말로 놀이해요)
재활용품	9. 상자 (상자로 놀이) 10. 빨대, 비닐장갑 (기다란 빨대로 놀이해요)
자연물	11. 초록색깔 야채 (초록야채 놀이) 12. 뻥튀기 및 쌀튀기 (뻥튀기로 놀아요)

2 영아의 교과 · 교재 활용

제 목	습자지 놀이
활동영역	감각탐색, 미술영역, 신체영역
자 료	습자지, 전기테이프

영아들에게 미리 교사가 준비한 습자지를 제공하여 탐색해 보는 시간을 가졌다. 소근육을 활용하여 습자지를 찢어 보고, 찢은 습자지를 던져 보며 습자지의 움직임을 살펴보는 등 다양한 놀이를 전개해 보았다.

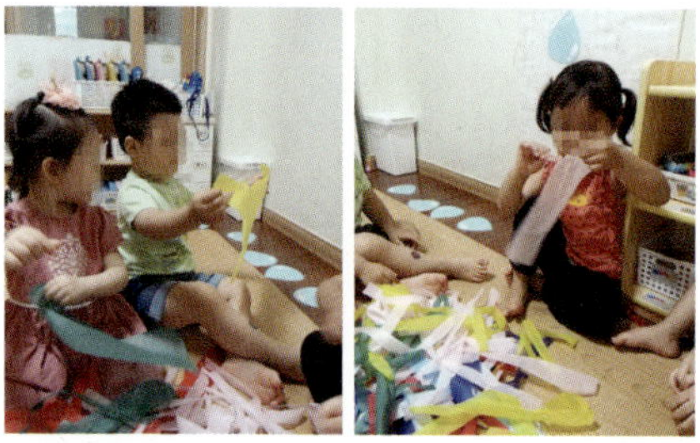

영아 1: 선생님, 종이가 알록달록해요.
영아 2: 종이가 잘 안 찢어져요. 어! 이렇게 하면 길게 찢어져요.
교사: 얘들아, 이렇게 종이를 찢으면 잘 찢어진대.
(친구의 시범을 보여 준다.)
(영아들이 다양한 색의 습자지를 찢어 본다.)

습자지를 던져 보며 습자지의 움직임을 살펴본다.

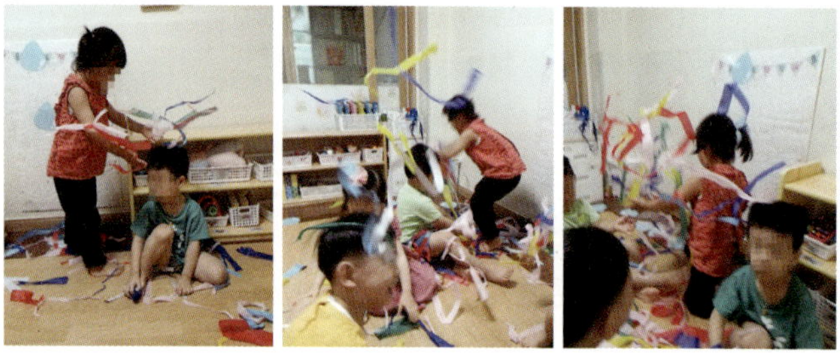

영아 1: 종이가 정말 많아요.
영아 2: 이걸 던지면 비 같아요.
영아 3: 우와~ 비다!
(습자지를 던져 뿌린다.)

교사는 교실에 전기테이프를 가로질러 붙여 준비한 후 영아들은 던진 습자지가 붙는 것을 발견한다.

영아 1: 선생님, 종이가 붙었어요.
교사: 테이프에 종이가 붙었네.
영아 2: 이 종이를 붙여 볼래요.
영아 3: 비가 내리는 것 같아요.
교사: 비가 내리는 것 같이 보이네.

습자지를 전기테이프에 던지거나 직접 붙여 본다.

영아 1: 얼굴에 비가 내리는 것 같아요.
영아 2: 선생님, 우산을 써야 할 것 같아요.
교사: 선생님이 우산을 가지고 올게요.

영아가 우산이 필요하다고 하여 교사가 우산을 제공하여 놀이를 지원해 주었다.

영아 1: 선생님, 이것 봐요. 알록달록 비가 내려요.
영아 2: ○○아, 나랑 같이 우산 써 볼래?
교사: 친구랑 우산 쓰고 어디 가나요?
영아 2: 우리 집에 놀러 가요.

놀이공간의 지원 & 놀이자료의 변화	• 영아에게 다양한 색의 습자지를 제공하고 소근육을 활용한 습자지를 찢어 보는 활동, 대근육을 활용한 습자지를 던져 보는 활동을 통해 다양한 방법으로 놀이를 전개해 보았다. • 전기테이프를 제공하여 영아들이 새로운 방법으로 놀이를 할 수 있도록 지원하였다.

제 목	신문지 놀이
활동영역	미술영역, 과학영역
자 료	신문지, 끈

영아들에게 신문지를 제시하니 신문지에 흥미를 보이며, 손으로 찢기, 구기기, 가위로 자르기 등의 다양한 방법으로 탐색하고 놀이하기 시작했다.

영아 1: 선생님, 이건 뭐야?
교사: 이건 신문지야.
영아 1: 신문지 가위로 잘라도 돼?
교사: 응. 손 다치지 않게 조심하면서 잘라 봐.
영아 2: 선생님, 나는 가위 안 돼!
교사: 손으로 찢어 봐.

교사가 신문지를 자유롭게 탐색할 수 있도록 공간을 확보하여 제공한다.
다음날, 영아가 신문지를 꺼낸 후 매트에 펼치고 그 위에 놀잇감을 올리며 돗자리 놀이를 한다.

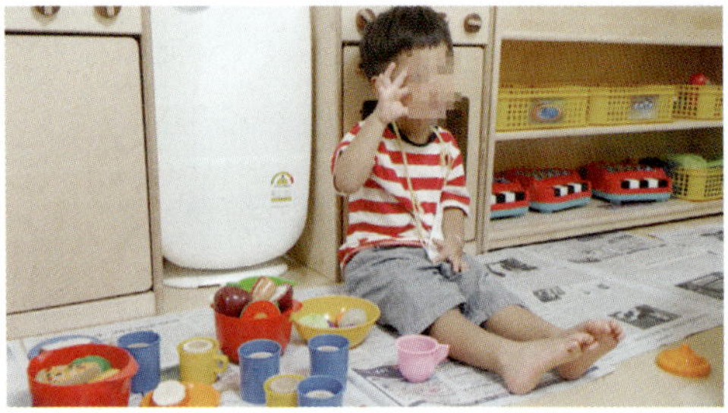

영아: 선생님, 이거 봐. 사진 찍어 줘!
교사: ○○이가 신문지로 돗자리 만들었네~ 멋지다!

영아들이 신문지에 흥미를 보이고, 신문지를 발로 밟거나 신문지를 가져가 이불 놀이를 한다. 영아들이 놀이하는 것이 확장되어 다음날, 교사가 신문지 펀치 놀이를 소개하자 영아들이 흥미를 보이며 손과 발로 펀치를 하며 놀이하였다.

교사: 이거 봐 봐. 이렇게 신문지를 뻥! 하고 차는거야. 손으로도 뻥~
영아 1: 이거 봐. 발로 뻥! 뻥 하고 찼어.
교사: 손으로도 신문지를 쳐 볼래? 뻥~하고!
영아 2: 신문지가 찢어졌어. 뻥~

펀치 놀이 후 신문지로 옷을 만들거나 찢으며 놀이하였다.

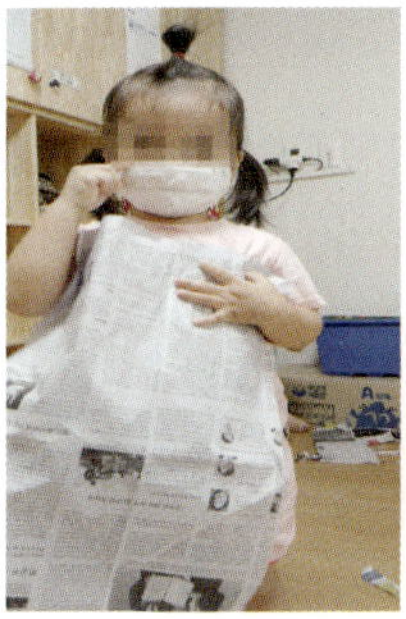

영아 1: 선생님, 이거 봐.
나 치마 만들었어.
영아 2: 선생님, 나는 모자 만들었어!

영아들이 신문지를 이용해 옷을 만들고 교사와 찢기 및 신문지 통과 놀이로 확장하며 놀이한다.

놀이공간의 지원 & 놀이자료의 변화	• 영아들에게 신문지를 제공하여 영아들이 다양한 방법으로 신문지를 탐색할 수 있도록 공간을 확보해 주었다. • 영아들이 흥미를 보이는 신문지로 옷 만들기, 찢기 놀이, 통과 놀이 등 다양한 놀이로 확장하여 놀이하도록 지원하였다.

제　　목	바퀴 그림
활동영역	감각탐색, 미술영역, 신체영역
자　　료	자동차, 물감, 도화지, 전지

교실에 배치되어 있는 자동차 모형을 가지고 역할놀이를 하면서 바퀴가 굴러가는 모습을 보고 즐거워했다. 바퀴가 굴러간 후의 흔적을 탐색한다.

영아 1: 바퀴 모양이 이렇게 생겼네!
선생님! 자동차가 지나가면
이런 모양이 생겨요.
영아 2: 이렇게 죽죽~ 줄이네.
영아 1: 큰 종이에 이거 하고 싶어요.

전지에 길을 그려 제공하고 동네에 있는 것들의 사진을 준비해 준다. 사진을 보며 그 장소에 대한 경험을 이야기 나눈다.

교사: 선생님이 우리 동네에 있는 것들을 사진으로 준비해 봤는데 길에 붙여 볼까?
영아 1: 선생님, 여기 길이지요? 나 여기 빵집 가 봤어요.
영아 2: 나는 놀이터 가 봤어.

교사: 정말 멋진 동네를 만들었네. 이제 자동차로 동네를 다녀 볼까요?
영아 1: 네. 우리 이제 자동차 놀이하자.
선생님, 물감도 할래요.
영아 2: 우리 이거는 여기에다가 붙이자.

색 물감과 자동차를 준비하여 동네 그림에 자동차 그림을 그릴 수 있도록 제공한다.

영아 1: 나는 이 자동차로 가야지.
영아 2: 부릉부릉~ 빨간 색깔 나왔어.
영아 3: 나는 빵집 갈 거야.
영아 1: 나도 같이 가자. 부릉부릉~

영아 2 : 나는 이 쪽으로 갈게. 부딪힐 수 있어.
영아 1: 우와~ 이것 봐! 여러 가지 색깔 길이 생겼어.
교사: 우와! 너희들이 정말 멋진 작품을 만든 것 같아.
영아 3: 선생님, 이거 전시해 주세요.
교사: 그래. 우리 교실에 전시해 보자.

테이프를 이용하여 벽에 붙여서 영아들과 다같이 작품을 감상하고 이야기 나눈다.

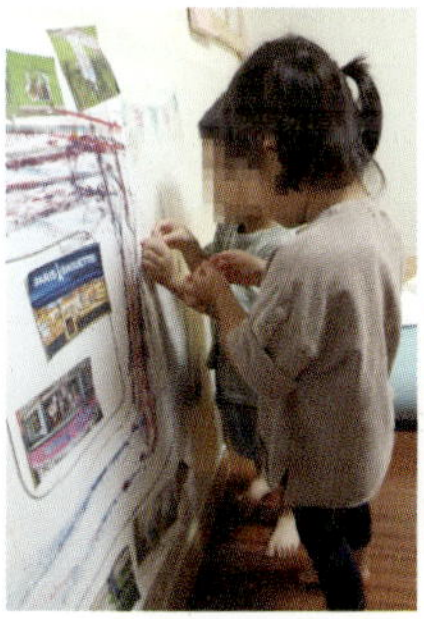

영아 1: 우와~ 이거 지도 같아.
영아 2: 우리 동네야.
교사: 바퀴 그림으로 멋진 작품을 만들었네. 정말 멋져!

놀이공간의 지원 & 놀이자료의 변화	• 영아가 자동차 모형을 이용하여 그림을 그릴 수 있도록 다양한 자동차 모형을 지원해 주고 전지에 길을 그려 제공한 뒤 영아와 함께 동네를 만들고 놀이를 확장하여 만든 동네 그림에 자동차 그림을 그릴 수 있도록 지원하였다.

제　　목	과일 놀이
활동영역	미술영역
자　　료	과일 모형, 다양한 과일 그림, 다양한 재료, 양면테이프

교실에 배치되어 있는 과일 모형에 영아들이 흥미를 보이며 놀이를 시작하였다.
과일 모형의 모양, 개수 등을 탐색하며 상호작용한다.

영아 1: 바나나! 나는 바나나 좋아.
영아 2: 선생님, 사과가 두 개야.

영아들이 과일 모형에 스티커 붙이기를 하며 과일을 꾸몄다.

영아 1: 선생님, 집에 가져갈래.
영아 2: 나도 집에 가져갈래.
교사: 그래. 그럼, 스티커 붙이기하고 가방에 넣자.

영아들이 만들기 한 과일 모형을 가방에 넣고, 과일 그림에 흥미를 보였다. 과일 그림에 흥미를 보이는 영아들과 토끼반 과일 바구니 만들기를 해 보기로 하며, 과일 그림 중 영아들이 그림을 선택하였다. 교사와 함께 과일 그림에 다양한 재료를 붙이면서 모자이크 놀이를 진행하였다.

교사: 사과는 무슨 색이지? 어떤 걸로 사과를 꾸며 볼까?
영아 1: 나는 색종이!
영아 2: 나는 이거(플레이콘)!

다양한 재료를 이용하여 과일 모자이크를 꾸몄다.

놀이공간의 지원 & 놀이자료의 변화	• 교실에 배치되어 있는 과일에 흥미를 보이며 스티커를 붙이는 놀이를 하는 모습을 보고 교사가 과일 바구니를 만들어 보는 활동을 제안하였다. • 다양한 재료로 과일 그림을 꾸며 모자이크 놀이로 확장되도록 지원하였다.

제 목	그릇으로 놀이해요
활동영역	역할영역, 신체영역, 기본생활습관
자 료	소꿉놀잇감, 스펀지, 색 종이접시, 점토, 음식 그림, 대야

교사가 제공한 그릇을 보고 영아가 어떤 관심을 보이고 탐색과 관찰을 하는지 관찰해 보고 영아가 관심을 보였던 그릇 닦는 방법과 그릇에 음식 모형 담는 방법 등 접시를 활용한 다양한 놀이방법을 제시해 보았다.

영아 1: 이제 그릇을 닦자!
영아 2: 물이 있어야 하는데?
교사: 그릇을 닦으려면 물과 무엇이 필요할까?
영아 3: 물이랑 수세미요!
교사: 어떻게 닦아 볼 수 있을까?
영아 1: 수세미로 문질러요.
영아 2: 물에 씻어요.
교사: 밖에서 설거지를 해 볼까?

음식 모형과 그릇을 제시하고 의도적인 상호작용을 하지 않고 영아가 관심을 보이는지 관찰한다. 교사가 그릇에 음식 모형을 담는 모습을 보여 주고 영아가 그 모습을 모방한다.

영아 1: 바구니에 음식이 많이 있어!
영아 2: 그릇으로 가져 가자.
교사: 어떤 음식을 그릇에 담아 볼래?
영아들: 사과요. / 만두 만들어서 넣을래요.
교사: 어떤 음식을 만들까?
영아들: 만두요. / 밥이요.
교사: 친구와 같이 해 볼까?

종이접시를 제시하여 영아가 탐색해 볼 수 있는 시간을 제공한다. 접시를 하나씩 밟으면서 걸어 본다.

영아 1: 나는 파란색이 좋아!
영아 2: 나도~
교사: 어떻게 걸어 볼까?
영아들: 점프해서요. / 뛰어서요. / 걸어서요.
교사: 접시를 어떻게 놓을까?
영아들: 두 개씩이요. / 멀리요.

놀이에 식판과 음식 모형을 제공하여 유아가 스스로 탐색해 보고 자신이 담고 싶은 음식을 담을 수 있도록 상호작용한다. 친구와 함께 놀이하며 식당 놀이로 확장해 나간다.

영아 1: 음식을 식판에 담을래.
영아 2: 좋아. 나는 사과 넣을래. 너는?
영아 1: 나는 오렌지가 좋아.
교사: ○○이는 사과를 넣었구나.
친구와 함께 서로 담은 음식을
나눠 먹어 볼까?
영아 3: 친구야, 이거 먹을래?
영아 4: 자, 이거 먹어.

놀이공간의 지원 & 놀이자료의 변화	• 다양한 모양의 그릇을 영아에게 제공하여 영아가 그릇을 닦는 방법, 음식 모형을 담는 방법 등 접시를 활용한 다양한 놀이방법을 구상하도록 지원하였다.

제 목	수건으로 놀이해요
활동영역	신체영역, 역할영역, 미술영역
자 료	수건, 대야, 인형, 때수건, 가재수건, 막대기

수건을 제시하고 영아가 탐색하는 것을 의도적인 상호작용 없이 관찰한다. 활동을 진행하며 영아가 모방할 수 있도록 모델링을 보여 준다.

교사: 수건이 여기 있네?
　　수건을 만져 보니 느낌이 어때?
영아들: 보들보들해요. / 푹신푹신해요.
교사: 선생님이 먼저 접어 볼게.
　　이번에는 ○○이가 접어 볼까?
영아: 사과 그림이 나왔어요!
교사: 다른 수건도 접어 볼까?
　　어떻게 접어야 할까?

교사가 목욕놀잇감을 보여 주고 목욕놀이 방법을 영아가 모방할 수 있도록 모델링을 보여 준다. 영아의 옷이 젖지 않도록 주의하며 활동을 진행한다.

교사: 선생님이 장난감을 바구니 안에 넣어서 가져왔는데
　　뭐가 있을까? ○○이가 만져 볼까?
영아 1: 말랑말랑한 게 있어요.
영아 2: 까슬까슬한 것도 있어요~
교사: 하나 꺼내 볼까?
영아 3: 때수건이에요!
교사: 때수건으로 마음에 드는 장난감을 닦아 줄 거야.
　　어떤 장난감을 닦아 줄까?
영아들: 인형이요. / 오리인형이요.
교사: 그럼, ○○이가 닦아 볼까?
　　장난감을 넣었더니 어떻게 됐어?
영아들: 젖었어요. / 둥둥 떠요.
교사: 수건으로 장난감을 닦아 보자. 어떻게 되었어?
영아 2: 장난감이 깨끗해졌어요.
영아 3: 인형이 시원하대요~

활동에 대해 이야기를 하고, 영아가 모방할 수 있도록 모델링을 보인다. 산책을 하며 주운 자연물을 손수건 위에 올려 두드려 물들인다. 활동을 진행하며 영아가 손을 다치지 않도록 조심한다.

교사: 무엇을 주워 왔니?
영아 1: 나뭇잎이요!
영아 2: 꽃잎이요.
교사: 손수건에 물들이려면 어떻게 해야 할까?
영아 3: 문질러요.
영아 4: 테이프로 붙여요!
교사: 손수건 위에 나뭇잎을 올리고 두드리면
물이 나와서 손수건에 색이 물들여져.
어떻게 손수건에 물들여 볼까?
두드릴 때는 손을 조심하자!

놀이공간의 지원 & 놀이자료의 변화	• 의도적인 상호작용 없이 영아가 직접 수건을 탐색해 볼 수 있는 충분한 시간을 제공한다. • 교사가 영아들에게 목욕하는 방법을 모방할 수 있도록 모델링을 보여 준다. • 야외로 확장하여 자연물을 이용해 수건을 염색해 보는 놀이로 확장되도록 지원하였다.

제 목	숟가락으로 놀이해요
활동영역	신체영역, 음률영역, 기본생활습관
자 료	나무판, 숟가락

놀잇감을 제시하고 영아가 관심을 갖는지 의도적인 상호작용 없이 관찰한다.
활동을 하며 교사가 모델링을 보여 준다.

교사: 숟가락이 있네?
교사: 숟가락으로 무엇을 할 수 있을까?
영아 1: 두드려요.
영아 2: 밥 먹어요.
교사: 숟가락을 나무판에 두드리면 무슨 소리가 날까?
영아 3: 똑똑 소리 나요.
영아 4: 긁으니까 슥슥 소리가 나요.
교사: 숟가락끼리 마주치면 어떤 소리가 날까?
영아: 틱틱 소리 나요. / 딱딱한 소리 나요.
교사: 노래와 함께하면 어떻게 될까?
어떤 노래랑 해 보면 좋을까?
영아: ○○○이요.
교사: 노래랑 같이 해 보니 어땠어?

숟가락과 공을 바구니에 넣어 제시하고 영아가 관심을 가지는지 상호작용 없이 관찰한다.
교사가 공을 숟가락으로 떠서 서로에게 주고받는 모습을 모델링으로 보여 준다.

교사: 숟가락으로 공을 어떻게 옮길까?
영아들: 떠서요. / 손으로 잡아서 옮겨요.
교사: 친구와 함께 공을 옮겨 볼까?
작은 숟가락으로 옮겨 보고 큰 숟가락으로도 옮겨 보자!
작은 공과 큰 공도 옮겨 볼까?
어떤 숟가락으로 했을 때 잘 옮겨졌어?
영아 1: 큰 숟가락이요!
교사: 어떤 공이 잘 옮겨졌어?
영아 2: 작은 공이 잘 옮겨졌어요!
영아 3: 큰 공이요!

간식이나 점심 시 영아가 스스로 사용하도록 격려해 준다. 교사는 영아가 급하게 먹지 않고 천천히 먹을 수 있도록 지도한다.

교사: 음식을 먹을 때 무엇으로 먹어야 할까?
영아 1: 숟가락이요.
영아 2: 포크요!
교사: 오늘은 숟가락을 이용해서 먹어 볼 거에요.
숟가락을 사용해 스스로 먹어 보자.
영아: 선생님, 잘 안돼요..
교사: 천천히 조금씩 먹어 보자!
조금 도와줄게. ○○이가 스스로도 해 보자!

놀이공간의 지원 & 놀이자료의 변화	• 의도적인 상호작용 없이 영아가 스스로 숟가락을 탐색할 수 있는 시간을 제공한다. • 숟가락과 공을 제공하여 영아가 관심을 가지는지 관찰한 후 교사가 모델링을 보여 주어 놀이를 전개한다. • 놀이에 활용하였던 숟가락을 급간식을 먹을 때 스스로 사용해 볼 수 있도록 격려한다.

제 목	양말로 놀이해요
활동영역	언어영역, 신체영역, 역할영역
자 료	양말 손인형, 양말, 빨래집게, 빨랫줄

교사가 양말인형을 제시해 주고 영아들이 관심을 갖는지 보고 의도적인 상호작용개입 없이 환경으로 제공해 본다. 영아가 관심을 보이면 상호작용하며 탐색한다.

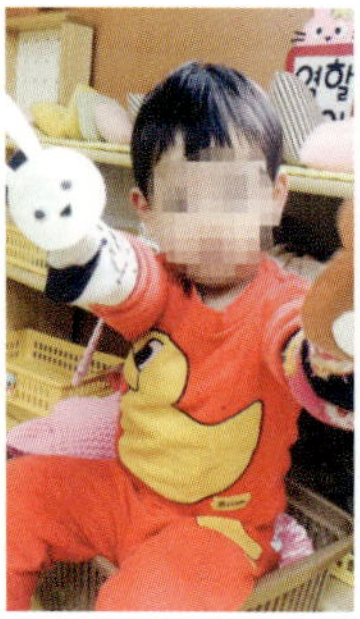

교사: 양말 인형을 손에 끼웠구나.
어떤 인형이 있는지 볼까?
영아 1: 곰이랑 토끼가 있어요.
교사: 곰이랑 토끼가 안녕! 하고 인사하네.
○○이도 곰이랑 토끼한테 이야기해 볼까?
친구와 함께 말해 볼까?
영아 2: ○○아, 안녕!
영아 3: □□아, 안녕~

하원 준비를 하며 영아 스스로 자신의 양말을 신어 볼 수 있도록 한다. 잘 신지 못하는 영아는 교사가 모델링을 보여 주며 스스로 시도해 볼 수 있도록 격려한다.

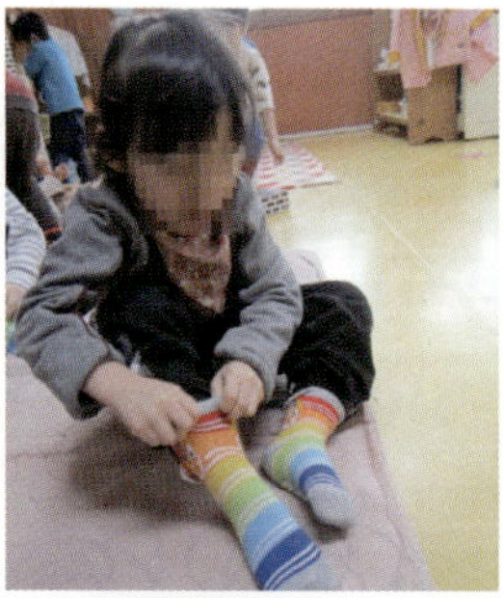

교사: ○○이가 양말을 신고 있구나.
영아: 선생님, 잘 안 돼요..
교사: 양말을 잡고 구멍 안에 쏙! 하고 넣는 거야.
영아: 그래도 잘 안 돼요..
교사: 선생님이랑 같이 잡고 해 볼까?
여기 잡고 발을 쏘옥~
영아: 양말 신었어요!

환경을 제시해 주고 영아가 관심을 갖는지 의도적인 상호작용 없이 관찰한다. 집게를 사용할 때 손가락이 집게에 집히지 않게 조심한다. 활동을 진행하며 교사가 모델링을 보여 준다.

교사: 양말을 잡아당겼구나.
　　양말을 다시 널어 볼까?
영아 1: 잘 안 돼요.
교사: 집게를 잡고 양말을 집어 주는 거야.
　　한번 해 볼까?
영아 2: 양말이 주렁주렁 널어졌어요.
교사: 다른 장난감도 널어 볼까?
　　어떤 장난감을 널어 볼까?
영아 3: 곰인형이요.
영아 4: 인형 옷이요.
교사: 어? 장난감이 떨어졌네~
　　어떻게 하면 장난감이 안 떨어질까?
영아 2: 집게를 하나 더 해요!
교사: 집게를 하나 더 하니 안 떨어지는구나.

놀이공간의 지원 & 놀이자료의 변화	• 영아에게 양말인형을 제시해 주고 영아들이 관심을 갖는지 보고 상호작용개입 없이 환경을 제공한다. • 스스로 양말을 신어 볼 수 있는 기회를 제공하고 양말 신기가 어려운 영아들에게는 모델링을 보여 주며 스스로 시도해 볼 수 있도록 격려한다. • 양말을 빨랫줄에 널어 보는 놀이로 확장하여 놀이에 변화를 지원하였다.

제 목	상자로 놀아요
활동영역	신체영역, 미술영역
자 료	상자

영아들이 새로운 교구(크기가 큰 상자)에 대해 흥미를 보이지 않고 거부감을 가져서 기간을 길게 잡고 상자를 다양한 방법으로 놀이를 구성하여 흥미를 보이도록 하였다.

교사: 우리 교실에 커다란 집이 생겼네~ 누구의 집일까?
(영아가 상자 가까이 오지 못하고 선생님 뒤에 있거나 멀리서 상자를 바라보고 서 있는다.)
교사: 똑똑똑! 안에 누구 있어요? (상자의 문을 열어 본다.)
영아: 어~ 어~ (손가락으로 상자를 가리키며 선생님을 바라본다.)
교사: (상자 안으로 들어가서) 누구세요? 우리 집에 누가 놀러 왔나?
(영아는 상자 안에 선생님이 있는 것을 보고 상자 가까이 다가와 문을 잡고 서서 안을 보거나 상자를 향해 기어와 안을 바라본다.)
교사: 이게 누구야~ ○○가 선생님 집에 놀러 온 거예요? 반가워요~ (손을 들고 인사를 한다.)
(영아는 상자 안에 있는 선생님을 보며 영아의 손을 뻗어 선생님의 손을 잡아보거나 까치발을 들고 상자 안을 들여다본다. 영아가 상자 안으로 들어오지 않고 상자에 블록이나 장난감을 넣어 보며 놀이를 시도한다.)

교사: 선생님 집에 놀러온 우리 ○○반 친구들 반가워요~
(교사가 색연필을 들고 집 주변에 끼적이기와 스티커 붙이기 놀이하는 것을 볼 수 있도록 해 주자 영아가 주변을 둘러보고 색연필로 집에 끼적이기 놀이와 스티커 붙이기 놀이를 한다.)

교사가 집에서 나오자 영아는 집에 관심을 보이지 않고 다른 놀이를 하는 모습을 보이기도 하고 상자 안으로 들어가려고 시도하는 모습도 보였다. 만 0세 두 반(6명) 중 4명의 영아가 상자 안으로 들어갔다 나오기를 할 수 있었다.

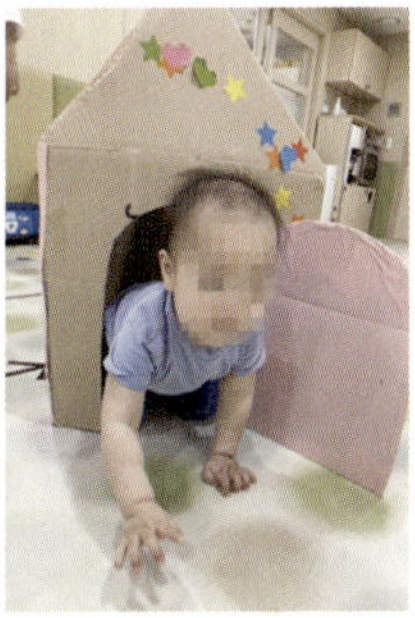

↳ 일주일 정도 영아가 자유롭게 상자 안으로 들어가거나 상자 안에 놀잇감을 넣어 들어가기 시도를 할 수 있도록 하였다.

교사가 상자를 제공해 주었을 때 처음 상자 집을 보여 주었을 때와는 달리 교사가 흥미를 유도하는 이야기를 하기 전 스스로 상자 집에 들어가 밖을 보거나 친구와 마주 보고 앉아 있다.

교사: 어머! 여기는 누구 집이에요? 우리 친구들이 상자 집 안에 들어가 있네?
영아: 까꿍! (구멍 밖으로 고개를 내밀어 선생님에게 인사를 한다.)
교사: 우리 ○○가 선생님 초대하는 거야? 들어가도 되는 거예요?
(영아가 상자 집 안에서 선생님의 손을 잡으려고 손을 뻗는다.)
교사: 우리 ○○반 친구들이 집에 색을 칠해 주는구나~ 집이 점점 멋지게 변해 가네!
(영아는 상자 안과 밖에서 끼적이기를 한다.)

↳ 처음과 마찬가지로 일주일가량 영아가 자유롭게 놀이를 할 수 있도록 했으며, 6명 중 1명의 영아가 현재까지 상자 안으로 들어가지 않았다.

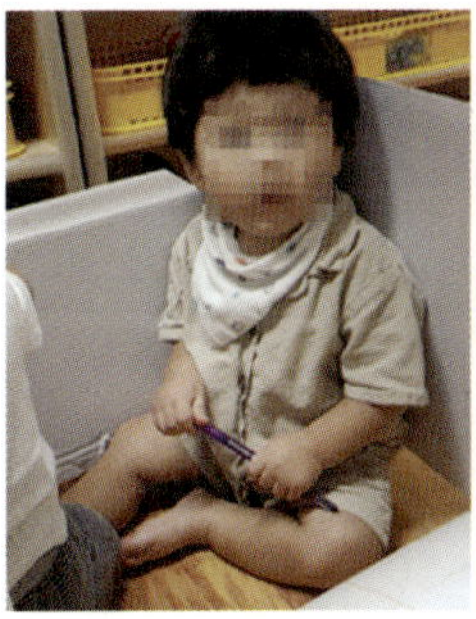
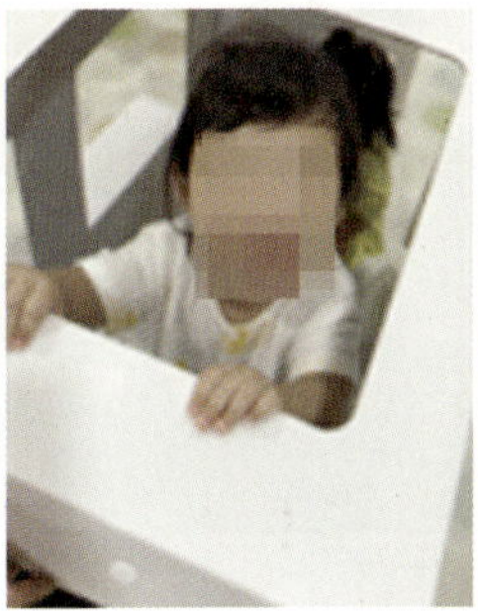

커다란 상자 놀이 3탄은 앞서 해 보았던 놀이와 다르게 상자 안이 어두운 것을 생각해 영아들이 적응할 수 있도록 교사가 상자 안에서 영아들의 이름을 부르며 상호작용을 유도하였다.

교사 1: 커다란 상자가 우리 교실에 있네~ 이건 뭐지?
(영아는 상자 주변에 오지 않고 교사 1 옆이나 뒤에서 상자를 바라본다.)
교사 1: 상자에 구멍이 있어~ 상자 안에 누가 있나? 똑똑똑~
영아: 똑똑똑~ (영아가 선생님이 두드리는 것을 보고 상자 주변으로 와서 손으로 상자를 툭툭 쳐 본다.)
교사 1: 구멍 안에 손을 넣어 볼까?
교사 2: 어? 여기가 어디지? 여기 꿀벌 반이잖아~ 얘들아, 안녕!
영아: 안녕~ [손을 흔들며 교사 1을 손가락으로 가리킨다. (선생님이에요~라는 듯)]
교사 2: 선생님은 두더지야! 너희들이 손으로 쏙~ 머리를 눌러 주면 안으로 들어갈 수 있어~
교사 1: 두더지래~ (머리를 누르며) 어머! 두더지가 없어졌어. 얘들아, 우리 두더지를 불러 볼까?
(영아가 상자를 손으로 두드린다.)
교사 2: (다른 구멍으로 나옴) 두더지 불렀어? ○○야~ 두더지 손 좀 잡아 줘.
(영아가 교사 2가 내민 손을 잡는다.)
교사 2: 우리 집에 놀러 올 사람 있니? 한번 와 봐~ 들어와 볼래? (들어오라고 손짓을 한다.)
(영아가 문이 있는 곳을 열어 보려고 시도해서 안에 있던 교사 2가 문을 열어 영아를 데리고 안으로 들어온다. 영아가 처음에는 나가려고 하다가 구멍 위로 얼굴을 내밀도록 해 주었더니 친구들을 보고 "안녕~"이라고 말한다.)

상자 제공 첫날은 교사와 함께 상자 안에 들어가 적응할 수 있도록 해 주고 이튿날부터는 교실에 있는 상자에 영아가 스스로 들어가 고개를 내밀어 자유롭게 놀이할 수 있었다.

큰 상자를 이용해 놀이를 하였던 영아들에게 다양한 크기의 상자를 이용해 여러 가지 놀이를 시도할 수 있도록 해 주었다. 다양한 크기의 과자 상자 안에 신문지를 채워 넣어 상자가 쉽게 구겨지지 않도록 준비해 제공한다. 한 가지 놀이 상자를 이용하여 영아가 4가지 놀이를 자유롭게 시도하였다.

영아: (과자 상자를 들고) 어? 냠냠?
교사: 우리 ○○가 좋아하는 과자야? 맛있는 과자 먹어 볼까?
(그림을 집어 영아의 입에 쏙 넣어 준다.)
영아: 아~ 냠냠냠.
교사: 맛있어요?
영아: 응!
(영아 스스로 여러 개의 과자 상자를 꺼내 위로 쌓아 본다.)

(영아가 접시에 과자와 물컵을 올려 선생님에게 가져 온다.)
교사: 우와~ ○○야, 선생님 먹어요? 이게 뭘까?
영아: 응. (고개를 끄덕인다.)
교사: 어떤 맛이 나는지 먹어 볼게요.
이건 치즈가 가득 들어 있는 치즈과자구나~
물도 마셔도 되나요?
영아: 응. (물컵을 들어 교사에게 준다.)
교사: 잘 먹겠습니다~
(교사의 인사에 영아도 같이 고개를 숙이며 인사를 한다.)

영아가 과자 상자를 일렬로 나열해 놓은 후 그 위로 자동차를 움직여 "붕~" 소리를 내며 놀이를 한다.

상자 뚜껑을 열 수 있는 상자 안에 영아가 스스로 놀잇감을 넣는다. 상자 안이 보일 수 있도록 제작한 것을 통해 영아가 고개를 숙여 안을 탐색한다. 교사가 반짝이는 공을 넣어 주니 영아는 상자 안에서 불빛이 나는 공이 움직이는 것을 보고 상자를 흔들어 공을 관찰하였다.

상자를 한 줄로 세워 놓고 상자 징검다리 건너기 놀이를 하였다. 영아가 올라가도 무너지지 않도록 상자 안을 하드보드지로 튼튼하게 덧대어 준비하였다.
교사 손을 잡고 상자 위 건너 보기 → 영아 스스로 올라가서 건너 보기 → 상자 위 걷기가 자유로워진 후 영아가 상자 위에 놀잇감을 굴리며 스스로 놀이하는 것을 볼 수 있었다.

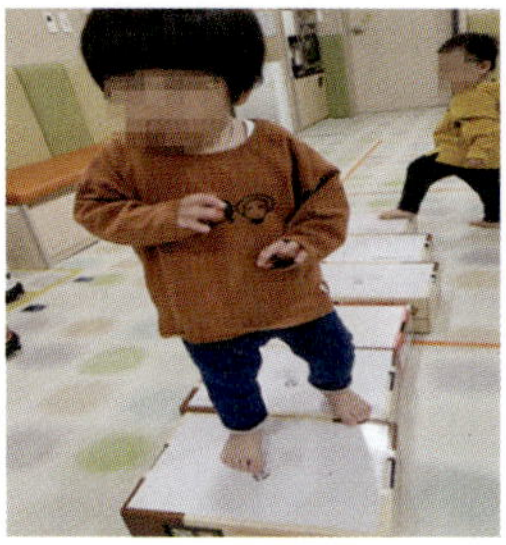

큰 천 위에 상자를 올려 놓은 후 영아가 상자 안에 들어가 상자 썰매를 타 본다. 교사가 끌어 주는 상자 썰매 놀이를 본 영아는 스스로 빈 상자 썰매를 끌어 보며 모방하는 모습을 볼 수 있었다. 친구가 탄 썰매를 영아가 직접 끌어 주며 놀이하는 모습도 볼 수 있었다.

교사가 만들어 준 상자 자동차와 꾸미지 않은 상자를 비교하며 놀이를 해 보고 핸들에 뽁뽁이를 넣어 소리가 날 수 있도록 하여 영아의 흥미를 자극해 주기도 하였다. 상자 썰매와 상자 자동차의 영아 흥미를 비교해 보면 영아는 꾸미지 않은 상자 썰매 타는 것에 더욱 흥미를 가졌으며, 영아가 참여하는 놀이 시간과 모방하는 모습 또한 월등히 높았다.

상자를 제공해 주고 영아가 원하는 곳(그림/글씨가 있거나 없는 곳)에 끼적이기 놀이를 시도하였다. 상자 안으로 들어가 상자 바닥, 옆면에 자유롭게 끼적이기를 하다가 자리가 부족해 상자가 부서졌다. 주변의 모든 상자도 영아가 찢거나 교사의 도움으로 찢어 바닥에 펼쳐 주어 자유롭게 상자를 옮기며 끼적이기를 하였다. 교사의 개입 전혀 없이 영아 스스로 주변에 있던 스티커를 붙이거나 끼적이며, 약 40분가량 놀이에 집중하는 것을 볼 수 있었다.

놀이공간의 지원 & 놀이자료의 변화	• 영아들이 새로운 교구에 거부감이 들지 않도록 시간을 충분히 제공하였다. • 다양한 방법으로 상자 놀이를 구성하여 흥미를 갖도록 지원하였다.

제　　목	기다란 빨대로 놀이해요
활동영역	감각탐색, 미술영역, 신체탐색
자　　료	다양한 종류(굵기, 길이)의 빨대, 안전가위, 놀이매트, 비닐장갑 등

교사가 놀이매트를 펴고 빨대를 제시해 주고 영아들이 관심을 갖는지 본다. 의도적인 상호작용개입 없이 환경으로 제공해 본다.

영아 1: 선생님, 빨대예요. 비닐 빼 주세요.
교사: ○○이가 비닐을 빼 볼까?
영아 1: 잘 안 돼요.
교사: 어떻게 해야 잘 뺄 수 있을까?
영아 2: (비닐을 잡아당기며) 이렇게요.
교사: 다른 것도 한번 해 볼까?

소근육 발달을 위해 가위로 빨대를 잘라 보고 비닐에 넣어 비닐 풍선 만들기를 하였다.
활동에 대해 설명하고 만드는 방법에 대해 설명한다. 활동 시 주의점에 대해 이야기를 한다.

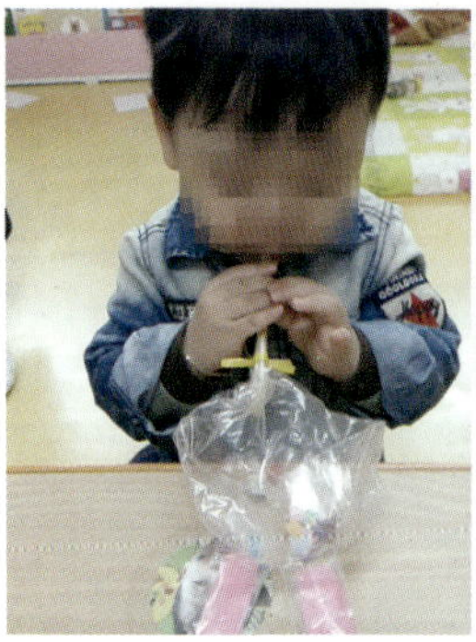

교사: 가위는 조심해서 사용하는 거야.
영아1: 분홍색 이만큼 잘랐어요!
교사: 우리가 자른 빨대를 비닐에 넣어 보자. 어떤 색 빨대를 넣어 볼까?
(빨대를 비닐에 넣는 모습을 보여 주며 영아가 모방해 볼 수 있도록 격려한다.)
영아 2: 분홍색 장갑이 되었어요!

영아들이 빨대를 스스로 사용해 볼 수 있도록 격려한다.
영아가 못하는 경우 모방을 할 수 있게 한다.

영아: 선생님, 빨대가 안 돼요.
교사: (요구르트에 빨대를 꽂아 보이며) 이렇게 하는 거야.
영아: 그래도 안 돼요.
교사: 여기 끝을 잡고 다시 해 볼까?
영아: 됐어요!

교사가 놀잇감을 제시해 주고 영아들이 관심을 갖는지 본다. 의도적인 상호작용개입 없이 환경으로 제공해 준다. 영아들이 못하는 경우에는 모방할 수 있도록 모델링을 보여 준다.

교사: 어떻게 해야 할까?
영아 1: 여기에 꽂아요!
교사: 몇 개 꽂아 볼까?
영아 2: ○○개요~
영아 3: 잘 안 돼요.
교사: 이렇게 하는 거야.
한번 해 볼까?
영이 3: 이렇게 만들었어요~

놀이공간의 지원 & 놀이자료의 변화	• 영아들이 자유롭게 빨대를 탐색할 수 있도록 놀이매트를 제공하고 의도적인 상호작용개입이 없는 환경을 만들어 준다. • 소근육 발달을 위해 가위를 사용해 보고 직접 빨대를 사용해 볼 수 있도록 격려한다.

제 목	초록야채 놀이
활동영역	감각탐색, 미술영역, 신체영역
자 료	초록색 야채, 빵칼

교사가 영아에게 초록야채를 제공해 주었다. 영아는 초록야채로 오감을 활용해 탐색하며 놀이하기 시작했다.

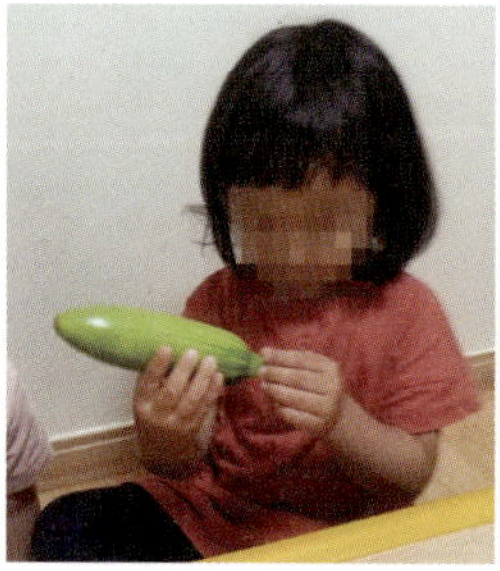

영아 1: 이거는 고추네. 이거 먹으면 매워.
교사: 고추는 무슨 색일까?
영아 1: 초록색이요.
영아 2: 이건 호박이네. 호박도 초록색이에요.
영아 1: 여기가 거칠거칠해. 선생님 이거 잘라 볼래요.
교사: 우리 호박 속이 어떻게 생겼는지 잘라서 볼까?
(빵칼을 준비한다.)

소근육을 사용하여 초록야채들을 잘라 본다.
자른 야채의 내부를 탐색하며 야채에 대한 경험을 이야기한다.

애호박의 끝 쪽을 자를 수 있도록 한다.

영아 1: 애호박 자르기 힘들어요. (교사가 도와준다.)
영아 1: 어? 선생님 호박 안에 씨 같은 게 있어요.
교사: 그게 애호박 씨야. 호박 속은 무슨 색일까?
영아 1: 하얀색이에요.
영아 2: 나는 이거(피망) 잘라 볼래.
교사: ○○이는 초록 피망을 잘라 볼래?

영아 1: 야! 왜 이렇게 오래 걸리냐?
영아 2: 이건 엄청 뚱뚱해. 이거 봐 봐. 씨가 엄청 많아.
영아 1: 구멍도 있다.
선생님, 이거도 속이 하얀색이에요.
영아 2: 선생님, 나 이거 빨간색도 먹어 봤어요.
교사: 아~ 그건 파프리카야.

영아 3: 나는 고추 잘랐는데. 여기도 씨가 많아.
영아 1: 우와! 나도 고추 잘라 봐야지.
근데 선생님, 이거 먹어도 돼요?
영아 2: 야, 이거 엄청 매워.
영아 1: 아니야. 별로 안 매워. 사탕 같아.
선생님, 이거 호박도 먹어도 돼요?
교사: 호박은 익혀서 먹어야 해.

영아 1: 우리 어제 시금치 먹었어요.
교사: 우리 시금치도 한번 가지고 와 볼까?
영아 2: 나 시금치 좋아해요.
(시금치 놀이로 확장하여 전개한다.)

놀이공간의 지원 & 놀이자료의 변화	• 초록야채(호박, 고추 등)를 영아에게 제공하여 영아가 오감을 활용하여 탐색하고 놀이를 하도록 지원하였다 • 시금치 놀이로 확장하여 놀이가 진행되도록 지원하였다.

제　　목	뻥튀기로 놀아요
활동영역	신체운동건강영역, 예술경험영역
자　　료	뻥튀기, 쌀튀기

뻥튀기를 가져온 영아가 친구들과 나눠 먹고 싶다고 하여 영아들에게 뻥튀기를 하나씩 나누어 주었다. 영아들은 뻥튀기를 그대로 들고 먹기도 하고 손으로 부러뜨리기도 하며 먹던 중 영아 한 명이 손가락으로 뻥튀기에 구멍을 뚫었다. 교사는 영아의 행동을 놓치지 않고 놀이로 연결될 수 있도록 하였다.

교사: (뻥튀기를 꺼내 영아들에게 하나씩 나누어 주며) ○○가 뻥튀기를 가져 왔는데 친구들이랑 같이 나눠 먹고 싶대요. "○○야, 잘 먹을게." 하고 이야기해 볼까?

영아 2, 3: ○○야, 잘 먹을게!
(뻥튀기를 받자 바로 입으로 가져가 먹기 시작한다.)

영아 1: (뻥튀기를 손으로 부러뜨려 양손에 들고 먹는다.)

교사: 뻥튀기 맛이 어때? 맛있니?

영아 3: 맛있어.

교사: (뻥튀기 하나를 꺼내어 얼굴 가까이 가져가며) 뻥튀기 모양이 선생님 얼굴처럼 동그랗네. 이것 봐!

영아 1, 2: (교사를 빤히 쳐다보다 자신이 먹던 뻥튀기를 얼굴에 가져다 댄다.)

교사: (영아가 뻥튀기를 얼굴에 대었다 뗄 때) ○○가 어디 갔지? 여기 있었네!

영아 1, 2: (활짝 웃는다.)

교사: (들고 있던 뻥튀기로 얼굴을 가렸다 떼며) 선생님 어디 갔지? 여기 있지!

영아 1, 2, 3: (먹던 뻥튀기를 들어 자기 얼굴에 갖다 댄다.)

교사: ○○이 어디 갔지? 까꿍!

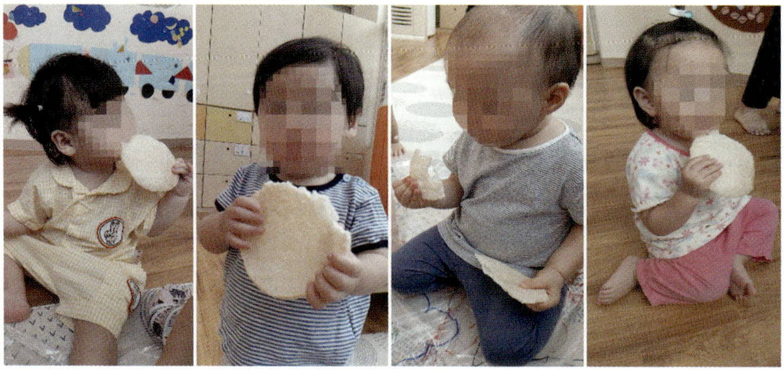

뻥튀기를 다 먹은 영아들이 교사에게 손 내밀며 더 달라는 눈빛을 보내어 하나씩 더 나누어 주었다. 뻥튀기를 먹다 보니 손에도 침이 묻어 뻥튀기에 자국이 남거나 손가락이 잘 들어갔다.

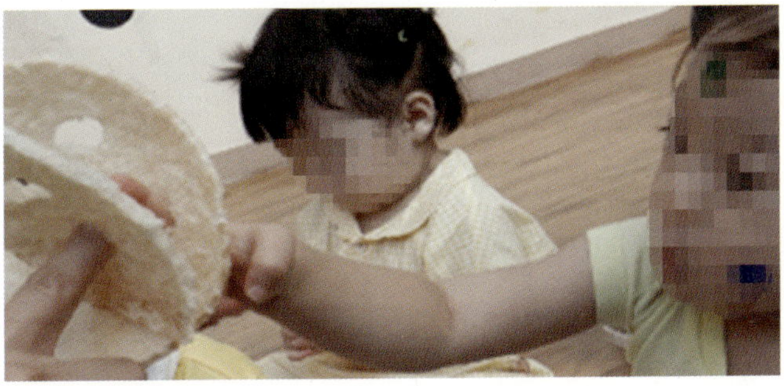

교사: (손가락으로 뻥튀기에 구멍을 내어 눈, 코, 입을 만든 후 교사 얼굴에 가져다 대며) 이게 뭘까?
영아 1, 2: (교사의 행동에 관심을 보이며 쳐다본다.)
교사: (뻥튀기 가면을 얼굴에 댄 채) 선생님이 뻥튀기 가면을 썼네. ○○도 써 볼까?
(교사가 뻥튀기 가면을 영아 얼굴 가까이 가져간다.)
영아 1: (주춤하며 고개를 돌리고는 손에 든 뻥튀기를 먹는다.)
교사: ○○는 뻥튀기 가면이 마음에 안 드는구나? 이상했어?
(교사가 뻥튀기 가면을 다른 영아의 얼굴 가까이 가져간다.)
영아 2: (뻥튀기에 손을 뻗는나.)
교사: △△는 뻥튀기 가면이 마음에 드나 보구나. 자, 여기. △△도 한번 만들어 볼까?
(교사가 뻥튀기 하나를 꺼내어 △△에게 건넨다.)
영아 2: (뻥튀기에 손가락을 넣으려 하는데 뻥튀기가 부러진다.)
교사: △△가 구멍을 뚫고 싶은데 잘 안 되는구나! 괜찮아, 그럴 수 있어. 이번엔 선생님이랑 같이 다시 해 볼까?
(교사가 뻥튀기와 영아의 손을 잡고 구멍을 뚫을 수 있도록 돕는다.)
교사: 눈도 만들고, 코도 이렇게... 입도 커다랗게 만들어 볼까?
교사: (영아가 손가락으로 구멍을 뚫으면) 그렇지, 잘했어! 천천히 다시 하니까 부러지지 않고 잘 되네.
(구멍을 다 뚫은 후) △△가 만든 멋진 가면이 완성되었다!

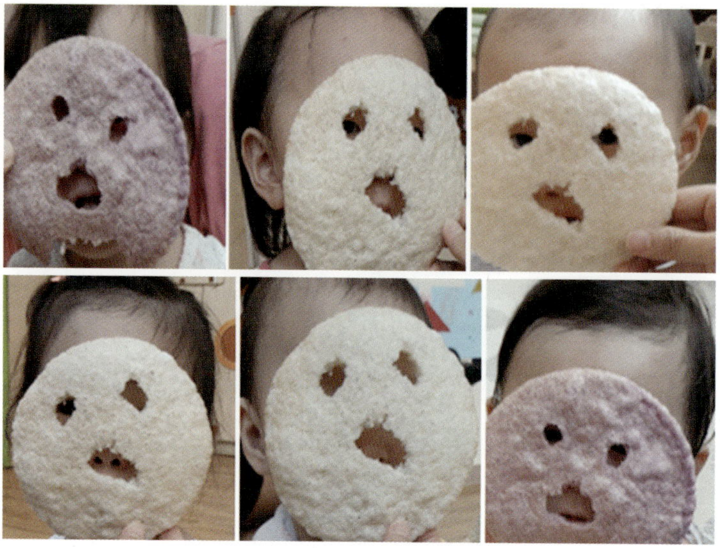

(교사가 영아와 함께 만든 뻥튀기 가면을 영아의 얼굴에 가져다 댄다.)
영아 2: (손을 뻗어 뻥튀기 가면을 가져가 자신의 얼굴에 댄다.)
교사: (뻥튀기 가면을 쓴 영아를 보며) 우와! 정말 멋진 가면이네! 애들아, △△가 만든 가면 어때? 정말 멋지지?
영아 1: (관심을 보이며 교사에게 손을 뻗는다.)
교사: ○○도 다시 해 볼까?
영아 1: (고개를 끄덕인다.)
교사: ○○가 손에 들고 해 보자. 선생님이 도와줄게!(영아의 손을 잡고 구멍 뚫기를 돕는다.)
(다른 영아들과도 뻥튀기 가면을 만든 후 얼굴에 대어 보며 놀이한다.)

놀이공간의 지원 & 놀이자료의 변화	• 영아들에게 놀이방법 모델링(구멍 뚫어 가면 만들기)하기, 영아들의 행동 언어로 표현하기, 반응이 적은 영아는 기다려 주며 격려하기, 실패에 대한 경험이 자연스러운 경험으로 받아들여지도록 격려하며 돕는다. • **(활용)** 영영아 또는 관심보이지 않는 영아에겐 동그란 뻥튀기 외에 쌀튀기, 율무뻥, 떡뻥 등을 이용한 촉감놀이 활동으로 전개가 가능하다.

유아의 교과 · 교재 놀이 활동

종류	재료
종이	1. 종이박스 (배달놀이) 2. 신문지 (공을 만들어요)
블록/ 모형	3. 다양한 동물 인형 (동물병원놀이) 4. 자동차 교구 (세차장놀이) 5. 자동차 모형 (하늘을 나는 교통수단) 6. 크기가 다른 물레방아 모형 (물레방아 돌리기)
생활도구	7. 샤워기 헤드 (목욕탕 놀이) 8.. 다양한 모양의 자석 (자석놀이) 9. 다양한 재질과 크기의 천 (비 오는 날에는 어떤 천으로 우산을 쓸까?) 10 풍선 (공기를 찾아보자) 11. 공 (공을 더 많이 움직이려면) 12. 커다란 그릇, 막대기, 통 (소리나는 물건을 만들어요) 13. 스테인레스 그릇, 숟가락 (스테인레스 탐색)
재활용품	14.. 큰 비닐 (텐트를 만들자) 15. 플라스틱 컵 (소곤소곤 비밀전화기) 16. 투명비닐관 (투명한 비닐 속 물과 공기의 움직임 탐색하기)
자연물	17. 아카시아 열매 (아카시아놀이) 18. 콩 (콩을 이용한 활동) 19. 흙, 모래, 자갈 (비가 내리면 물은 어디로 갈까?) 20. 다양한 종류의 자연물 (자연물로 만들어요(나무))

3 유아의 교과 · 교재 활용

제 목	배달놀이
활동영역	역할영역, 미술영역
자 료	배달음식 모형, 자동차 및 핸들 교구, 헬멧, 배달통 교구, 바구니, 종이박스, 플라스틱 통, 신문지, 에어캡, 불빛 교구, 배달통 및 로봇 도안, 색칠도구

유아들이 역할영역에서 음식을 보고 짜장면에 대해 이야기를 나누고 있다. 자신이 짜장면을 먹었던 경험에 대해 이야기를 하며 다른 유아들과 짜장면을 배달시키는 놀이가 시작되었다.

유아 1: 나 이거 집에서 배달 시켜 먹어 봤어.
유아 2: 이거 짜장면이잖아. 짜장면 맛있지.
유아 3: 나 어제 엄마가 피자 시켜줬었는데 진짜 맛있었다.
유아 1: 내가 배달시켜 줄까? 나 돈 많아.

짜장면을 직접 배달하는 배달원, 배달음식을 받는 손님 역할을 하며 놀이를 하였다.

유아 4: 짜장면 시키려면 핸드폰이 필요해. ○○아파트 8층으로 짜장면 2개 배달해 주세요.
유아 1: 네~ 알겠습니다.
유아 1: 짜장면 2개 배달해야 돼. 내가 짜장면 배달통에 넣을게. 너가 운전해.
유아 3: 나 헬맷 써야 돼. 그래야 안전하잖아.

유아 1: 배달통이 계속 움직여서 떨어져. 내가 잡아 줄게.
유아 3: 여기 배달왔습니다~ 짜장면 왔어요.
유아 4: 여기 8층으로 배달해 주세요.

배달놀이를 진행하면서 유아는 불편한 것, 필요한 것을 발견하고 직접 해결해 보려고 하였다.

유아: 선생님, 배달통 잡고 배달하니까 너무 힘들어요.
이거 자동차에 붙이고 싶어요.
교사: 배달통을 손으로 잡고 놀이하니 힘들었구나.
자동차에 통을 붙이려면 어떤 재료가 필요할까?
유아: 음.. 테이프 주세요. 테이프로 붙이면 돼요.
유아: 음식을 많이 담을 수 있는 통을 만들어 보고 싶어요.

배달통을 만들어 배달놀이 시 발생한 문제를 해결하였다.

유아 1: 상자에 색종이를 붙여 보자. 손으로 찢으니까 길게 찢어지네! ○○가 찢은 게 더 기네.

유아 2: 풀로 붙이니까 안 떨어진다. 종이는 풀로 붙이고, 플라스틱은 목공 본드로 붙여야 돼.

유아1: 배달통 만들었어요.
선생님, 이거 붙이는 거 도와주세요.

유아들이 직접 만든 배달통을 자동차에 붙이는 놀이가 시작되었다.

유아 1: 자동차에 테이프로 배달통 붙이니까 진짜 배달하는 사람 같다. 안 떨어지네.
음식 많이 배달할 수 있겠어.

유아 2: 맞아. 나도 배달하는 사람 할래. 여기 스파게티랑 짜장면 왔습니다~

로봇이 배달을 하면 사람이 힘들지 않을 것 같다는 유아의 생각을 반영하여 로봇가면을 만들기로 했다.

유아 1: 사람이 배달하면 힘드니까 로봇이 배달해 주면 하나도 안 힘들 것 같아.

유아 2: 우리 미술영역에서 로봇가면 만들어 오자. 그래서 로봇 놀이하자.

유아 1: 그래! 근데 나 로봇 얼굴 못 그려. 어떡하지?

유아 2: 선생님한테 로봇 얼굴 그려 달라고 할까?

유아 1: 그래. 선생님! OO랑 로봇가면 만들고 싶은데, 만들기 어려워요.

교사: 너희 로봇가면을 만들고 싶은데 가면 만들기가 어렵구나. 선생님이 어떤 도움을 줄까?

유아 2: 로봇 얼굴 컴퓨터로 찾아서 뽑아 주세요. 그럼, 우리가 가위로 자르고 색칠할래요.

교사: 그래. 선생님이랑 함께 로봇 얼굴 찾아보자.

유아 1: 어? 여기 로봇은 얼굴에서 불빛이 나오네? 우리도 로봇 얼굴에서 레이저처럼 불빛 나오게 만들고 싶어요.

유아 2: 그러면 사람들이 잘 찾을 수 있겠다. 멀리서도 로봇이 보이니깐.

교사: 재료 장을 탐색해서 어떤 재료로 만들 수 있을지 찾아보자.

유아 1: 이거, 반짝이는 불빛 나오는 거, 이걸로 만들어 볼래요.

로봇가면을 만들어 놀이하던 유아가 로봇의 팔과 몸통을 만들고 싶다고 이야기하고 만들기에 필요한 재료를 가지고 만들었다.

유아 1: 로봇가면 쓰니까 정말 재밌어. 그치?

유아 2: 응. 나는 삐리삐리~ 로봇 소리도 낼 수 있어. 그런데 로봇 팔, 몸통도 만들면 진짜 로봇 같겠다. 로봇 팔이랑 몸통 만들어 볼까?

유아 1: 선생님, 로봇 팔이랑 몸통 만들고 싶은데 큰 박스가 필요해요.

교사: 재활용품 모아져 있는 곳에 가서 함께 박스 찾아볼까?

유아 1, 2: 네!

유아들이 배달로봇이 되어 놀이하기 시작하였다.

유아 1: 우리 도착하면 불빛 눌러서 알려 줄까?

유아 2: 응~ 삐리삐리 소리도 내 보자.

유아 1: 우리 나무반 선생님한테 커피 배달할까? 이거 마시면 선생님이 힘날 거야.

유아 2: 그래. 같이 가자.

유아: 삐리삐리~ 여기 커피 배달왔습니다.

교사: 고맙습니다. 잘 마실게요.

놀이공간의 지원 & 놀이자료의 변화	• 유아들이 음식을 배달해 보는 놀이에 흥미를 보여 친구, 옆 반 선생님께도 배달해 주고 싶어하였다. 옆 반 교실까지 가는 길을 만들어 보고 공간을 넓혀서 놀이하도록 하였다. • 사람이 배달을 하다가 힘들다며 유아들이 배달 로봇이 나왔으면 좋겠다고 이야기해 교사는 로봇 도안을 제공하여 놀이를 지원하였다. 유아들은 로봇 모습을 구성하였고 로봇처럼 움직이며 배달놀이를 진행하였다. • 교사가 소리, 불빛, 자료를 제공하자 배달 음식이 도착했을때, 알리는 소리, 불빛 교구를 이용하여 유아들이 흥미롭게 배달놀이를 진행하였다.

제　목	공을 만들어요
활동영역	미술영역, 과학영역
자　료	색 밀가루 점토, 지점토, 신문지, 색테이프, 풍선, 시트지

유아들은 공에 관심을 보이며, 직접 공을 만들어 보고 싶어하였다. 다양한 재료를 활용하여 공을 만들고 잘 굴러가지 않는 공을 어떻게 하면 잘 굴러갈 수 있게 할 수 있을지 생각하며 재료를 이용하여 수정한다.

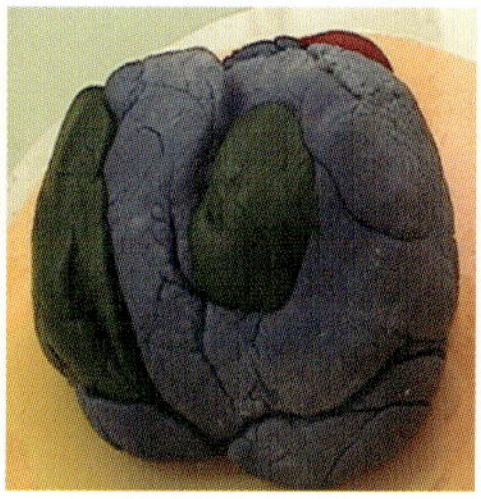

색 밀가루 점토로 만든 공

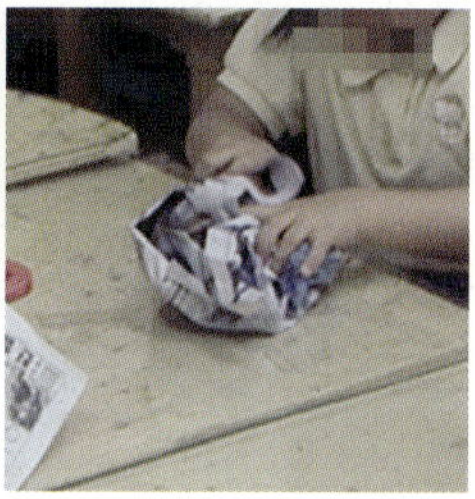

신문지 공

유아들은 신문지를 이용하여 공을 만들다가 신문지 공이 잘 굴러가지 않는다는 것을 발견하였다.

유아 1: 신문지를 구겨서 공을 만들 수 있어.
유아 2: 어? 근데 종이를 구겨도 자꾸 펴지네?
유아 1: 발로 차도 잘 굴러가지 않아.
유아 3: 좋은 방법이 없을까?
유아 2: 테이프를 붙여서 신문지 공이 안 펴지게 해 볼까?
유아 1: (테이프를 붙인 후 공을 발로 찬다.) 이제 굴러간다.
유아 3: 얘들아, 테이프를 붙이니까 공이 잘 굴러가네?
유아 1: 동글동글해지니까 잘 굴러가는 것 같아.

유아들은 공이 동그랗기 때문에 잘 굴러간다는 것을 알게 되었다.

유아들은 직접 만든 공과 탱탱볼을 함께 가지고 실외놀이터에 나가 굴려 보았다.

유아들: 어? 우리가 만든 공보다 탱탱볼이 더 잘 굴러가네.
유아 2: 바람이 들어가서 그런가?

유아들은 바람이 들어간 공과 들어가지 않은 공을 비교하게 되었다.

유아 2: 그럼, 바람이 들어간 풍선을 굴려 보는 건 어떨까?
유아들: 그래. 좋아!
유아 1: 근데 풍선을 굴리자마자 터졌어. 왜 그럴까? 풍선도 바람이 들어갔는데?

유아들은 풍선 공이 잘 굴러갈 수 있는 방법을 다시 한번 찾기 시작하였다. 공을 탐색한 후 풍선의 겉 부분을 두껍게 하기 위해 시트지와 테이프를 붙여 공을 완성하였다.

풍선 공 굴리기

놀이공간의 지원 & 놀이자료의 변화	• 유아들이 점토로 만든 공은 표면이 울퉁불퉁하고 잘 굴러가지 않았으나 교사가 시트지와 테이프를 지원하였다. • 동글동글한 표면에 공기를 넣어 잘 굴러갈 수 있는 풍선 공을 완성하도록 놀이를 지원하였다.

제　　목	동물병원 놀이
활동영역	역할영역
자　　료	다양한 동물 인형, 산타 용품, 음식 모형, 병원 놀이 도구 등

유아들이 달팽이에 관심을 갖기 시작하며 다양한 동물에 흥미를 갖는다. 토끼인형으로 놀이를 하고 싶어 했지만 토끼가 없자 동화책에 나온 토끼를 보며 몰펀 블록으로 토끼를 만들기 시작하였다.

유아 1: 선생님, 이 인형은 아기예요. 그래서 모자에 쏙 들어가서 침대처럼 사용한대요.

교사: 그런데 모자가 플라스틱이라 좀 딱딱하지 않을까?

유아 1: 그럼, 어떤 방법이 좋을까요?(교실을 돌아다니다가 천을 찾아와 접은 후 모자 안쪽에 넣어 준다.)
이렇게 하면 별로 딱딱하지 않겠죠?

동물 친구들을 위한 식사를 차려 준다.

유아 1: 많이 먹을 수 있도록 음식을 많~이 가져왔어.

유아 2: 그런데 얘네도 손 씻고 먹어야 하지 않을까?

유아 1: 얘네는 손으로 안 먹고 입으로 먹으니까 괜찮지 않을까?

유아 2: 그럼, 손으로 먹는 애들만 손 씻자. 안 그러면 코로나 걸릴지도 모르잖아.

유아 1: 그래! 그럼 동물 친구들~ 손 씻고 와요. 맛있게 먹어요.

코로나에 걸린 동물 친구들, 밥을 너무 많이 먹어서 배탈이 난 친구들에 대한 병원 놀이가 진행되었다.

유아 1: 어디가 아파서 왔나요?

유아 2: 너무 많이 먹어서 왔어요.

유아 1: 치료를 받아야겠어요. 누워 보세요. (청진기로 진찰을 한다.)

교사: 치료를 받을 때 병원 바닥에 눕지는 않잖아. 어떻게 하면 좋을까?

유아 2: 주사 맞을 때 침대에 눕는데 나는...

유아 1: 그럼, 블록으로 침대 만들어서 치료해 주자.

침대를 만들어 용인형이 누울 수 있도록 해 준다.
유아가 가정에서 유기견과 관련된 책을 갖고 와 교사와 함께 책을 본다.

유아 1: 강아지가 너무 불쌍해요. 씻지도 못하고 털도 더러워요.
교사: 그럼, 우리가 그런 강아지나 동물들을 위해 어떤 일을 해 주면 좋을까?
유아 2: 선물을 만들어 줘요!

교사가 선물을 만들어 줄 수 있는 다양한 재료를 제시해 주자 가정에서 선물을 만들어 오거나 놀이 시간에 선물을 만든다.

유아 1: 선생님, 산타처럼 선물을 전달해 주면 어떨까요?
교사: 우리가 산타 할아버지랑 루돌프가 되어서 선물을 전달해 볼까?

교사가 산타 용품을 제시해 주자 유아들이 산타 놀이를 한다.

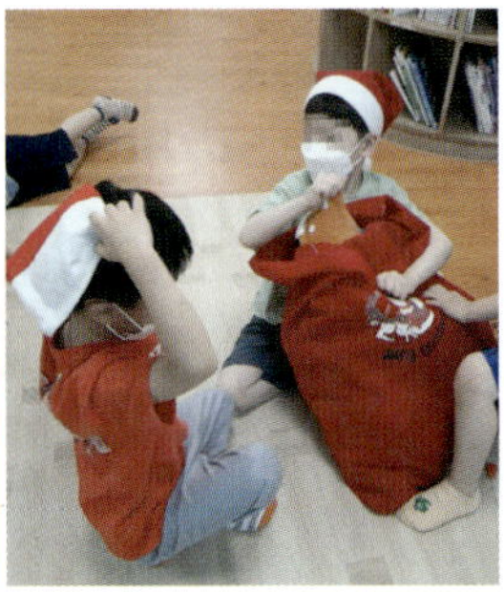

유아 1: 내가 먼저 할래!
유아 2: 아니야. 내가 먼저 왔으니까 먼저 할래~
교사: 친구들이 다들 먼저 하겠다고 하고 썰매를 타고 싶어 하는데, 어떻게 하면 좋을까?
(유아들이 모여 앉아 한참 생각을 한다.)

바구니에 있는 종이를 유아들이 뽑는다. 뽑은 종이를 옷에 붙인다. 역할에 맞춰 놀이를 한다.

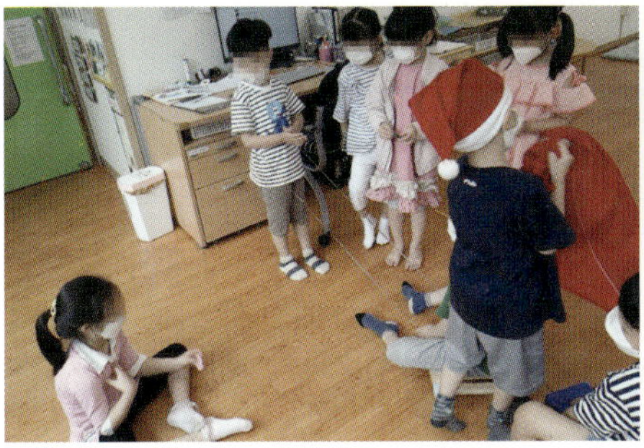

유아 1: 좋은 생각이 났어요. (색종이를 접어 가위로 오린 뒤 '루돌프', '산타' 등을 바구니에 넣는다.)

놀이공간의 지원 & 놀이자료의 변화	• 동물 모형이 충분한 수가 되지 않아 가정에서 동물 모형을 가져오도록 가정 연계를 실시하였다. 각 가정에서 동물과 관련된 책을 가져와 친구들과 읽어보도록 격려하였다. • 교사는 친구들에게 선물을 만들어 주고 싶어 하는 유아들에게 산타 놀이에 필요한 것들을 제공하였다.

제 목	세차장 놀이
활동영역	역할영역, 쌓기영역
자 료	종이벽돌 블록, 자동차 교구, 파란색 비닐끈, 테이프, 가위, 종이테이프, 의자, 버스 요금 교구, 수건, 백업, 마사지 교구, 휴식 매트, 음료가게 교구

유아들이 교실에 배치되어 있는 횡단보도 교구에서 횡단보도 주변을 지나가는 자동차를 흉내내며 안전하게 횡단보도를 건너는 역할놀이를 하였다. 자동차에 관심이 많은 유아는 자동차 흉내를 내며 횡단보도를 지나다녔고 그 모습을 본 다른 유아가 "자동차가 더러워졌네."라고 이야기하며 세차장 놀이가 시작했다. 교사는 유아들과 함께 자동차 세차장을 구성하였다.

유아 1: 자동차가 더러워졌어. 우리 세차장 만들어서 자동차 깨끗하게 해 줄까?
유아 2: 그래. 뭐로 만들지? 음..
유아 3: 블록을 네모 모양으로 쌓아 보자.
유아 2: 자동차가 여기 안으로 들어가면 거품이 나와서 거품목욕을 할 수 있어.
유아 3: 자! 자동차가 들어갑니다. 조심하세요~
유아 1: 세차가 끝났습니다. 삐–

유아들이 버스 놀이를 하기 시작하였다.

유아 1: 나 버스 타 본 적 있어. 버스에는 앉을 수 있는 의자가 엄청 많아.
우리 버스 놀이할까?
유아 2: 의자 가져와서 버스 만들자. 의자가 엄청 많이 필요할지도 몰라.
유아 1: 내가 도와줄까? 의자 여기 있어.
유아 2: 내가 먼저 버스 기사 할래. 여기는 신촌어린이집 앞입니다.
돈 내고 타세요.

버스 놀이를 하던 중 버스가 고장 나는 상황이 나타났다.

유아 1: 버스 바퀴 바람이 빠졌어요. 여보세요! 여기 신촌어린이집 앞인데요~
바퀴가 고장 났어요. 빨리 와 주세요.
유아 2: 네, 도착했어요. 제가 고쳐드릴게요.

바퀴를 고치던 중 버스의 더러운 모습을 발견하였다.

유아 1: 기사님, 여기 버스가 너무 더러워요. 깨끗하게 씻어야 겠어요.
유아 2: 버스 씻으려면 세차장 만들어야 돼. 나 아빠랑 세차장 가 본 적 있어. 거기 들어가면 윙~ 소리가 나고 거품이랑 물이 막 나와. 신기하지?
유아 1: 우리 세차장 만들어 보자.
유아 2: 종이블록으로 만들까?

버스를 깨끗하게 해 줘야 겠다고 생각한 유아들은 세차장을 만들기 시작하였다.

유아 1: 여기에 테이프로 붙이면 안 무너지겠어.
교사: 종이블록을 쌓아서 세차장을 만드는구나. 테이프가 필요하니?
유아 2: 네, 테이프 붙이면 더 튼튼해질 거예요.
유아: 선생님 테이프 붙이는 거 도와주세요. 어려워요.
교사: 선생님이 테이프를 붙이는 것을 도와줄게. 너희가 블록을 손으로 잘 잡아 줄 수 있겠니?
유아 1: 물 나오는 거는 뭐로 하지?
교사: 물이 나오는 것을 표현하고 싶구나. 여기 재료 장에서 찾아볼까?
유아, 교사: 어? 여기 파란색 끈이랑 비닐이 있다. 이걸로 물 만들까?

역할을 정하고 세차장 놀이가 시작되었다.

손님: 안녕하세요. 세차하러 왔어요.
직원 1: 네~ 여기 세차권 받아가세요.
직원 2: 여기 멈추세요. 거품 해 드릴게요. 세차장 안으로 들어가세요. 앞으로 오세요. 물 뿌려 드릴게요. 끝났습니다. 물기 닦으러 가세요.
손님: 감사합니다.

세차장 놀이를 하던 중 한 유아가 팔이 아프다고 하였다.

유아 1: 선생님, 세차했더니 팔다리가 아파요,

교사: 열심히 세차장 놀이했구나. 어떻게 하면 팔다리가 아프지 않을까? 선생님이 팔다리 주물러 줄까? 마사지해 줄게. 어때?

유아 2: 네, 좋아요. 간지러워요.

유아 3: 나도 해 볼래요. 내가 해 줄게.

유아 2: 우리 세차장 놀이하고 마사지 놀이도 하자. 휴식 매트에서 누워서 해 볼래?

유아 1: 그래! 여기 누워서 팔다리 주물러 줘.

세차장 놀이 후 마사지 놀이로 확장되었다.

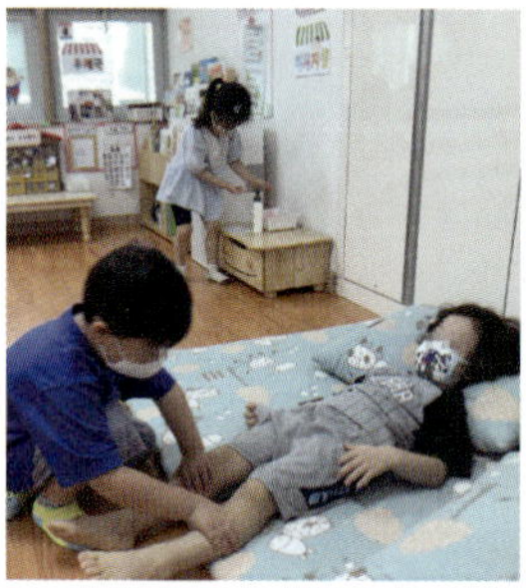
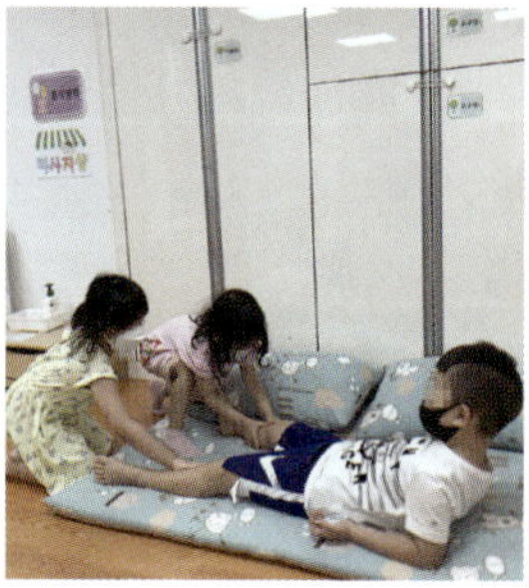

손님: 다리 마사지 받으러 왔어요.

직원: 여기 누우세요. 로션 발라 드릴게요.

손님: 네~

직원: 다 끝났습니다. 일어나세요.

손님: 감사합니다. 안녕히 계세요.

놀이공간의 지원 & 놀이자료의 변화	• 세차장을 구성하면서 쌓기영역 공간이 부족하여 쌓기 매트를 옆쪽으로 치운 후 넓은 공간을 만들어 주어 세차장 놀이가 진행되도록 공간을 확장해 주었다. • 세차장 구성 중 필요한 재료를 유아들이 스스로 생각해 보고 선택할 수 있도록 재활용품 등의 다양한 재료를 비치하여 탐색할 수 있는 시간을 주었다. • 블록, 재료를 고정시킬 때 교사의 도움을 필요로 하여 도움을 주며 활동이 이루어졌다. • 세차장 놀이 후 마사지 놀이로 확장되어 필요한 로션, 휴식 매트, 마사지 기구 등이 필요하다고 하여 놀이자료를 제공해 주었다.

제　목	하늘을 나는 교통수단
활동영역	역할영역, 쌓기영역, 복도
자　료	유니바, 자동차, 램프, 박스, 꾸미기 재료, 스프링

역할영역에서 다양한 교통수단에 대해서 이야기를 나누던 유아가 교통수단의 움직임에 관심을 갖고, 교통수단을 움직이며 다양한 높이에 따른 움직임을 관찰하였다. 움직임을 나타내기 위해 블록의 기울기를 조절하여 속도를 측정해 보는 활동으로 이어졌다.

유아: 선생님, 아빠 차 타고 할머니 집에 가는 길에 엄청 긴 다리를 건넜었어요.

교사: 다리를 건널 때 어땠어?

유아: 차가 많아서 멈추다 빨리 가기도 했어요. 그런데 내려가는 길처럼 생긴 곳이 있었어요.

교사: 내려가는 길에선 어땠어?

유아: 엄청 빨랐어요. 아빠랑 갔었던 길을 만든 거예요. 블록을 기울여서 높이가 달라요.

교사: 자동차보다 더 빠른 건 무엇이 있을까?

유아: 비행기가 빨라요.

다양한 교통수단의 특징에 대해 이야기 나눈다.

유아: 이것도 빠를 것 같아요.

교사: 이건 어떤 교통수단이야?

유아: 이건 바다에도 다닐 수 있고, 하늘도 날 수 있을 것 같아요.

유아들이 함께 블록을 이용해 교통수단이 하늘을 날 수 있게 만든다.

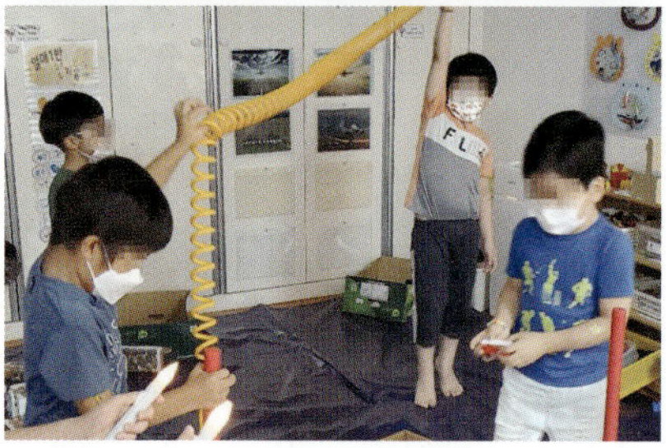

유아 1: 자동차를 여기에 올리면 자동차도 높이 다닐 수 있어요.

교사: 하늘은 나는 자동차네. 멋지다!

유아 1: 이렇게 높게 하면 하늘로 올라가는 길이 돼요~

유아 2: 이 안으로 넣으면 터널이 되겠다.

유아 3: 엄청 어지러울 것 같아.

교통수단이 하늘을 날 수 있는 방법을 이야기 나누고 놀이에 반영한다.

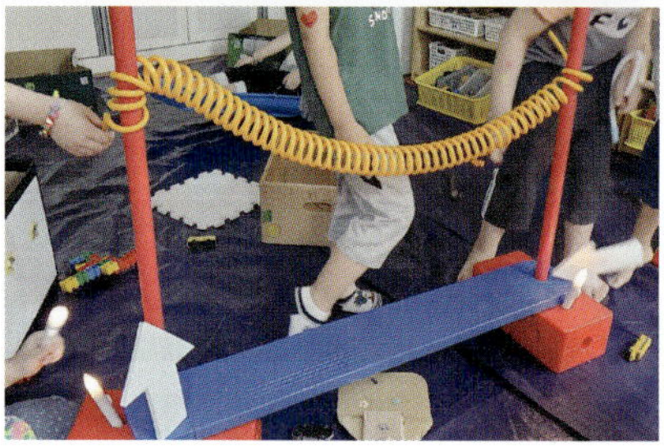

유아 1: 여기에 올리고 놓으면 점프해서 하늘로 올라갈 것 같아요.

유아 2: 화살표 표시로 여기가 올라오는 곳이고, 여기(반대쪽)가 내려오는 곳이라고 알려 줄 거야.

유아 3: 선생님, 제 자동차는 불빛도 나요. 우주에서 운전할 때는 불을 켜고 가야 해요. 교실 불을 끄고 사용해 보고 싶어요.

교사: 그래! 교실 불을 꺼 보자.

유아 3: 오른쪽, 왼쪽 불을 켜서 방향도 알려 줄 수 있어요.

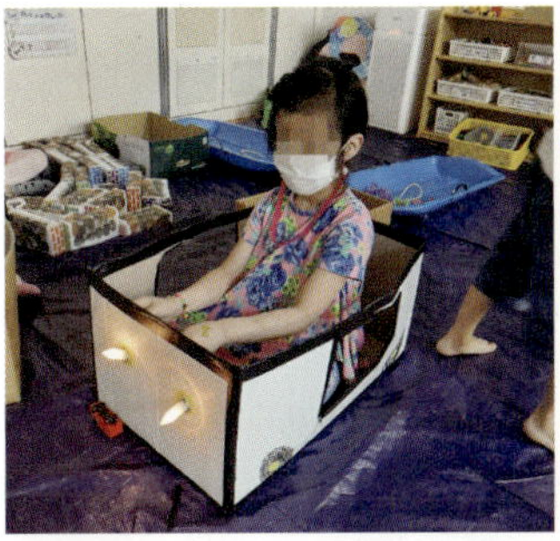  

유아: 하늘로 날아가는 방법 중 풍선 타고 올라가면 되지 않을까요?

교사: 풍선에 바람을 넣어 날려 볼까?

유아: 물 위를 다닐 수 있는 다리가 필요해요.

교사: 다리를 연결해 보자.

유아: 다리를 내리면 물 속으로 올라가고, 위로 올리면 하늘로 올라갈 것 같아요.

놀이공간의 지원 & 놀이자료의 변화	• 역할, 쌓기영역에 매트가 있었던 공간을 물, 하늘을 표현할 수 있는 방목천을 깔아 주고 그 위에서 물, 하늘을 표현하는 것들을 유아 생각으로 자유롭게 만들도록 놀이지원을 실행하였다. • 공간이 넓어지면서 자유롭게 신체활동을 할 수 있었고, 큰 자료들을 활용할 수 있는 경험의 폭이 넓어졌다.

제　　목	물레방아 돌리기
활동영역	미술영역, 과학영역
자　　료	크기가 다른 물레방아, 물약병, 주사기, 투명호스

바깥놀이 시간에 바람개비를 돌리며 놀이하던 중 바람개비와 같이 돌아가는 것이 무엇이 있을지 이야기 나누다가 물레방아를 떠올리는 유아가 있어 물레방아 자료를 지원해 주었고 다른 유아도 물레방아에 관심을 갖고 탐색해 보는 놀이가 시작되었다.

유아 1: 오~ 선생님! 저 이거 어느 식당에서 본 적 있어요.
유아 2: 나도 본 적 있는데! 물이 떨어지니까 물레방아가 계속 돌아갔어.
유아 1: 그럼, 선생님한테 물이 필요하다고 말해 보자. 선생님~ 물레방아에는 물이 필요해요.
교사: 물 대신 손을 대지 않고 물레방아가 돌아가게 할 수 있는 방법이 있을까?
유아 1: 입으로 바람을 불어서 바람개비처럼 돌려 봐요. 후~ (다른 유아도 함께 입바람을 불어 물레방아를 돌린다.)
유아 2: 살살 불면 살살 돌아가고, 강하게 불면 빨리 돌아가요!
교사: 이번에는 물로 물레방아를 돌려 보자. 물레방아의 어느 부분에 물이 닿았을 때 가장 잘 돌아갈까?
유아 3: 음.. 물레방아 날개의 끝에 물이 닿으면 빨리 돌아갈 것 같아요. 왜냐하면 안쪽에는 물이 들어가기 어려워 보여요.

유아가 물레방아에 물이 닿으면 어떻게 될지에 궁금증을 가지고 실험해 본다.

유아 1: 그럼, 내가 날개 끝에 물을 떨어뜨릴게. 너는 안쪽에 물을 떨어뜨려 봐.
유아 2: 내가 더 느리게 돌아가는 것 같은데? 돌아가는 게 좀 더 오래 걸리는 것 같아.
유아 1: 원래 날개 끝이 더 가벼워서 더 잘 돌아가는 거라고 엄마가 말해 주신 적이 있어. 역시 물레방아도 끝이 더 잘 돌아가네.
교사: 물에 닿는 위치에 따라 물레방아가 돌아가는 속도가 다르구나~ 그렇다면 물레방아 크기에 따라 돌아가는 속도도 다를까?
유아 2: 왠지 작은 게 더 잘 돌아갈 것 같은데요?
교사: 왜 그렇게 생각하니?
유아 2: 작으면 더 빠르게 돌아가는 것 같아요. 크면 그만큼 더 오랫동안 돌아야 하잖아요. 물레방아 두 개로 직접 해 보면 좋을 것 같아요.
유아 3: 내가 동시에 물을 떨어뜨려 볼 테니까 너는 어떤 게 더 빠른지 잘 봐 봐.

유아 2: 왠지 비슷하게 돌아가는 것 같은데?

유아 1: 근데, 물레방아가 크면 날개가 더 많아서 돌아갈 때도 더 오래 걸리는 것 같아!

교사: 물레방아를 더 빠르게 돌아가게 할 수 있는 방법이 없을까?

유아 1: 물을 세게 뿌리면 어때요? 물을 조금씩 떨어뜨리다가 점점 많이, 세게 떨어뜨려 봐요!

교사: ○○ 말대로 물을 조금씩 떨어뜨리다가 많이 떨어뜨리면 속도가 어떨지 비교해 볼까?

유아 1: 선생님! 물을 높이 떨어뜨리니까 더 빨리 돌아가는 것 같아요!

유아 3: 나도 한번 해 볼래. 천천히 물을 떨어뜨리다가 높은 곳에서 떨어뜨리니까 물이 강한 만큼 돌아가는 것도 강한 것 같아요!

교사: 옛날 사람들은 물이 아래로 떨어지면서 생기는 힘을 이용해야겠다는 생각을 했고, 떨어지는 물 아래에 물레방아를 설치해서 돌아가는 물레로 곡식을 찧기도 했대.

놀이공간의 지원 & 놀이자료의 변화	• 입바람으로 물레방아를 돌리기만 했지만, 다양한 방법의 실험을 통해 위치에너지와 중력에 대해 간접적으로 알아볼 수 있도록 언어적인 상호작용으로 놀이를 지원하였다.

제　목	목욕탕 놀이
활동영역	역할영역, 미술영역, 과학영역
자　료	샴푸통, 거품망, 깔때기, 샤워기 헤드, 털실, 스펀지, 계량컵, 손거울, 대야, 의자, 화장대

유아들은 역할영역에 제시되어 있는 목욕용품에 흥미를 보였고, 목욕용품을 활용하여 목욕을 하는 역할놀이를 했다.

유아 1: 밖에 나갔다 왔으니까 깨끗이 씻자.
유아 2: 거품을 보글보글 해야 돼.
유아 3: 내가 샴푸를 짜 줄게.

샤워기를 집어 든 유아가 거울 앞으로 가져가 머리 감는 시늉을 하다가 물이 나오지 않는다고 하여 샤워기에서 물이 나오는 것을 표현하기 위해 미술영역에서 직접 재료를 찾아 만들었다.

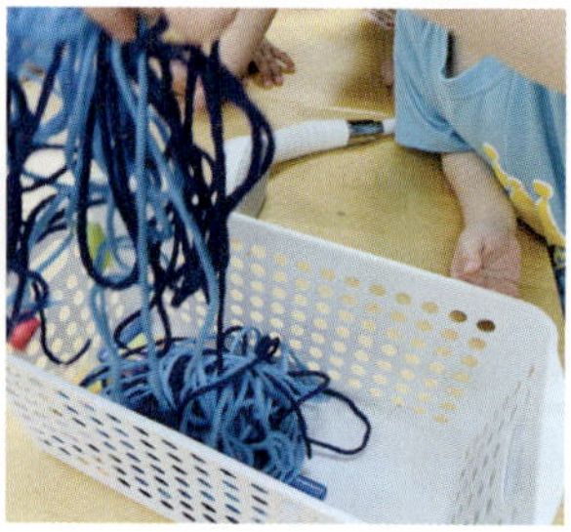

유아 1: 어! 이거 목욕할 때 물 나오는 거다.
유아 2: (거울 앞에서 머리 감는 시늉을 하며)
이렇게 하는 건데 물이 안 나오네~
교사: 물이 나오게 해 보는 건 어때?
유아 3: 물 어떻게 나오게 하지?
아~ 여기서 이거 잘라서 붙여야겠다.

그러자 주변에 있던 다른 유아들도 관심을 보이며 함께 만들기 시작하였다.

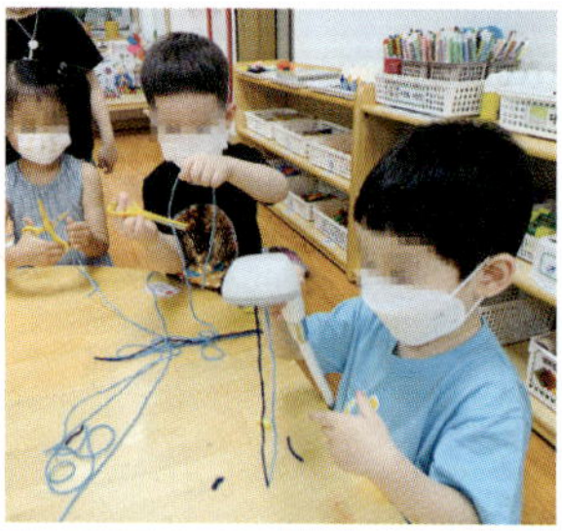

유아 1: 우와~ 샤워기에서 물이 나오네?
같이 만들자.
유아 2: 나도 할래!
유아 4: 이거 잘라서 테이프로 붙일 거야.

샤워기를 만든 후 목욕놀이를 하던 유아들이 목욕탕을 가 본 경험에 대해 이야기를 하자 다른 유아들도 관심을 보이며 이야기하였다.

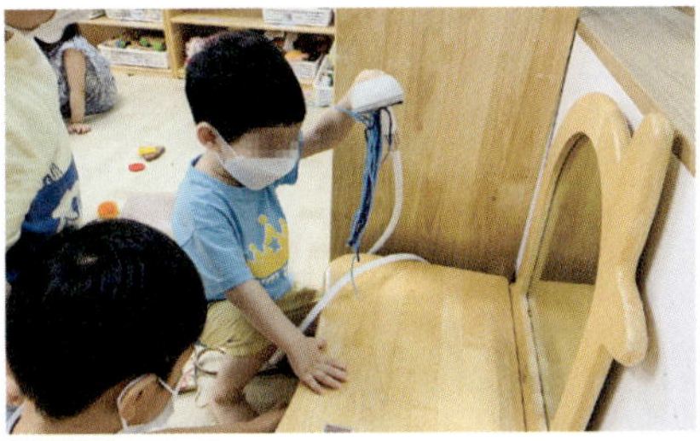

유아 4: 이제 물 나온다!

유아 1: 나 근데 목욕탕 가본 적 있는데.

유아 2: 나도 엄마랑 아빠랑 목욕탕 가 봤어. 거기서 수영도 했어~

교사: 목욕탕은 어떻게 생겼어?

유아 2: 물 나오는 것도 엄청 많고요. 그리고 수영할 수 있는 곳도 있어요.

다른 교실에 있던 화장대를 빌려 목욕탕처럼 나열해 두었더니 유아들이 관심을 보이며 교실에서 활용할 수 있는 물건들을 찾아보고 목욕탕 의자도 만들어 활용하는 모습을 보였다.

유아 1: 이거 거울 보고 씻는 거야.

유아 2: 에잉, 그런데 의자는 어딨지?

유아 1: 의자 만들어 보자.

유아 2: 내가 블록 가지고 올게.

유아 3: 여기, 이거 컵으로 물 떠서 씻을 수 있겠다.

유아 1: 스펀지도 있네?

유아들이 더 필요한 물품에 대해서는 가정과 연계하여 물품을 지원받아 비치하면서 더 다양한 재료로 목욕탕 놀이를 할 수 있었다.

유아 1: 이건 우리 엄마가 친구들이랑 놀라고 보내 주신 거야.

유아 2: 나도 해 볼래.

유아 3: 이 의자는 누가 가지고 왔어?

놀이시간 · 놀이공간의 지원 & 놀이자료의 변화	• 역할영역에서 목욕 놀이를 하던 유아들이 목욕탕에 대해 이야기하면서 목욕탕을 구성하여 놀이가 확장되도록 교사는 교실 내에서 목욕탕에서 사용하는 물건을 대체할 수 있는 물건들을 찾아보도록 안내하였다. • 가정과 연계하여 목욕 놀이에 필요한 물품들을 교실에 구비하여 목욕탕 놀이가 흥미롭게 확장되도록 하였다.

제 목	자석놀이
활동영역	쌓기영역, 과학영역
자 료	다양한 모양의 자석(동전자석, 원기둥막대자석, 말굽모양자석), 플라스틱 통, 클립, 물, 다양한 성질의 실물자료(나무, 유리, 철)

다양한 모양의 자석을 발견한 유아가 자석끼리 서로 붙여 보고 떼어 보며 서로 붙거나 밀어내는 자석의 성질을 탐색하였다. 교실 안에서 자석이 붙는 곳과 붙지 않는 곳을 찾아다니며 탐색한다.

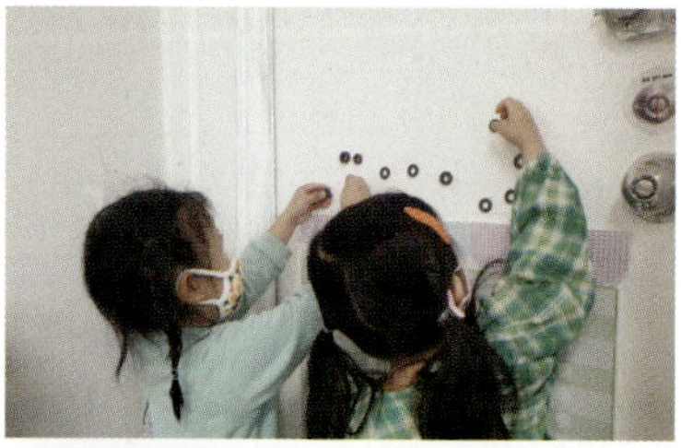

유아 1: (자석의 다른 극끼리 서로 부딪치며) 선생님, 이거 봐 봐요. 이거 이렇게 하면 붙어요.

유아 2: 나 이거 알아. 자석은 서로 붙어 원래 ~

유아 3: (자석의 같은 극을 마주 대며) 어? 이건 근데 왜 안 붙지? 선생님, 이건 안 돼요. 히잉..

교사: 자석은 같은 극(색)끼리는 밀어내려고 하고 다른 극(색)끼리는 붙는 성질이 있대~ 자석은 어떤 물건에 잘 붙을까?

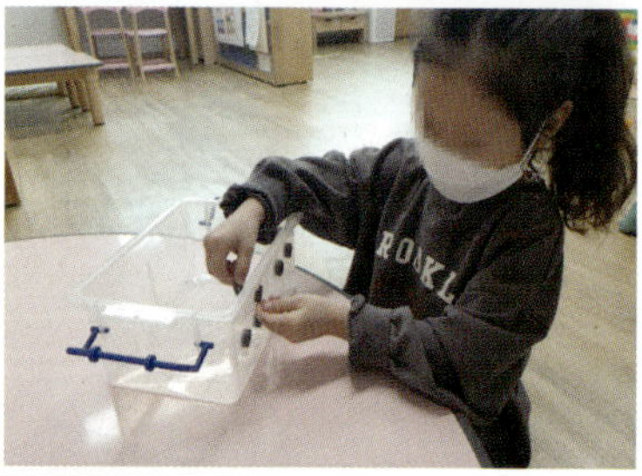

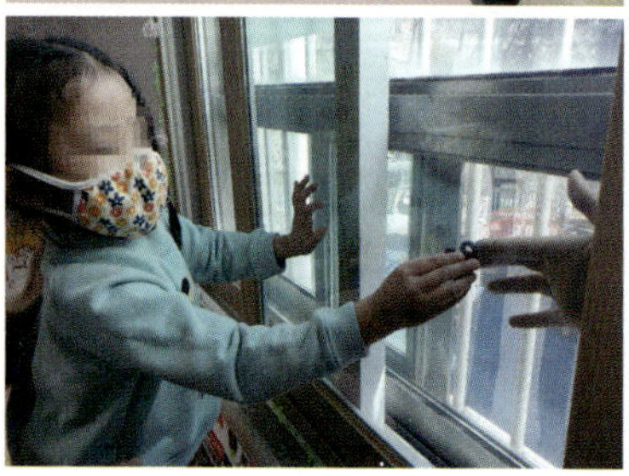

유아 1: 어? 여기 문에 동그란 자석이 붙네? 재밌다! 너도 붙여 볼래?

유아 2: 응. 진짜 잘 붙는다. 동그라미 물방울 같아.

교사: 철문에 자석이 잘 붙는구나~ 나무는 어떨까?

유아 3: 음.. 안 붙을 것 같은데? 저기 나무 판에 대 볼게요. (나무 판을 사이에 두고 자석을 붙여 본다.) 어? 자석이 붙는 것 같아요.

교사: 우와~ 자석을 나무 판 앞뒤로 붙이니 붙는구나! 자석의 힘이 통과하나 봐!

유아 2: 선생님, 저.. 창문에도 붙여 보고 싶어요.

교사: 그럼 올라가서 대 볼래?

유아 2: 좋아요! (자석이 붙지 않고 떨어진다.) 어? 창문에는 안 붙어요. (아쉬워하며)

교사: 그럼, 선생님이 뒤에 자석을 대고 있을게. 자석의 힘이 통과하는지 보자.

유아 2: 선생님, 잘 안 돼요. 자석이 그냥 떨어져요 여기는.

교실 곳곳을 돌아다니며 탐색하던 유아가 책상 위에 올려진 플라스틱 통을 보고 자리에 앉는다.

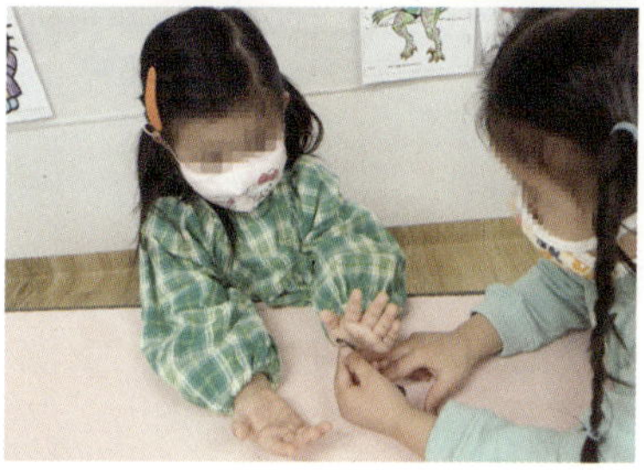

유아 2: 여기 통에 자석을 다 담아 봐야지~

유아 3: 어? 붙는다! 선생님, 이거 봐 봐요. 플라스틱 통에 이렇게 하면 붙어요.

유아 1: 여기 종이도 있어 . 종이는 어떨까? 나 좀 잡아 줘.

유아 2: 내가 잡아 줄게.

유아 1: 어? 붙는다. (좋아하며) 손에도 올려 볼까?

(손에 올렸다 떨어뜨렸다를 반복하던 유아는 친구의 손에 자석을 붙여 보는 놀이를 하였다.)

동전 자석을 이리저리 대 보던 유아가 흥미를 조금씩 잃어 가며 막대자석을 탐색하기 시작하였다. 클립을 막대자석으로 대 보던 유아가 낚시놀이를 제안하였다.

유아 3: 선생님, 이거 낚싯대 같아요.

교사: 그럼, 선생님이 통에 물을 부어 줄게~

낚시놀이를 이어가던 유아가 클립이 물에 빠지자 손을 넣어 꺼내려고 하거나 자석을 물에 담구어 꺼내려고 한다.

교사: 물에 빠진 클립을 손에 물이 묻지 않고 꺼낼 수 있는 방법은 없을까?

유아 2: 음.. 자석을 물에 넣으면 되죠!

유아 1: (통 밖에서 자석을 움직여 보다가 클립이 같이 움직이는 모습을 발견한다) 어? 선생님! 밖에서 자석으로 하니까 클립이 움직여요. 자석을 움직여서 꺼내면 어때요?

교사: 우와~ 좋은생각이야. 한번 해 보자.

또한, 평소 자동차를 좋아하는 유아가 자석을 길게 붙여 보며 “기차 같아요.”, “자동차 같은데~” 하며 자동차나 기차를 만들고 싶어하였다. 자석 자동차 만들기 키트를 사용하여 자석으로 움직이는 자동차를 만들어 보았다.

유아 1: 어.. 이거 어떻게 하는 거지?

유아 2: 이거 이렇게 끼워서 자동차 만드는 거야.

유아 1: 아~ 알겠다. 바퀴를 튼튼하게 끼워야지. 선생님, 그리고 어떻게 해요?

교사: 자동차가 완성되면 자석을 어디에 끼우는 게 좋을까?

유아 2: (자석 끼우는 곳을 가리키며) 여기요? 여기에다가 끼우고 싶어요.

교사: (자석을 건네며) ○○이가 끼우고 싶은 곳에 끼워 봐.

자석을 끼운 후 유아들이 자유롭게 놀이하기 시작하였다. 만들어 둔 자석 자동차는 유아들이 교실에 두고 놀기를 원하여 교실에서 언제든지 자유롭게 가지고 놀이할 수 있도록 제공하였다.

유아 2: 같은 색끼리는 자동차가 멀어지고 다른 색끼리는 붙네~ 신기하다. 하하!

유아 1: 이거 쫌 재밌는데? 누가 빨리 가나 시합하자!

유아 3: 좋아. 준비~ 땅!

유아 2: 내가 이겼다. 자석이 더 크면 좋겠어.

더 큰 자석을 제공해 주자 자동차의 속도가 더 빨라졌고, 자동차 놀이가 더 확장되어 지하철로 확장시켜 나갔다.

놀이공간의 지원 & 놀이자료의 변화	• 처음에 아이들은 자석의 붙는 성질에만 관심을 가졌는데, 교사의 다양한 크기의 자석 제공으로 자석의 붙고 밀어내는 성질을 이용하여 낚시 놀이, 자동차 놀이, 지하철 놀이까지 확장되어 놀이가 진행되도록 도왔다.

제 목	비오는 날에는 어떤 천으로 만든 우산을 쓸까?
활동영역	언어영역, 과학영역
자 료	다양한 재질과 크기의 천, 물뿌리개, 마른 수건, 우산

한 유아가 비오는 날 옷이 젖은 채로 들어와 친구들이 옷이 젖은 이유에 대해 관심을 가졌다. 그래서 친구들과 함께 옷을 젖지 않게 하는 방법이 무엇인지 이야기 나누었다.

교사: 밖에 비가 많이 와서 OO이 옷이 많이 젖어서 들어왔었지?
유아 2: 바지랑 신발이 많이 젖어서 축축했어요.
교사: 우산은 물을 막아주는데 OO이 옷은 왜 젖었을까?
유아 1: 우산에 방패가 달린 게 분명해요!
유아 2: 우산이 커서 그래요!
교사: 물을 맞은 우산이 어떻게 되었는지 살펴볼까?
유아 3: 물방울이 또르르 떨어져요! 뭐야, 벌써 말라가나 보네.

교사: 어떻게 우산은 벌써 말랐을까? 우산을 한번 만져 볼까?
우산의 느낌은 어떠니?
선생님이 가져온 다양한 천과 느낌이 비슷한 것이 있니?
유아: (방수선을 가리키며) 이거랑 비슷해요.
교사: 그럼, 만약에 물을 쏟았을 때는 어떤 것으로 닦아야 할까?
유아: 걸레요.
교사: 우비 같은 걸로 바닥을 닦으면 어떻게 될 것 같니?
유아: 물이 잘 안 닦일 것 같아요.

유아들은 교사가 준비한 다양한 재질의 천(물을 잘 흡수하는 재질, 물방울이 통과하지 못하는 재질, 물이 통과해 흘러내리는 재질)과 비닐류를 만져 보았다.

교사: 이 천은 어디서 보았니? 이 천을 만져 보니 어떤 느낌이 드니?
유아: 이 천은 까끌까끌하고 구멍이 나 있어요.
교사: 이 천에 물을 뿌리면 어떻게 될까?
유아: 다 젖을 것 같아요.

교사가 천에 물을 뿌리자 물이 바닥에 떨어졌다.

이번에는 교사가 방수천에 물을 뿌리자 물이 흡수되지 않았다.

교사: 우리 천이 물에 젖었는지 확인해 볼까? (마른 수건으로 천 위의 물을 닦는다.)
유아 1: 완전 신기해! 또 해 주세요.

교사가 방수천에 물을 뿌리자 빨대로 바람을 불어 물의 움직임을 찾아본다.

교사: 만약, 비옷을 만든다면 어떤 것으로 만들어야 할까?
물을 닦아내려는 용도로 쓰려면 어떤 천이 좋을까?
유아 2: 이렇게 하니까 물이 완전 멀리까지 움직였어. 우산 같지?
유아 1: 응~ 이걸로 우산을 만드나 봐.

놀이공간의 지원 & 놀이자료의 변화	• 유아들이 우산의 기능에 관심을 보이며 자연스럽게 우산 재질에 대해 고민하는 시간을 가져 보았다. 우산을 활용하여 물의 흡수성에 대해 알아본 후 교실로 돌아와 다양한 재질의 천을 활용하여 재질에 따른 물의 변화를 살펴보았다. • 물이 젖거나 젖지 않는 천의 특징을 자유롭게 탐색하는 시간을 통해 방수의 개념을 이해하도록 지원하였다.

제 목	공기를 찾아보자!
활동영역	과학영역
자 료	풍선, 투명 비닐, 양파망, 뚜껑 있는 빈 용기, 천주머니

유아들이 풍선을 불며 풍선이 커지고 작아지는 이유에 대해 관심을 보여, 풍선 안에 무엇이 있는지 알아보고 공기에 대해 알아보기로 하였다.

교사: 우리 주변에 공기가 있다는 것을 어떻게 알 수 있을까?
유아: 우리가 코로 숨을 쉬는 것이 공기가 있다는 거예요.
교사: 또 우리 주변의 공기는 어디에 있을까?
유아: 과자 봉지 속에도 공기가 들어 있어요.
교사: 우리 교실에도 공기가 있는 물건을 찾아볼 수 있을까?
유아: 공이요. 탱탱볼!
교사: 공기는 어떤 색일까?
유아: 색깔은 보이지 않아요.
교사: 만약, 공기가 없다면 어떻게 될까?
유아: 우리가 숨을 쉬지 못하니까 살 수 없어요.

유아들은 눈에 보이지 않는 공기를 담을 수 있는 다양한 방법을 찾기 시작하였다.

교사: 눈에 보이지 않는 공기를 담을 수 있는 방법을 알고 있니?
유아 1: 풍선을 불었을 때 풍선이 커지는 건 공기를 넣어 주었기 때문이에요.
유아 2: 우리 물놀이할 때 튜브도 공기 넣어 주는데?
교사: 그래. 그럼, 우리 여기 있는 다양한 자료들 안에 공기를 담아 볼까?

유아들은 다양한 자료 안에 공기를 모은 후, 입구를 묶었다.
교사: 모두 공기를 넣어 보았니? 어떤 것은 부푼 채로 있는데 어떤 것은 홀쭉해질까?
유아: 그건 공기가 빠져나가서 그래요.
유아 2: 풍선도 묶어 놔도 나중에 작아지잖아요.
교사: 맞아. 공기는 매우 작고 움직이려는 성향을 가지고 있기 때문에 구멍이 있으면 그 사이로 빠져나간단다.

놀이공간의 지원 & 놀이자료의 변화	• 유아들은 풍선의 크기 변화에 관심을 보이며 풍선은 공기로 인해 모양이 변화한다는 것을 알게 되었다. • 유아들은 공기를 담아 보려는 노력이 이루어졌고 교사는 유아들이 공기를 담을 수 있는 재료를 제공해 주어 유아들이 놀이 속에서 궁금증을 해결할 수 있도록 하였다.

제 목	공을 더 많이 움직이려면
활동영역	쌓기영역, 과학영역
자 료	종이벽돌 블록, 다양한 종류의 공

유아들은 종이블록으로 만들어 놓은 슈퍼파워공간에서 공을 이용한 놀이를 하기 위해 이야기를 하고 있다. 어떻게 하면 공을 더 잘 굴릴 수 있을지 생각하며 놀이를 수정한다.

유아 1: 얘들아, 잠깐. (손으로 블록 턱을 가리키며)
여기 때문에 공이 자꾸만 멈추잖아.
유아 2: 그럼, 이 사이에 무엇을 놓아야 할까?
(작은 블록을 놓으며) 어? 작은데..
유아 3: (크기가 같은 블록을 놓으며) 이 블록으로 하면 되잖아.

유아들은 턱이 되는 공간에 블록을 놓아 공을 굴리며 다시 놀이를 하기 시작한다.
그때 한 유아의 공이 굴러가기 시작한다.

유아 2: 어~~ 내 공!
유아 1: 여기에 벽을 만들면 공이 다른 곳으로 가지 않아.
교사: 얘들아, 너희들 슈퍼파워 놀이할 때 모두 똑같이 공을 굴리는데 왜 공이 왔다갔다 하는 횟수가 다른거야?
유아 3: 사람마다 힘이 센 사람이 있고 약한 사람도 있으니까요.
교사: 그럼, 같은 사람이 같은 힘으로 공을 굴리면 공이 구르는 횟수도 같겠네?
유아 1, 2: 네.

유아들은 다양한 공을 여러 번 굴려 보며 공의 크기와 무게, 기울기 등에 따라 공의 움직임이 달라진다는 것에 대해 알아보기로 한다.

교사: ○○이가 해 볼까?
(공을 다르게 주며) 두 개의 공을 동시에 굴려 보자.
유아 2: 어? 다르다.
교사: ○○이는 같은 힘으로 굴렸는데 왜 이 공을 굴릴 때와 저 공을 굴릴 때가 다른 걸까?
유아 1, 3: 공이 달라요.

놀이공간의 지원 & 놀이자료의 변화	• 유아들은 처음 쌓기영역에서 공이 잘 움직이지 않는 것이 블록의 턱 때문이라고 생각했는데 교사의 질문을 통해 던지는 사람의 힘의 세기, 벽돌의 기울기 등에 유아들이 관심을 갖도록 지원하였다. • 교사가 공을 다르게 주며 두 개의 공을 동시에 굴려보도록 지원하여 공의 크기와 무게 등 과학적 요소를 이해하도록 지원하였다.

제　목	소리 나는 물건을 만들어요
활동영역	음률영역, 쌓기영역, 미술영역
자　료	커다란 그릇, 막대기, 콩, 분유통, 냄비 뚜껑, 테이프, 빈상자, 나무젓가락, 아크릴 물감, 둥근 통, 붓, 필기도구 등

유아들과 주변의 물건에서 나는 소리를 탐색해 보고, 다양한 재료를 활용하여 소리 나는 물건으로 악기를 만들기 시작했다.

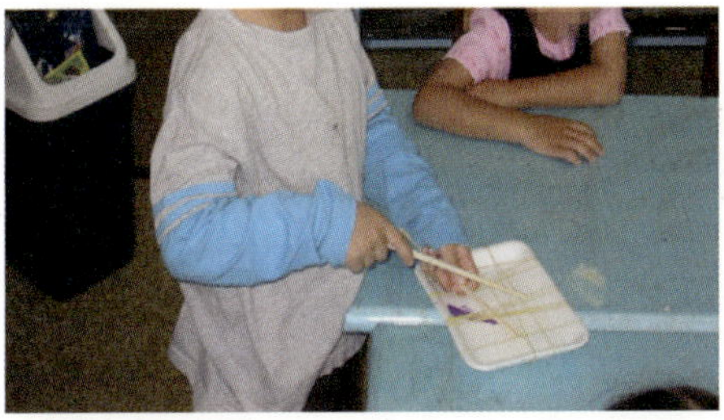

유아 1: 선생님, 이것 봐요. 이렇게 하면 소리가 나요.
유아 2: 기타 소리 같아.
유아 3: 이건 소리 나는 풍선이야.
이렇게 불고 바람이 빠지면서 픽픽! 소리가 나.

소리에 대한 관심을 가지다가 아이들은 악기에 관심을 가졌다.

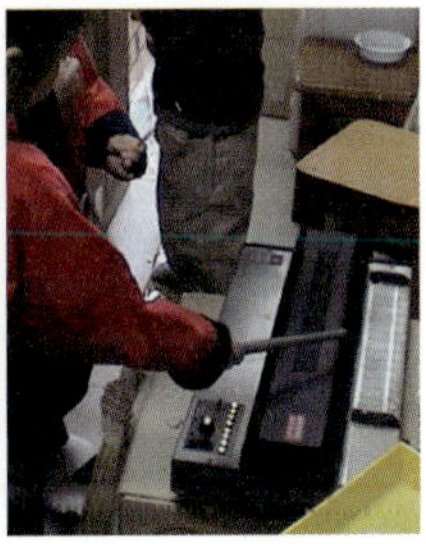

유아 1: 그런데 악기 소리가 시끄러워요.
교사: 그럼, 어떻게 치면 좋을까?
유아 1: 조용히 치면 돼요.
교사: 그럼, 조용히 쳐 볼까?
(하지만 치다 보니, 다시 소리가 점점 커진다.)
유아 2: 야! 시끄러워!
교사: 그럼, 어떻게 할까?
유아 3: 그럼, 작게 치다 크게 치고 하면 되잖아.

소리에 대한 관심은 악기로 집중이 되고 유아들은 소리 나는 악기를 만들어 보고 싶어하였다.

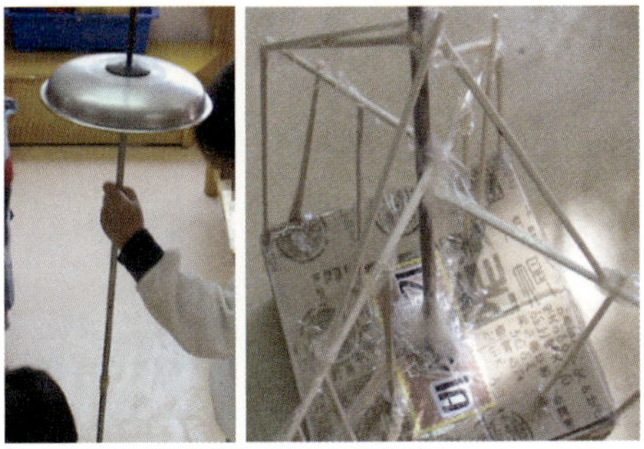

드럼 심벌즈와 지지대 만들기

유아 1: 이제 다 만들었다.
교사: 그래? 그럼 선생님이 잡고 있는 것을 놓아 볼게.
유아 1: 엉? 쓰러지네. 어떻게 해?
유아 2: 그럼, 바닥에 붙이자. 네가 잡고 있어. 테이프 붙이자!
(유아들은 테이프를 가져와 바닥에 붙였다.)
유아 1: 다 됐어. 이제 놔 봐. (곧바로 쓰러진다.)
유아 2: 어? 또 쓰러졌다. 어떻게 하지?
(아이들은 의견을 모으더니 지지대를 세우기 시작했다.)
유아 1: 위에는 동그랗게 생겼어.

유아 2: 아래도 동그래.
교사: 옆에서 보면 어떠니?
유아 1: 선생님, 내 얼굴이 보여요.
교사: 밑에서 보면?
유아 2: 아래는 큰데 위에는 작아요.
교사: 한번 쳐 볼까?

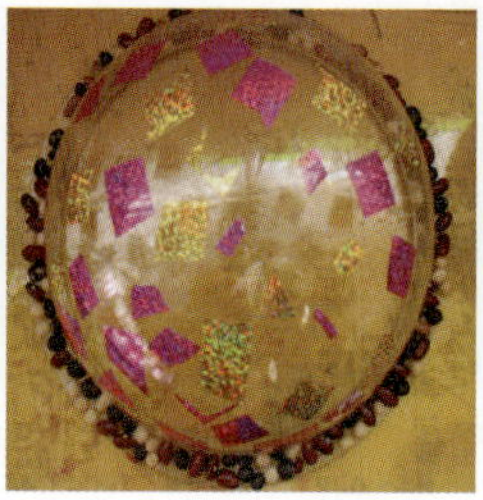

드럼 북 만들기

우리가 만든 드럼 완성

드럼 외 다른 악기들을 만들자는 의견이 나와 유아들은 다른 악기도 만들기 시작했고, 음악에 맞춰 멋진 연주를 시작했다.

놀이공간의 지원 & 놀이자료의 변화	• 유아들은 주변에서 나는 물건의 소리에서 악기를 만들어 보는 활동으로 확장이 되었다. 유아들이 물건을 두드려 보고 탐색하는 과정에 관심을 갖도록 하였다. • 교사는 스테인레스 그릇, 분유통, 냄비 뚜껑 등 다양한 재료를 제공하였다. • 교사가 다양한 재료를 제공하자 드럼북 등 다양한 악기를 제작하고 각 유아들이 완성한 악기로 연주회가 열리게 되었다.

제　　목	스테인리스 탐색
활동영역	음률영역, 미술영역
자　　료	스테인리스 그릇, 숟가락, 뽕뽕이, 눈알

한 유아가 가방에 숟가락과 반찬 담는 스테인리스 그릇을 가지고 왔다.
유아는 그것을 가지고 놀이를 하며 색테이프로 꾸미고, 눈알과 뽕뽕이를 붙였다.

교사: 한번 쳐 볼까?
(눈알과 뽕뽕이를 붙인 후 소리가 둔탁해졌다.)
유아 1: (놀란 표정으로) 어?
교사: 얘들아, ○○이가 만든 거 한번 소리 들어 볼까?

역시 둔탁한 소리가 난다. 유아들은 눈알과 뽕뽕이를 붙이기 전의 소리를 기억하고 있었다.

유아 2: 어? 아까 소리랑 다르네.
교사: 소리가 어떻게 다른데?
유아 1: 음.. 아까는 소리가 컸는데 지금은 작아요.
유아 3: 그럼, 선생님.. 아주 세게 쳐 봐요.
교사: (힘을 다해 쳐 주었다. 그래도 소리는 둔탁하였다.)
유아 2: 어? 그래도 그렇네.
교사: 왜 그렇지? 처음이랑 뭐가 달라졌지?
유아 3: 그럼, 눈알하고.. 뽕뽕이 떼어 봐요.
교사: ○○아, 떼어도 괜찮아?

유아의 동의를 받고 뽕뽕이와 눈알을 떼어 낸 후 스테인리스 그릇을 쳐 보았다.

유아 2: 우와~ 그 소리야. 아까 그 소리!
교사: 어떡할까?
유아 1: 그럼 뗄래요.

놀이공간의 지원 & 놀이자료의 변화	• 유아들은 스테인리스에 어떤 재료를 붙이는지에 따라 소리가 달라지는 것을 알 수 있었다. • 교사가 질문과 토의 과정을 제공하여 유아들이 물체의 특징에 따라 어떤 재료와 함께할 때 소리가 달라질 수 있음을 예측할 수 있도록 지원하였다.

제 목	비닐 놀이
활동영역	감각탐색, 미술영역, 신체영역
자 료	큰 비닐, 페트병, 물, 비옷

비닐을 발견한 유아들이 모여서 자유로운 탐색을 시작하였다. 교사는 유아들이 탐색을 자유롭게 할 수 있도록 교실의 공간을 넓게 확보해 주었다. 유아들이 비닐을 갖고 바람을 이용하여 풍선 놀이 등 다양한 놀이를 전개하였다.

유아 1: 와! 얘들아, 이것 봐. 큰 풍선 같아.
유아 3: 진짜 풍선 같네~ 나도 해 볼래.
유아 2: 이것 봐! 비닐로 통해서 보니까 파란색으로 보여.
교사: 얘들아, 선풍기를 이용하니까 바람이 더 많이 담아진다.
유아들: 우와, 정말이네? 바람을 다 담아야지!

숨기 놀이를 하던 유아가 일어나 자리에서 콩콩 뛰며 놀이가 전환되었다.

유아 2: 선생님, 콩콩 뛰기 놀이할래요.
교사: 그래. 그럼, 선생님이 의자로 장애물 만들어 줄게.
유아 1: 내가 제일 빠르지.
유아 3: ○○야, 같이 가!
유아들: 꺄르르~

콩콩 뛰던 유아들이 거친 숨을 내쉬며 하나둘 앉기 시작되었다.

유아 1: 아~ 나는 너무 힘들어. 앉을래.
유아 2: 나도 나도. 아~ 힘들다.
유아 3: 나도 땀 나.

콩콩 뛰던 유아가 비닐에 몸을 넣고 앉자 유아들이 비닐 속에 쏙 들어갔다. 쏙 들어간 비닐 속에서 숨기 놀이가 시작되었다.

유아 1: 선생님, 저 찾아봐요~
교사: ○○이 어딨나?
유아들: 하하하하~
(다른 유아들도 숨기 놀이에 동참하며 놀이가 이어졌다. 비닐을 머리부터 쓰고 일어나 놀이하던 유아가 교사에게 이야기한다.)
유아 2: 선생님, 비닐을 머리까지 덮으니까 답답해요. 머리가 나올 수 있게 해 주세요.
교사: 어떻게 하면 머리가 나올 수 있을까?
유아 2: 음~ 가위로 비닐을 자를까요?
유아 3: 가위로 자르면 될 것 같은데?
유아 4: 선생님, 이거 가위로 자르면 되지 않을까요?

유아들의 이야기에 교사가 가위로 비닐을 뚫어 주었다. 비닐을 다시 뒤집어 쓴 유아가 머리와 팔이 빠지자, 교사에게 도움을 요청하였다.

유아 1: 선생님, 이거 옷 같은데요?
교사: 그래? 이런 옷이 어디 있었을까~?
유아 2: 나 이거 언제 입어 봤는데.
유아 3: 비옷 아니야?
유아 4: 나도 비옷 입어 봤어! 비 올 때 어린이집에 비옷 입고 왔어. 아 ~ 물놀이 하고 싶다.
교사: 그럼, 우리 비닐 옷 입고 물총 놀이할까?
유아들: 좋아요!

교사는 다음날 페트병과 페트병 뚜껑에 구멍을 뚫어 준비해 주어 확장 활동이 이루어졌다.

유아 1: 선생님, 이거 페트병 아니에요?
교사: 맞아. 페트병을 눌러 볼래?
유아 2: 어? 바람이 나오네?
교사: 여기에 물을 채우면 어떻게 될까?
유아 3: 음.. 물이 나오는 거 아니에요?
교사: 물이 나올까? 우리 어제 만든 비닐 옷을 입고 어떻게 되는지 보러 가 볼까?
유아들: 좋아요!

물을 담아 주자 유아들이 페트병을 눌러 자유롭게 물총 놀이가 시작되었다.

다음날 비가 와 비옷을 입고 어제 입었던 비닐 옷과 비교해 보며 활동하였다. 유아들은 비옷을 입고 자유롭게 놀이하였다.

유아 1: 선생님! 이 비옷은 모자가 있어서 머리가 젖지 않아요.
유아 2: 이건 팔도 다 덮어 주네?
유아 3: 이건 더 두꺼워서 튼튼해요.

놀이공간의 지원 & 놀이자료의 변화	• 유아들에게 비닐을 제공하여 유아들이 비닐을 자유롭게 탐색하도록 하였다. • 상상놀이를 통해 비닐의 특징을 오감으로 느껴 보고 옷을 만드는 놀이를 통하여 비닐 옷은 물에 젖지 않는 것을 이해하는 시간을 가졌다.

제 목	텐트를 만들자
활동영역	과학영역
자 료	큰 비닐, 여러 가지 블록, 풍선아치 막대, 테이프, 물고기 모형 장난감, 태망석쇠, 요구르트병, 텐트

쌓기영역에서 유아들이 벽돌 블록을 네모 모양으로 만들어 캠핑 놀이를 하고 있었다. 교사가 유아들에게 커다란 비닐을 제시하자 비닐을 탐색하였고 비닐을 이용하여 텐트를 만들기 시작하였다.

유아 1: 미끌미끌해!

유아 2: 꼭 스케이트 같다.

유아 3: 바스락바스락 소리도 나!

유아 4: 그런데 이걸로 텐트를 어떻게 만들지?

유아 1: 텐트는 이렇게 세모 모양인데?

유아 1: 그러면 블록을 쌓아서 세우자.

유아 2: 그런데 자꾸 무너지잖아.

유아 3: 그럼, 나랑 너랑 비닐을 잡고 너네가 블록을 쌓아 볼까?

두 명의 유아가 양쪽 비닐을 잡고, 나머지 두 명의 유아가 비닐 안에 블록을 쌓는다.

여러 명의 유아가 비닐 안에 들어가자 벽돌 블록이 무너진다.
비닐에서 벽돌 블록을 빼고 유아들이 들어가 앉는다.

유아 1: 여긴 1명만 들어가야 안 무너지네.
유아 2: 이렇게 앉으면 되겠네!
유아 3: 그런데 이렇게 하면 못하잖아.
잠도 못자고, 놀이도 못하고.

유아가 와플 블록을 가져와 높게 끼워 기둥을 만든다. 그리고 비닐 양쪽에 세운 후 텐트가 완성되었다고 이야기한다. 유아들이 텐트에 들어가자 와플 블록 기둥이 쓰러진다.

유아 2: 아~ 좋은 생각이 있어. 벽돌 블록으로 이거(와플 블록)를 막으면 안 쓰러질 것 같아.

비닐 안에 유아가 와플 블록을 잡고 다른 유아들이 벽돌 블록을 놓아 주어 지지대를 만든다.

유아들이 완성된 텐트에 들어가자 또 쓰러진다.

유아 3: 바닥에 테이프를 붙이면 안 쓰러질 것 같아.

유아 4: 그럼, 바닥이 끈적끈적해지잖아.

유아 1: 텐트처럼 긴 막대가 있었으면 좋겠어.

교사: 텐트처럼 긴 막대가 뭐야?

유아 1: 텐트에 긴 막대가 있어서 그걸로 텐트를 세우는 건데~

교사는 유아들이 필요한 재료를 찾아볼 수 있도록 자료실로 데리고 간다.

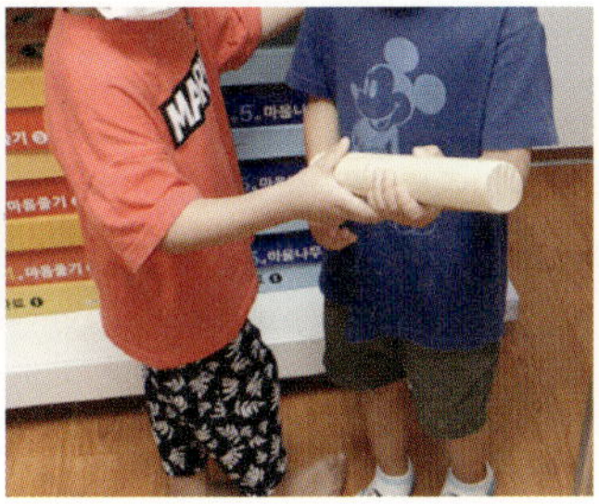
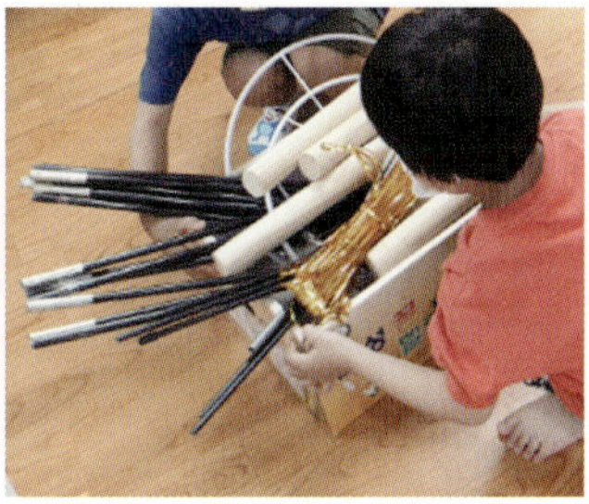

유아 1: 막대네? 이걸로 할까?

유아 2: 이거는 너무 짧아. 저걸(풍선아치 막대)로 하면 되겠다.

유아 2: (요리도구 밀대를 보며) 이건 불 피울 때 쓰면 되겠네.

유아 1: 좋아. 이것도 가져가자.

가져온 막대를 연결하여 텐트 기둥을 만들기 시작한다.

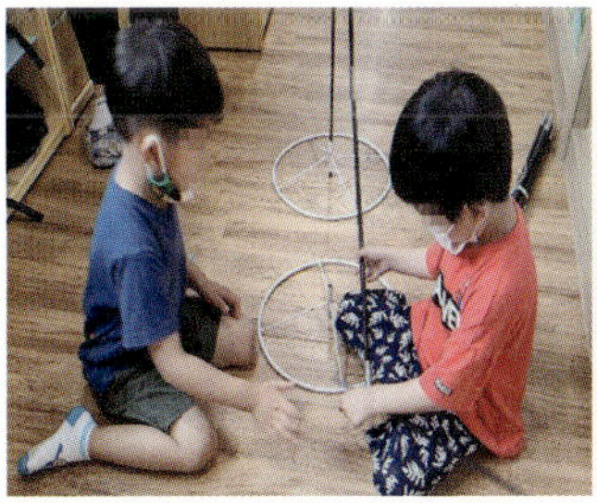

유아 1: 이걸 여기에 꽂는거야.

유아 2: 그러면 저건(긴 막대) 위에 꽂자.

유아 1: 막대가 너무 길어서 무거워!

유아 2: 내가 잡아 줄게.

둘이서 연결하는 게 힘든지 교사에게 도움을 요청한다.

유아 2: 선생님, 이거를 꽂고 싶은데 안 돼요.

교사: 그래? 선생님이 어떻게 도와주면 될까?

유아 1: 긴 막대를 잡아 주세요.

유아 1: 선생님, 이제 비닐을 여기 위에 올려서 씌워 주면 돼요.

유아 2: 비닐이 너무 작아.

유아 2: 선생님, (긴) 막대를 빼 주세요.

교사: 왜?

유아 2: 막대가 너무 커서 비닐이 안 덮여서 막대를 빼고 (작은) 이 막대에 비닐을 덮어서 만들면 텐트가 될 것 같아서 막대를 빼려고 하는 거예요.

긴 막대를 빼고 양쪽 끝의 작은 막대에 비닐을 씌운다. 그리고 텐트를 완성했다고 한다.

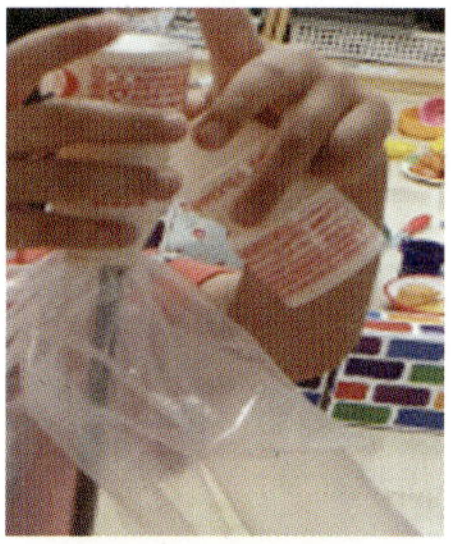

교사: 요구르트 병은 왜 꽂는 거야?

유아 2: 아빠가 텐트 펴 줬는데 텐트에 못을 넣어서 땅에 넣었어요.

유아 1: 이거를 꽂아야 텐트가 쓰러지지 않는 거예요.

유아 1: 텐트는 들어왔다 하는 데가 있어야 하는데..

유아 2: 내가 잡아 줄게.

유아 3: 기어서 나가야 되잖아. ○○아, 더 높여 주면 안 될까?

유아가 비닐을 높이면서 당기자 기둥에 꽂혀 있던 비닐과 기둥이 앞으로 쓰러진다.

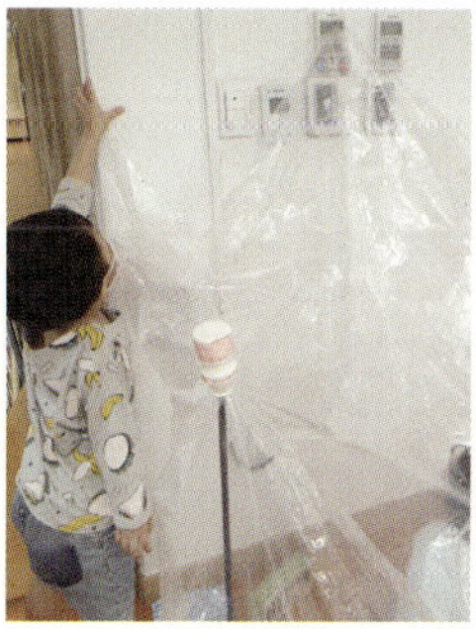
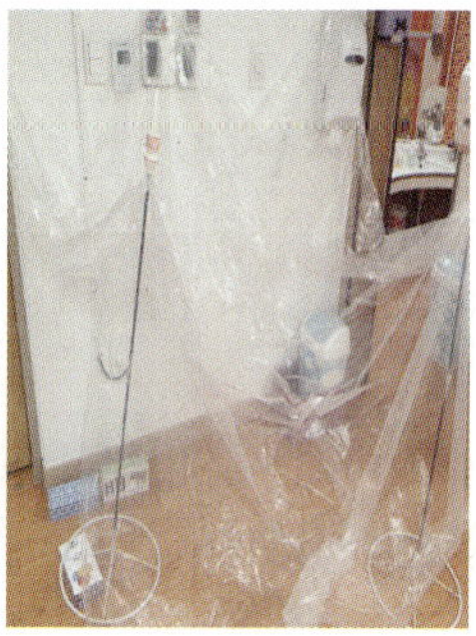

유아 4: (기둥이) 쓰러질 것 같아. 무서워~

유아 5: 그러면 이거를 여기에 붙이면 되잖아.

교사: 책꽂이에 붙이면 책은 어떻게 빼지?

유아 6: 책꽂이를 다른 곳에 놓으면 되죠.

교사가 책꽂이를 빼 주자 유아들이 벽에 비닐을 갖다 댄다. 그리고 교사가 테이프로 비닐을 붙여 준다.

교사: 기둥이 자꾸 무너지려 하는데 어떻게 하면 좋을까?

유아 1: 기둥에 블록을 쌓아서 움직이지 않게 하는 거야.

기둥 바닥에 벽돌 블록을 쌓는다. 그래도 흔들리자 유아들은 와플 블록을 가져온다.

유아 1: 여기다 와플 블록을 끼우는 거야. (막대가 높아서 와플 블록이 끼워지지 않자 유아가 막대를 기울여 와플 블록을 꽂는다.

유아 2: (바구니를 가져와) 이것도 끼우자.

유아 3: 이것(공구놀이 용품)도!

유아 4: 쓰러지지 않게 망치로 고쳐 주자.

교사: 무얼 만든 거야?

유아 1: 여기에 물고기를 굽는 거예요.

교사: 빨간 벽돌 블록은 왜 있는 거야?

유아 1: 나무로 불 만들고 이거는 불이 나는 거예요.

교사가 태망석쇠를 제공한다.

유아 1: 고기가 불에 닿으면 까매지는데..
유아 2: 이걸(벽돌 블록)로 이렇게 옆에 놓는 건 어때?
유아 1: 좋아~
유아 3: 나는 가오리 구울 거야.

교사가 텐트를 제공해 주었다. 유아들이 텐트에 들어가 놀이한다.

유아 2: 비가 와!
유아 1: 텐트가 젖으면 어떡해~
유아 2: 비 안 맞게 텐트를 옮기자!
유아 3: 이제 비가 안 오네!
유아 2: 이제 자자.
유아 3: 잠깐만 기다려 봐. ○○아. (벽돌 블록을 가져온다.)
유아 3: (벽돌 블록을 준다.) 여기, 이거 베개야.
유아 2: 알겠어~
(유아가 텐트 안에 벽돌 블록을 나열한다.)
유아 3: 이건 침대야.

놀이공간의 지원 & 놀이자료의 변화	• 부족한 재료를 유아가 스스로 찾아볼 수 있는 기회를 제공하기 위해 자료실로 이동하여 필요한 재료를 선택할 수 있게 지원했으며, 그 자료를 활용하여 교실에서 만들다가 장소의 불편함을 이야기하여 복도를 활용할 수 있도록 공간을 확장해 주었다. • 텐트 만들기 놀이를 통해 놀이 속 문제점 및 해결책을 유아들끼리 의견을 조율하도록 충분한 시간을 제공하였다.

제 목	소곤소곤 비밀 전화기
활동영역	언어영역, 과학영역
자 료	플라스틱 투명 컵, 클립, 튜브관, 깔때기, 무명실, 고무줄, 실, 낚싯줄, 스프링전화선

교사가 스피커로 음악을 들려주자 스피커에 손을 갖다 대며 "선생님! 스피커가 울리고 있어요!"라고 말하며, 소리의 진동을 느끼는 모습이 보여 진동을 통한 소리의 전달을 알아보고자 다양한 전화기 놀이가 시작되었다.

유아 1: 선생님! 저 전화기 놀이해 본 적 있어요.
진짜 전화기가 아닌데도 소리가 들렸었어요.

교사: 컵에 실을 연결해서 전화기 놀이를 하면 소리는 어떻게 전달이 되는 걸까?

유아 2: 컵에 대고 말을 하면 실이 목소리를 타고 전해 주는 것이 아닐까요?

유아 1: 진짜 전화기는 아니지만 실을 연결해서 컵에 말을 하면 목소리를 듣게 해 주는 것 같아요.

교사: 그럼, 전화기에 대고 말을 할 때 연결된 실을 만져 볼까?

유아 2: 우와! 선생님! 컵에 대고 말을 하니까 실이 조금 흔들리는 것이 느껴져요!
내가 말해 볼게. 실 만져서 흔들리는 거 느껴 봐!

유아 1: 네가 말을 할 때마다 실이 살짝 떨리고 있어. 말을 안 하면 실도 가만히 있는 것 같아!

교사: 실을 팽팽하게 했을 때와 느슨하게 했을 때는 어떨까? (두 명의 다른 유아가 실험에 참여하였다.)

유아들은 소리가 언제 더 잘 들리는지 알아보기 위해 서로 실을 교차하여 말을 전달하는 놀이를 시작하였고, 다양한 종류의 선(낚싯줄, 실 등)을 팽팽하게 하거나 느슨하게 놓아 보며 소리를 탐색하기 시작하였다.

교사: 서로의 짝꿍에게 하고 싶은 말을 해 보자.

유아 1: 얘들아! 너무 큰 목소리로 말을 하면 소리가 섞이니까
컵에 입을 딱 붙이고 말하자.

유아 2: 나는 ○○이의 목소리만 잘 들리고 있어!

유아 3: 나도 □□이가 말하는 것만 잘 들려!

유아 1: 역시, 내 예상대로 △△의 소리만 들려.
귀가 간지러운 것 같아!

유아 4: 나도 내 짝꿍 목소리만 잘 들려!

교사: 서로 가까이 다가가 실이 느슨해지게 한 다음 말해 볼까?
유아 2: ○○의 목소리가 들리지 않아~
유아 3: □□야, 너도 말해 봐! 음.. 안 들려, 역시!
유아 1, 4: 잘 안 들려~ 우리 다시 실을 팽팽하게 해서 말하자.
교사: 실을 교차해도 누구의 소리만 들리니?
유아 2, 3: 서로 연결되어 있는 전화기에서만 소리가 들려요!

교사: 선생님이 이런 것도 준비했어! 깔때기에 튜브관을 연결해서 소리를 들어 보는 거야. 한 명의 친구가 깔때기를 귀에 대고 있으면 다른 친구가 손으로 만져서 소리를 내 보자. 어느 쪽에서 나는 소리인지 맞혀 보자.
유아 2: 으악! 왠지 소리가 간지러워요. 으흐흐~
유아 1: 어디에서 나는 소리인지 맞혀 봐.
유아 2: 왼쪽? 오른쪽? 둘 다 비슷하게 들리는데?
유아 1: 맞았어! 가운데를 만졌지~
유아 2: 소리가 되게 크게 들려~ 천둥번개 소리 같기도 하고, 종이가 바스락거리는 것 같기도 해.
교사: 그럼, 이번에는 여러 곳에 깔때기를 갖다 대서 소리를 들어 볼까?

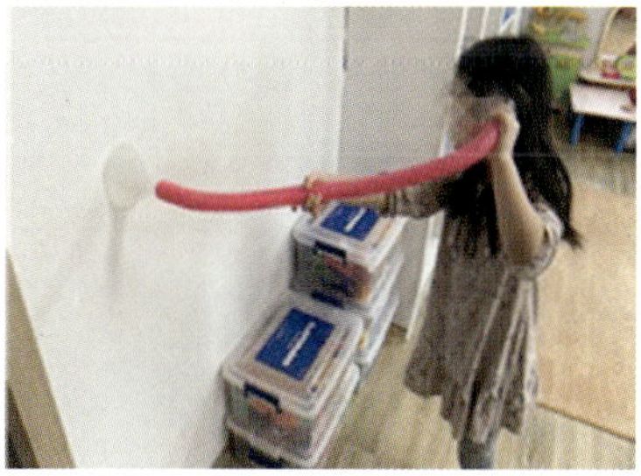

유아 3: 선생님! 벽에 대고 조용히 있으니 꽃잎반 동생들 목소리가 들리는 것 같기도 해요. 이번에는 창문에 해 볼까~
교사: 어떤 소리가 들리니?
유아 3: 방금 자동차가 지나갔나 봐요! 자동차 소리도 들리고, 바람 소리도 들려요.

유아들은 놀이를 더 확장하여 청진기를 대고 자연의 소리를 들어 보기로 했다.

유아 1: 어? 이거 청진기다! 아플 때 병원 가면 의사 선생님이 청진기로 가슴이랑 배랑 진찰해요. 숨을 크게 마시고 뱉어 보라고 하는 게 숨소리를 듣는 거예요.

교사: 맞아. 청진기를 통해 소리를 듣고 의사 선생님이 어디가 아픈지 확인하는 거야. 오늘은 공원에 가서 내가 들어 보고 싶은 소리를 들어 보자.

유아 3: 선생님~ 꽃은 너무 작아서 나무의 소리를 듣고 싶어요!

(모든 유아가 청진기를 대어 어떤 소리가 들리는지 들어 본다.)

유아 2: (작은 목소리로) 선생님! 바람 소리가 들려요. 바람이 나무 속으로 들어오나 봐요.

유아 3: 저는 왠지 바람이 흔들려서 나뭇잎이 흔들리고 흔들린 나뭇잎이 나무 기둥을 흔들고 있고 그 소리가 들리는 것 같아요.

유아 2: 청진기를 조금씩 움직이면 나무가 움직일 때 이런 소리가 날 것 같아요.

(이후 공원에 있는 돌멩이, 꽃, 벤치, 운동기구 등 다양한 소리를 탐색해 보는 시간을 가졌다.)

놀이공간의 지원 & 놀이자료의 변화	• 유아들이 소리는 진동을 통해 들린다는 것을 알 수 있도록 소리를 직접 손으로 느껴 볼 수 있도록 하였다. • 놀이를 통해 소리의 전달 과정에 대한 흥미를 전화기 놀이로 활발하게 진행되도록 충분한 시간 제공과 역할놀이 공간을 확장해 제공하였다. • 바깥 놀이 시간에 청진기 소리 듣기 활동을 해 볼 수 있도록 계속 비치해 주었다.

제　목	투명한 비닐 속 물과 공기의 움직임 탐색하기
활동영역	과학영역
자　료	투명 비닐, 테이프, 물, 공

교사가 투명 비닐을 말아 관 형태로 제공하였고, 유아들은 관을 들고 자유롭게 탐색을 시도하며 감각을 활용한 놀이를 하고 탁구공과 물을 넣어 공기와 물의 움직임을 관찰한다.

유아 1: 이건 대체 뭘까?
유아 2: 서로 게임하는 거 아닐까?
유아 3: 아냐. 이거 멀리 볼 수 있는 거 그거 같아!
유아 4: 아닌 것 같은데. 이거 안에 투명하게 볼 수 있는 것 같은데?
교사: 그건 비닐로 만든 투명 관이야. 투명 관으로 어떻게 놀이하면 좋을까?
유아 2: 친구랑 서로 이야기해 봐요!
유아 3: 공을 넣어 봐요!

유아들의 의견을 반영하여 관을 활용하여 친구와 의견 전달하기 게임을 진행하였다.

유아 2: ○○아, 들려?
유아 3: 어! 완전 잘 들려. 이렇게 하니까 너 눈만 보인다!
유아 2: 그러게~ 너 눈 완전 커!

투명 관을 활용하여 친구와 자유롭게 놀이하였고, 이번에는 관 안에 탁구공을 넣어 말을 하였을 때 공이 어떻게 움직이는지 아이들과 확인해 보았다.
또한 유아들은 좀 더 자세한 움직임을 관찰하기 위해 관 안에 물을 넣어 변화를 관찰하기 시작하였다.

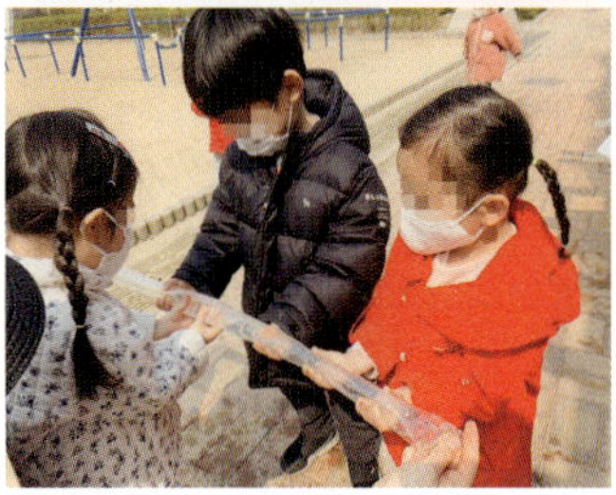

교사: 투명 관 안에 물을 넣으니까 어때?
유아 2: 선생님, 물이 막 움직여요~
유아 3: 관을 세워 볼까?
유아 2: 우와~ 물이 밑으로 내려갔어요!
교사: 물이 들어 있지 않은 곳에는 무엇이 들어 있을까?
유아 1: 물방울이요.
유아 2: 바람이요.
교사: 그래. 물방울과 바람도 들어 있지만 공기가 들어 있다고 해.
우리 물이랑 공기가 어떻게 움직이는지 관찰해 보자.
물이 밑으로 가면 공기는 어디로 가니?
유아 1: 물 위에 있어요!
교사: 이번에는 물이랑 공기가 어때?
유아 2: 또 물이 밑으로 갔다!
교사: 맞아. 공기는 물보다 가볍기 때문에 물보다 위로 가는 거야.

유아들 스스로 자유롭게 투명 관의 방향을 바꾸며 물의 움직임과 공기의 움직임을 탐색하였다.

놀이공간의 지원 & 놀이자료의 변화	• 투명 관에 자발적으로 관심을 보이며 투명 관을 활용하여 친구와 놀이하는 것을 즐기고 투명 관에 스티로폼 볼 또는 목소리를 전달하였다. • 투명 관의 특징을 활용하여 물을 넣어 공기와 물의 특성을 탐색하여 물의 방향에 따라 공기가 이동함을 알도록 지원하였다. • 교사는 자연스럽게 물과 공기의 무게에 대해 이야기 나누기 시간을 통하여 유아들이 물의 방향에 따른 공기의 이동에 대한 이해를 하도록 도왔다.

제 목	아카시아 놀이
활동영역	감각영역, 역할영역, 미술영역
자 료	나뭇잎들, 아카시아 잎, 종이, 고무줄

안양천을 산책하게 되어 유아들은 주변 자연물을 탐색하고 관찰하였다. 휴식 중 커다란 나무를 발견한 유아는 나무의 이름을 물어보며 관심을 가지기 시작했다.

유아 1: 선생님~ 날씨가 너무 더워서 잠깐 쉬고 싶어요.

유아 2: 저기 돌로 만든 의자가 있는데, 저 곳에서 쉬면 좋을 것 같아요.

돌의자에서 휴식을 취하던 중 커다란 나무를 발견한다.

유아 1: 선생님! 저 나무는 무슨 나무예요?

교사: 어떤 나무 같아?

유아 1: 잎이 엄청 많아서 나뭇잎 나무 같아요.

교사: 저 나무는 아카시아 나무라고 해~ 옛날에는 아카시아 나뭇잎으로 다양한 놀이도 했었어.

유아 1: 알려 주세요~ 우리도 하고 싶어요.

바닥에 떨어진 아카시아 나뭇잎을 주워 짝과 나누어 가진 뒤, 가위바위보를 통해 이긴 사람이 나뭇잎을 떼고, 먼저 모두 떼어 내면 이기는 놀이를 하였다.

여러 번 반복한 뒤 남은 줄기를 보며 이야기가 시작되었다.

유아 3: 선생님! 저 이 줄기 가져 가고 싶어요.
교사: 줄기로 무엇을 하려고?
유아 3: 줄기 끝에 물감을 묻혀서 그림을 그려 보고 싶어요.
교사: 좋은 생각이다! ○○이만의 특별한 붓이 되었어!
유아 4: 선생님~ 저는 줄기를 돌돌 말아서 반지를 만들래요.
유아 5: 돌돌 말아? 그럼, 머리카락도 돌돌 말아?
교사: 줄기에 머리카락을 돌돌 말아 보면 어떻게 될까?
유아 3: 오! 왠지 파마가 될 것 같아요! 교실에서 한번 해 보고 싶어요!

교실로 돌아와 아카시아 줄기를 이용한 파마 놀이로 확장되었다.

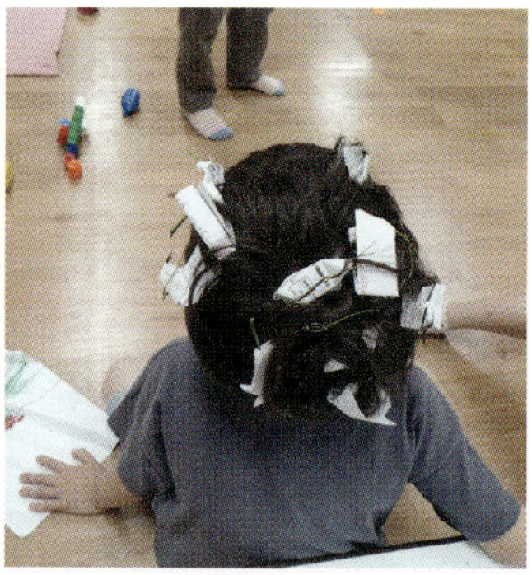

놀이공간의 지원 & 놀이자료의 변화	• 안양천으로 산책하여 유아들이 다양한 자연물을 탐색하고 놀이할 수 있도록 놀이공간을 지원해 주었다. • 유아가 탐색 중 호기심을 가진 자연물을 활용하여 놀이하며 친숙해질 수 있도록 언어적 상호작용을 제공하여 놀이의 확장을 지원하였다.

제 목	콩을 이용한 활동
활동영역	과학영역, 수조작영역, 음률영역
자 료	콩 실물자료, 페트병, 접시, 집게

다양한 종류의 콩이 담긴 팔콘 튜브를 관찰하던 유아들이 콩에 대한 경험을 이야기하고 꺼내서 다양한 방법으로 탐색을 한 뒤 콩을 이용하여 놀이한다.

유아 1: 이게 뭐지? 뭐야! 콩이잖아?
유아 2: 콩 먹으면 키 완전 커지는데?
유아 3: 선생님, 이거 열어서 만져 봐도 돼요?
교사: 그럼, 당연하지. 뚜껑을 열어서 콩을 관찰해 볼까?
유아 1: 뭐야. 내가 들고 있는 콩은 완전 작은 콩이네. ○○아, 넌 무슨 콩이야?
유아 2: 나는 빨간색 콩!
교사: 그건 팥이야. 팥을 먹어 본 적 있니?
유아 3: 네! 팥빙수요! 선생님 이거 먹어 봐도 돼요?
유아 2: 아잇! 완전 딱딱해.

그때 한 유아가 돋보기를 들고 와 관찰을 시도한다.

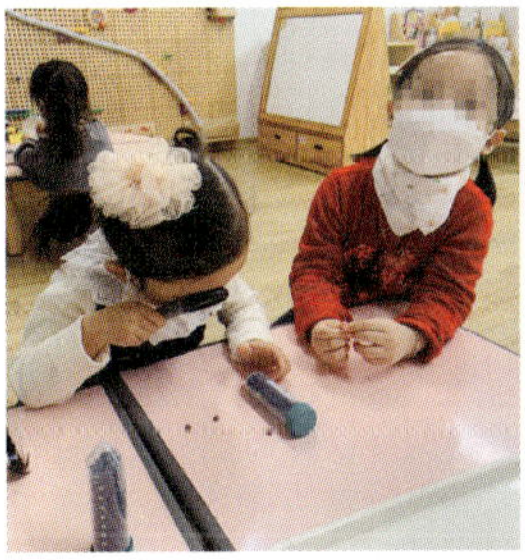
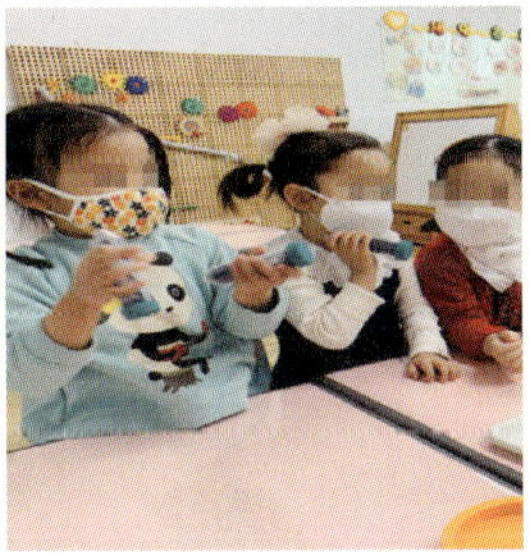

유이 1: 선생님 이렇게 보니까 콩이 크게 보여요!
유아 2: 그럼, 여기에 콩을 옮겨 담아 보자.
교사: 그릇엔 콩을 몇 개 옮겼어?
유아 1: 하나, 둘, 셋, 넷, 다섯, 여섯. 여섯 개요!

유아들은 집게를 이용하여 작은 콩을 그릇에 옮겨 담기 시작한다.

그릇에 콩을 옮겨 담다가 콩이 자꾸 굴러가자 유아들은 콩을 이용한 다른 놀이를 떠올린다.

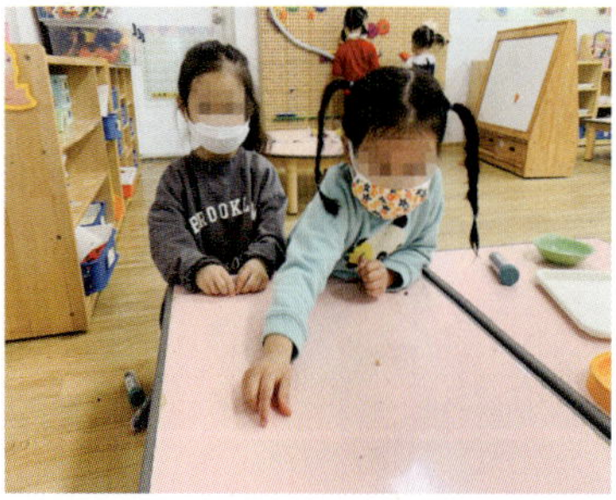

유아 3: 근데 콩이 동글동글하니까 잘 굴러가네.
우리 멀리 굴리기 시합하자!
유아 2: 내 콩이 더 빠르게 굴러갈 거야.

유아들은 콩 굴리기 놀이를 마친 후 콩을 페트병 안에 넣기 시작했다.

유아 1: 선생님, 근데 이거 악기 같아요!
유아 2: 나도 해 볼래! 진짜네. 우리 반에 있는 딸랑딸랑 소리 나는 악기 같아!
유아 3: 우리 「나는 콩」 노래에 맞춰서 흔들어 보자!

놀이공간의 지원 & 놀이자료의 변화	• 다양한 콩을 자유롭게 탐색할 수 있도록 뚜껑이 열리는 팔콘 튜브에 콩을 제공하였다. • 감각기관을 활용하여 콩을 다양한 방법으로 탐색하였고 감각기관 외에도 돋보기와 집게 등 탐색도구를 활용하여 콩의 특성을 탐색해 보도록 지원하였다. 콩의 특성을 활용하여 굴리기 시합 또는 자연스러운 수 세기 활동이 이루어졌다. • 재활용품을 활용하여 페트병에 콩을 담아 악기를 만들어 악기연주로 활동이 확장되었고 콩의 특징을 활용한 놀이를 자유롭게 즐겨 보도록 지원하였다.

제　　목	자연물로 만들어요(나무)
활동영역	미술영역, 수조작영역, 역할영역
자　　료	다양한 종류의 자연물(나뭇조각, 솔방울 등)

유아들과 숲 놀이를 하면서 나무의 모양을 탐색하기 시작하였다. 나무를 보고 연상되는 동물을 미술 도구와 나무를 이용하여 만든다.

교사: 얘들아, 여기 나무들 좀 봐.
여기 있는 나무는 크기가 어떤 것 같니?
유아 1: 아주 커요.
교사: 나뭇가지 모양이 어떻게 생겼는지 살펴 보자.
유아: 야! 저기 브이(V) 모양이다.
유아 2: 어디? 정말! 여기도 브이(V) 모양이야.
교사: 나무들이 다 올라가면서 브이(V) 모양으로 되어 있구나.

그때 한 유아가 나무 옆에 놓여 있는 잘린 나뭇조각을 찾는다.

유아 1: 여기 나무를 발견했어요.
교사: 어떤 모양처럼 생겼니?
유아 2: 삐쭉하게 앞에 튀어나왔는데.
교사: 그럼, 교실에 나무를 들고 가서 연상되는 것을 만들어 볼까?

유치원으로 돌아와서 아이들이 담은 숲 재료들을 이용하여 숲속 동물들을 만들어보기로 했다.

숲 속 멧돼지 만들기 과정

숲 속 멧돼지 만들기 완성

길게 잘린 나무를 보고 아이들은 기린을 떠올렸고, 빗자루로 나무 먼지를 털어 내고 노락색 래커를 뿌리며 기린을 완성하기 시작했다.
공동작품 외 아이들 개별적으로 만든 동물도 있었다.

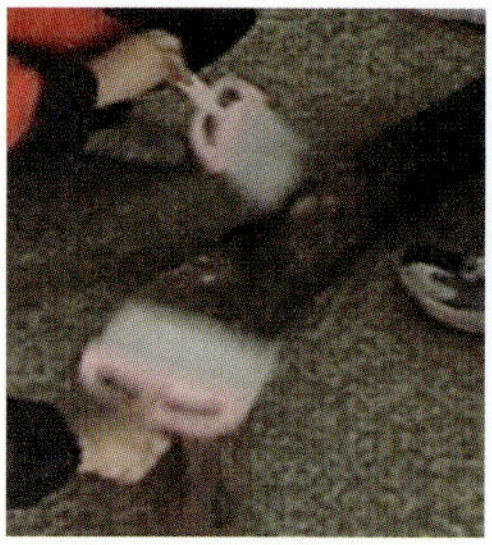

기린 목욕 시키기

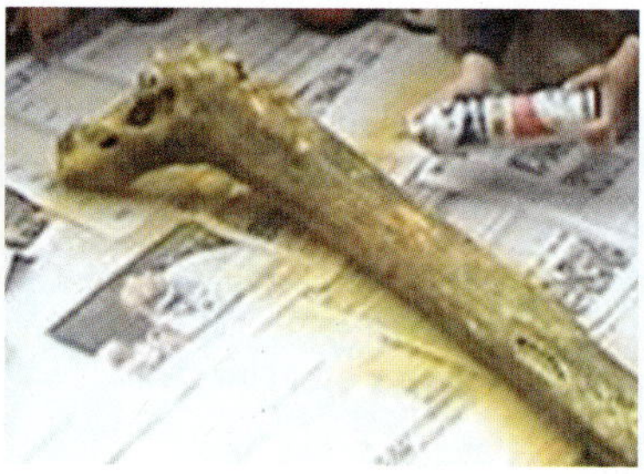

기린 옷 입히기

멋쟁이 기린 만들기 완성

고슴도치 만들기

물총새 만들기

사슴 · 양 · 강아지

<table>
<tr><td>놀이공간의 지원
& 놀이자료의 변화</td><td>• 숲 놀이를 하며 가져온 다양한 자연물(나뭇가지, 솔방울 등)을 탐색하는 과정을 통해 다양한 숲속 동물 친구들을 만들어 보도록 지원하였다.
• 나무를 이용아여 멧돼지, 기린 등 커다란 공동작품을 완성하여 함께 동물원을 구성하도록 토론 시간을 제공하여 공동작품 제작을 지원하였다.</td></tr>
</table>

제　　목	비가 내리면 물은 어디로 갈까?
활동영역	과학영역
자　　료	흙, 모래, 자갈, 돌, 플라스틱 컵, 물

플라스틱 컵에 유아들이 모래, 자갈, 흙, 돌을 각각 담은 후 모여서 물을 뿌려 본 뒤 물이 어디로 이동하였는지 상상해 본다. 물을 뿌린 모래, 흙을 이용하여 놀이한다.

교사: 우리 돌아가면서 물을 뿌려 보자.
유아 1: 우와~ 모래에 물을 뿌리니까 색깔이 진해져.
유아 2: 돌도 그래. 돌 색깔이 진해졌는데?
유아 4: 비 올 때 나도 봤어. 물이 묻었더니 이렇게 변했어.
교사: ○○이가 비 올 때 봤구나~ 그럼, 빗물은 모두 어디로 갔을까?
유아 4: 음.. 여기, 아래로!
유아 1: 여기 땅속으로 갔을 것 같아요!
유아 2: 음~ 계속계속 내려가서 지구 끝까지 갔을 것 같아요.
유아들: 까르르!

교사: 물을 뿌리면 어떻게 되는지 손으로 들고 볼까?
유아 2: 물이 흙 속으로 들어가서 아래로 나와요.
유아 4: 돌 속으로 들어가서 물이 줄줄 나와요.

한 유아가 컵에 있는 젖은 모래와 흙을 엎어 모래놀이로 놀이가 이어졌다.

유아 1: 얘들아, 이것 봐~ 모래성 같아.
유아 2: 어? 나 이거 아빠랑 바다 갔을 때 만들었는데.
유아 3: 젖은 모래랑 흙은 잘 뭉쳐진다!
유아 4: 나도 만져 볼래.

놀이공간의 지원 & 놀이자료의 변화	• 바깥에 나가 플라스틱 컵에 모래, 자갈, 흙, 돌을 담은 유아들은 이것을 활용하여 다양한 방법으로 놀이를 할 수 있도록 교사는 재료를 제공해 주었고 상호작용을 하였다.

생각을 모아요

※ 다음 영아의 놀이 상황을 보고 교사가 지원해 줄 수 있는 자료와 상호작용에 대해서 토론해 보세요.

놀이 상황	 가연이와 수민이는 수박화채 만들기 요리활동을 하고 있다. 가연이가 하얀색 씨를 보고 "이거는 수박씨가 아니야."라고 말하자 수민이는 "아니야, 수박씨야."라고 말한다. 가연이는 "씨는 검은색이야."라고 말하자 수민이는 "아니야."라고 말하며, 하얀색 수박씨도 수박씨가 맞는지 논쟁을 벌인다.
교사지원	

※ 다음 유아의 놀이 상황을 보고 교사가 지원해 줄 수 있는 자료와 상호작용에 대해서 토론해 보세요.

<table>
<tr><td>놀이 상황</td><td>
한 유아가 "우리 엄마 인스타그램 있다~"라고 이야기를 하다가 다른 유아들이 관심을 가지게 되었고 유아들은 우리도 인스타그램에 사진을 올리고 싶다고 하여 교사는 종이에 사진틀처럼 인쇄한 후 오려서 유아들에게 나누어 주었다. 유아들은 유치원 놀이터에서 자신이 찍어서 올리고 싶은 사진 찍는 놀이를 하던 중 가을의 나뭇잎에 관심을 가지기 시작하였다.</td></tr>
<tr><td>교사지원</td><td></td></tr>
</table>

CHAPTER 4

교과 · 교재 제작 및 활용

학습목표 교과 · 교재 제작과 활용방법에 대한 이해를 통해 놀이지원을 계획할 수 있다.

- 교과 · 교재 제작에 필요한 여러 가지 재료의 특성에 대한 이해
- 유아의 놀이에 적절한 교과 · 교재를 제작하는 능력
- 유아의 놀이에 적절한 교과 · 교재 제작을 지원하는 태도

예비 교사의 경우 제작 방법이나 제작 시 유의 사항, 재료의 종류를 알지 못해 교과 · 교재를 제작하면서 어려움을 겪으며 많은 시행착오를 겪게 된다. 이에 본 장에서는 실제로 교과 · 교재를 제작하는 데 도움이 될 수 있도록 교과 · 교재 제작 계획에서부터 제작 계획서 작성 요령, 교과 · 교재 제작에 사용되는 재료 목록 및 제작 시 고려할 점과 제작 방법, 제작 후 보관할 때까지 반드시 알아두어야 할 여러 가지 내용을 알아보고자 한다.

1 교과 · 교재의 제작 계획

1) 교과 · 교재 제작 절차

유아교육기관 현장에서는 대부분의 교사가 집단 활동을 좀 더 충실히 수행하기 위해 한 활동에 한 가지 이상의 교과 · 교재를 준비하고, 자유선택활동에서 유아 스스로 다룰 게임 교구나 관찰 및 실험 교과 · 교재, 역할놀이자료, 미술자료 등을 마련하기 위해 노력하고 있다. 조직적이고 치밀한 계획성이 없는 교과 · 교재 제작 업무는 교사의 황금 같은 시간을 낭비하게 하며, 불필요한 경비를 지출하게 만든다.

2) 교과 · 교재 제작 시 고려해야 할 사항

교사가 계획한 활동을 위하여 필요한 새로 제작해야 할 교과 · 교재를 결정한 후 교과 · 교재를 제작하기에 앞서 계획하는 단계에서 고려해야 할 사항들이다.

① 무엇을: 교과 · 교재의 제목과 더불어 활동의 주제, 제시하는 시기(계절, 학기 초 · 중반, 말), 대상 연령, 활동의 유형, 수준, 영역, 활동시간 등 교과 · 교재의 내용을 의미한다.

② 왜: 교과 · 교재가 필요한 이유, 활동의 목표, 기대되는 결과, 부수적인 효과 등을 의미한다.

③ 누가: 제작 주체를 말하는 것으로 교사 개인이 될 수도 있고 동료 교사가 함께 하는 경우, 유아와 함께하는 경우, 부모를 참여시켜 하는 경우, 다른 봉사자를 활용하는 경우, 전문 제작자에게 의뢰하는 경우도 있을 수 있다.

④ 언제: 제작 시기로서 대부분 활동하기 전이 되나 필요에 따라서는 바로 전날 또는 활동시간 중이 될 수도 있다. 예를 들면, 유아들과 함께 꾸며야 할 교재라든지 일정 시간이 지나면 활용할 수 없는 교재일 경우에는 제작 시기를 엄격히 지켜야 한다.

⑤ 어떻게: 제작 방법의 문제로서 교과 · 교재의 형태, 크기, 재질, 필요한 재료, 재료의 구입 방법, 소모되는 경비 등을 의미한다.

2 교과 · 교재 재료 활용법

1) 교과 · 교재 재료 활용법

<양면 색상지>

용도 및 유의점 환경게시판이나 교구 바탕, 동화 제작 등에 다양한 색감 표현이 가능하고 양면이 모두 보여야 하는 곳에 주로 사용한다. 색상이 다양하고 질감이 좋아서 어느 재료에든 잘 어울린다.

<단면 색상지>

용도 및 유의점 색이 선명하여 알림판이나 포인트를 주고 싶은 곳에 사용된다. 손에 색깔이 묻어날 수 있으므로 젖은 손으로 만지지 않는다.

<하드보드지>

용도 및 유의점 교구 제작 시 많이 사용하는 재료로 견고하여 기본판이나 주사위 제작, 상자 제작에도 사용된다. 또한, 퍼즐 재료로도 많이 활용된다. 두꺼워서 자르기에 어려운 점이 있다.

<부직포 & 펠트>

용도 및 유의점 부드러운 느낌과 촉감 및 입체감을 주고자 할 때 사용한다. 환경판, 교구판 바탕이나 동화 제작 시 바탕이나 등장인물을 만들 수 있다.

<단면 색 골판지>

용도 및 유의점 다양한 골 자체가 무늬가 되므로 단조로움을 피하고자 할 때 사용할 수 있다. 교구 제작 시에도 사용되지만 미술 활동 영역에서 5~10mm 정도 자른 후 돌돌 말아서 인형이나 꽃 등을 표현하는 데도 쓰인다. 다른 재료와 혼합해서 활용할 수 있고, 포인트나 변화를 줄 때 활용하기 좋다.

<한지>

용도 및 유의점 물의 흡수가 빠르고 찢어 붙이거나 물감 번지기 또는 장식 등을 만들 때에 사용한다. 은은한 색으로 표현할 수 있어서 눈의 피로감이 적게 주므로 환경게시판, 교구의 밑바탕으로 많이 활용된다. 젖은 손으로 만지거나 보관을 잘못하면 찢어지기 쉽다. 특히, 전통적인 교과 · 교재를 제작할 때 한국적인 이미지 표현이 용이하다.

<머메이드지>

용도 및 유의점 일반 도화지보다 약간 입체감이 있고 두껍다. 교구 제작이나 동화 제작 또는 카드의 겉표지를 만들 때 사용한다.

<EVA 컬러판>

용도 및 유의점 고무 질감이며, 얇아서 오리기 쉽고 질감이 부드럽다. 유리창에 장식을 하거나 환경판 제목의 글자나 그림 모형, 모빌로도 사용할 수 있다.

〈색 우드록〉

용도 및 유의점 입체감을 줄 수 있는 반면 다룰 때 쉽게 모양이 변형될 수 있는 단점을 가진 재료이다. 우드록을 투명 비닐이나 포일로 싸서 부피감을 느끼게 하거나 이쑤시개 등을 꽂아서 사용할 수 있다. 물에 띄우는 교구 제작 시 많이 사용하며, 크기나 부피 등의 조정이 용이해서 교재 활용을 많이 하는 편이다.

〈우드록 절단기〉

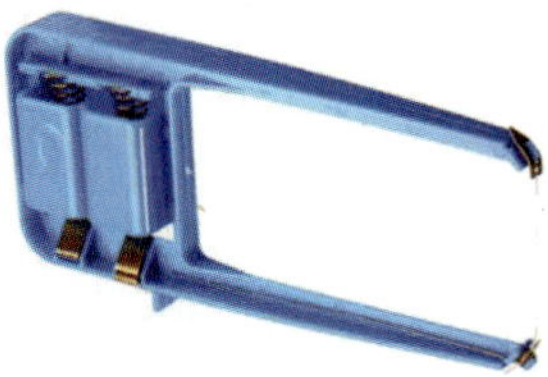

용도 및 유의점 스티로폼이나 우드록을 반듯하게 자르거나 둥근 곡선을 자를 때 절단기를 사용하면 쉽게 재단할 수 있다.

〈코르크보드〉

용도 및 유의점 우드록과 비슷하게 생겼지만 나무 코르크가 덧입혀져서 우드록보다 튼튼한 편이다. 교구 기본판으로 사용되거나 벽면에 소형 게시판으로도 사용된다. 압핀이나 할핀 등이 잘 들어가 장식품 고정에 편리하다.

〈색 셀로판지〉

용도 및 유의점 색안경 만들기나 색돋보기를 만들 때 사용하며, 빛을 투과하는 성질이 있어 빛을 이용해 색깔을 섞어 보는 교구에 사용된다. 여러 겹을 합쳐 다양한 색을 만들 수 있고 반짝이는 느낌을 표현할 수 있다. 또한, 교구 안에 넣어 바스락 소리를 표현할 수 있다.

〈색 습자지〉

용도 및 유의점 카네이션꽃을 만들거나 락스 그림을 그릴 때 사용되며, 얇아서 잘 찢어지므로 주의해야 한다.

〈모루〉

용도 및 유의점 철사에 부드러운 융이 싸여 있는 느낌을 주어 친근감을 느끼게 하는 장식품을 만드는 데 사용되기도 하고, 미술 작업 영역에서 다양한 모양을 만들 때도 많이 사용한다. 색상도 다양하고 길이도 쉽게 연결해서 사용할 수 있어 활용도가 높다. 촉감이 좋아서 동물이나 인형 모형을 만들 때 특히 많이 이용된다. 모루의 끝부분을 가위로 자른 후 철사 부분에 유아의 손이 다치지 않도록 주의해야 한다.

〈우드록 본드〉

용도 및 유의점 스티로폼이나 우드록을 서로 붙일 때는 반드시 우드록 본드를 사용해야 한다. 다른 본드를 사용하면 스티로폼이 녹아서 형태가 달라진다.

〈만능 본드〉

용도 및 유의점 종이나 골판지, 나무, 천 등 다양한 종류의 재료를 붙일 수 있어 많이 사용된다. 풀 자국이 남지 않아 교과 · 교재 제작 시 유용하다.

〈목공 본드〉

용도 및 유의점 흰색이지만 마르면 투명해진다. 주로 목재를 붙일 때 사용하며, 접착력이 우수하나 건조 시간이 오래 걸리는 단점이 있다.

<일반 본드>

용도 및 유의점 대부분의 재료에 사용 가능하며, 접착력이 우수하다. 접착면에 본드를 바른 후, 1분 정도 말린 후 붙이면 더 접착이 잘 되는 특징이 있다.

<글루건과 심>

용도 및 유의점 총 모양의 글루건에 글루건 심을 꽂아 가열한 후, 녹여서 접착하는 데 사용한다. 빠르게 마르고 강하게 접착되는 장점이 있지만 화상에 주의해야 한다.

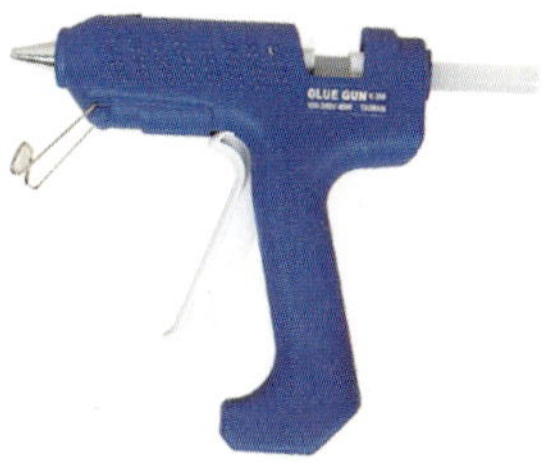

<빨대>

용도 및 유의점 주름빨대는 구부러지는 특성에 맞는 교구 제작에 사용된다. 하지만 쉽게 구부러져 견고성이 적은 것이 단점이다. 재질과 색상, 굵기, 크기가 다양하여 용도에 따라 선택하여 사용할 수 있다.

<수수깡>

용도 및 유의점 유아가 쉽게 다룰 수 있는 재료이기도 하지만 부드럽고 잘 부러져서 미술 작업 시에 어려움을 갖는 재료이기도 하다. 바람개비의 손잡이, 사탕 부케, 액자의 테두리를 둘러 줄 때 사용하기도 한다. 작은 크기로 잘라 모양을 만들거나 꾸미는 재료로 사용할 수도 있다.

<스티로폼 공>

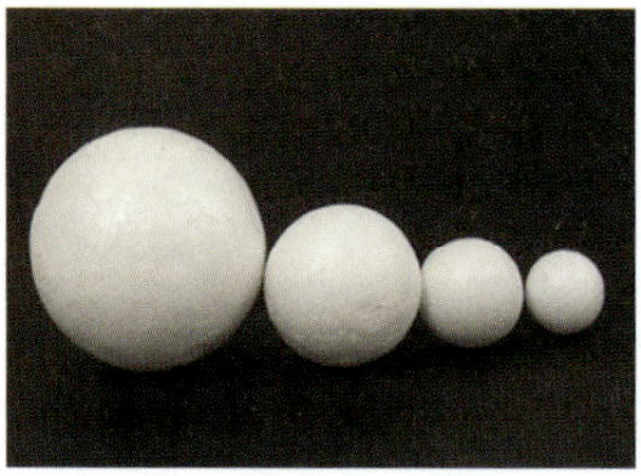

용도 및 유의점 스티로폼 재질로 만들어져 단단하며, 입체적인 만들기 재료로 사용된다. 다양한 재료로 표면을 싸거나 색칠하여 꾸밀 수 있으며, 무게가 가벼워 천장이나 나무 등에 매달 수 있다.

<뽕뽕이>

용도 및 유의점 촉감이 폭신하고 부드러워 촉감교구 제작에 많이 사용된다. 연결하여 붙여 형태를 만들어 꾸미거나 무게가 가벼워 모빌 재료로 사용 가능하다.

<플레이콘>

용도 및 유의점 옥수수 전분으로 만들어져 있으며, 물을 묻히면 서로 붙는 성질이 있다. 크기와 색이 다양하고 빵칼로 잘라 다양하게 구성할 수 있다. 미술작품에 꾸미기 재료로도 활용할 수 있다. 물에 녹이면 끈적한 물감 표현이 가능하다.

<방울>

용도 및 유의점 소리를 내고 싶은 곳에 달아 둔다. 모빌 끝에 달아서 바람에 움직일 때마다 서로 부딪혀 소리를 내게 한다거나 팔찌를 만들고 방울을 함께 유아 손목에 달아 주면 딸랑딸랑 소리가 나서 유아가 손동작에 흥미를 갖게 할 수 있다. 영유아에게 소리 나는 교과 · 교재는 더욱 흥미를 끌 수 있다.

<링>

용도 및 유의점 자료를 서로 연결할 때 사용되며, 플라스틱보다 철로 된 것이 더 견고하다. 색과 크기가 다양하여 동화나 동시 등 여러 장면을 묶는 교구에 사용된다.

〈낚싯줄, 우레탄줄〉

용도 및 유의점 강하고 부드러우며, 투명하여 모빌의 줄로 많이 사용된다. 우레탄줄은 탄성이 있어 구슬을 꿰어 팔찌나 목걸이로 만들 수 있다.

〈종이끈〉

용도 및 유의점 종이를 가늘게 꼬아 놓은 끈으로 여러 색이 섞인 것도 있고 단색으로 되어 있는 것도 있다. 종이끈을 옆으로 펼치면 넓은 방울꽃 형태로 표현이 가능하다. 포도송이 넝쿨이나 방울꽃을 만드는 데도 사용되고 가벼운 종이 액자의 뒷고리로도 사용할 수 있다.

〈오색끈〉

용도 및 유의점 구슬꿰기 실이나 여러 그림 모형에 바느질 활동을 하는 데 사용한다.

<빵끈>

용도 및 유의점 실처럼 가는 철사가 가운데 들어 있어 쉽게 구부러지고 연필을 가운데 두고 감았다 펴면 꼬불꼬불한 모양이 만들어져서 다양하게 꾸밀 수 있다. 비닐이나 부직포 끝을 묶을 때 사용된다.

<꽃철사>

용도 및 유의점 꽃 만들기를 할 때 주로 쓴다. 쉽게 구부러지거나 약간의 지탱하는 힘도 있어 꽃을 만들어 스티로폼에 꽂아서 장식할 수 있다. 철사의 끝부분에 유아가 다치지 않도록 유의해야 한다.

<공예철사>

용도 및 유의점 부드럽게 잘 구부러지고 쉽게 잘려 입체적으로 만들기 쉽다. 다양한 색깔과 굵기가 있어 용도에 맞게 사용이 가능하다. 잘린 부분이 날카로울 수 있어 주의하여야 한다.

<할핀>

용도 및 유의점 종이를 겹쳐 구멍을 뚫어 할핀을 꽂아 고정하면 할핀을 중심으로 종이가 떨어지지 않고 움직인다. 종이인형의 관절이나 돌림판을 만드는 데 사용된다.

<석고 붕대>

용도 및 유의점 따뜻한 물을 묻혀 부드럽게 만든 다음 여러 가지 모양으로 만들면 물기가 마르면서 딱딱하게 굳어 모양이 유지된다. 만든 뒤에 느낌이 레이스 같으므로 인형의 드레스를 만들거나 레이스 느낌을 줄 수 있는 곳에 사용하면 좋다.

<스팽글>

용도 및 유의점 다양한 모양과 크기, 색깔로 이루어져 있다. 작품을 화려하게 꾸미는 데 사용되며, 목공 본드를 사용하면 영아도 쉽게 붙일 수 있다.

<눈알>

용도 및 유의점 흰자에 검은색 눈동자가 움직이면서 생동감을 주므로 눈 표현이 필요한 인형 만들기 등에 사용할 수 있다. 다양한 크기가 있어 사용하고자 하는 눈의 크기를 고를 수 있다.

<종이접시>

용도 및 유의점 다양한 색과 크기의 종이접시는 액자 꾸미기나 사자 만들기, 비행접시, 편지꽂이 등 다양한 미술 작업 영역에서 활용할 수 있다.

<색깔 종이컵>

용도 및 유의점 종이컵에 이미 색이 입혀 있어 유아가 컵을 싸는 어려움을 덜 수 있는 재료로 바구니 만들기나 인형 만들기에 사용한다.

<백업>

용도 및 유의점 부드럽게 움직이는 재질로 둥근 형태의 운전대나 링을 만들 수 있다. 겉을 천이나 다른 재질로 감싸 나뭇가지나 덩쿨로도 표현 가능하다.

<게임말 꽂이>

용도 및 유의점 교구 제작 시 게임용 말을 세울 때 사용한다.

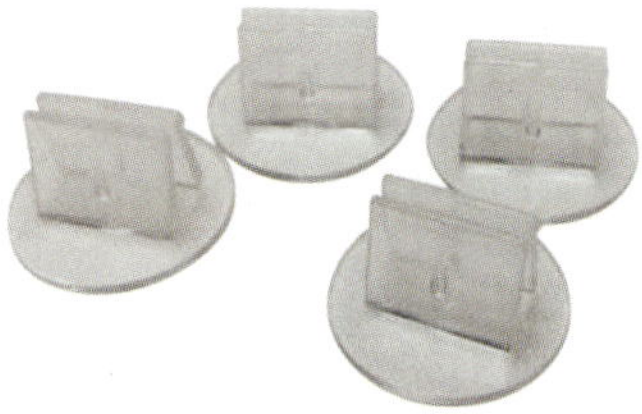

<회전 바늘>

용도 및 유의점 교구의 돌림판에 주로 사용한다.

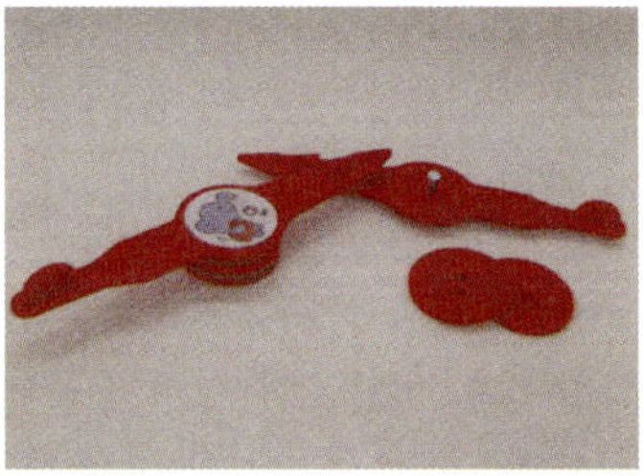

〈바둑알〉

용도 및 유의점 바둑놀이(오목)에 사용되거나 게임 말로도 사용된다. 수 세기 활동, 모자이크 꾸미기에도 사용된다. 요즘은 알까기 활동으로 많이 활용되고 있다.

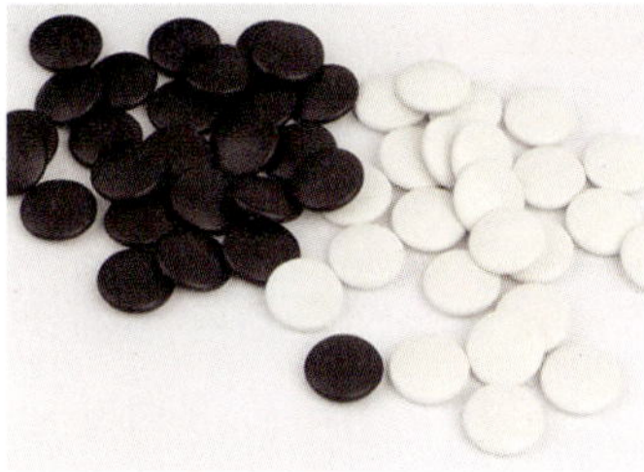

〈고무자석〉

용도 및 유의점 함석판이나 냉장고 등에 쉽게 붙어 유아들의 조작놀이 교구 제작에 적당한 재료이다. 가위로 잘라 쓸 수 있어 사용이 용이하고 종이 뒤에 붙여 함석판에 스티커처럼 사용 가능하다.

〈둥근 자석〉

용도 및 유의점 둥근 모양의 납작한 자석으로, 자석 동화, 칠판, 냉장고, 함석판 등 다양한 곳에서 활용할 수 있다. 교구 제작 시 서로 다른 극이 달라붙는 점을 활용하여 같은 극끼리 서로 밀지 않도록 유의해야 한다. 글루건을 사용하거나 펠트지 안에 넣고 바느질하여 안전하게 사용한다.

〈컬러 점토〉

용도 및 유의점 손에 잘 묻어나지 않고 뚜껑을 잘 닫아 보관하면 계속 사용할 수 있는 장점을 가진 재료로 미술 작업 영역에서 다양한 모양 찍기나 입체 모양 만들기를 할 수 있다. 유아의 창의적 발달을 돕는다.

〈폼클레이〉

용도 및 유의점 점토에 스티로폼 알갱이가 섞여 있어 부드럽고 가볍다. 입체적인 표현이 가능하며, 색의 혼합이 용이하며 서로 잘 붙는다. 두껍게 표현할 경우 흘러내릴 수 있으므로 주의한다.

〈천사점토〉

용도 및 유의점 백색의 솜과 같이 가벼운 점토이며, 촉감이 부드럽다. 물감, 사인펜, 형광펜, 수성펜 등을 섞어 다양한 색 표현이 가능하다. 완전 건조 후 접착제로 붙여 작품을 만들 수 있으며, 마를 경우 물을 뿌려 보관 후 다시 사용이 가능하다.

〈지점토〉

용도 및 유의점 지점토로 모양이나 모형을 만들어 말려 물감으로 칠하고 그 위에 니스를 칠하면 영구적으로 보존할 수 있는 장점이 있다. 교구 제작 시 간단한 모형을 지점토로 만들어 입체감을 줄 수 있으며, 동화 제작 시 인형을 만들어 테이블 동화에도 사용한다. 사용하고 남은 지점토는 공기가 닿지 않게 잘 밀봉해 두어야 한다.

〈솝클레이〉

용도 및 유의점 점토 형태의 비누로 3일 정도 굳히면 비누로 사용할 수 있다. 충분히 주물러 반죽한 후 사용하면 부드럽게 만들 수 있으며, 겉면을 정리하거나 점토끼리 붙일 때는 물을 묻히면 된다.

〈찰흙놀이 모형틀〉

용도 및 유의점 과일, 채소, 알파벳 등의 모형으로 틀이 제작되어 찰흙에 모양을 찍어낼 때 쓰인다. 찰흙을 적당한 두께로 조절하여 모양을 찍어낸다. 사용 후 깨끗이 닦아야 한다.

〈염색 컬러〉

용도 및 유의점 염색 컬러에는 물감과 크레파스, 색연필, 마카 등이 있다. 직물에 염색을 하는 활동이나 티셔츠나 가방 등을 꾸미는 데 사용되며, 열을 가하면 색을 진하게 유지할 수 있다. 옷에 묻으면 지워지지 않을 수 있으니 활동에 유의한다.

〈마블링 컬러〉

용도 및 유의점 물과 기름이 섞이지 않는 원리로 기름이 섞인 마블링 잉크를 물 위에 떨어뜨린 후 나무젓가락으로 저어서 무늬를 만들고 그 위에 종이를 놓아 잉크가 종이에 묻어 만들어 내는 형체가 신비하게 보이는 재료이다. 손에 묻지 않도록 얇은 비닐장갑을 끼고 작업을 하는 것이 좋다.

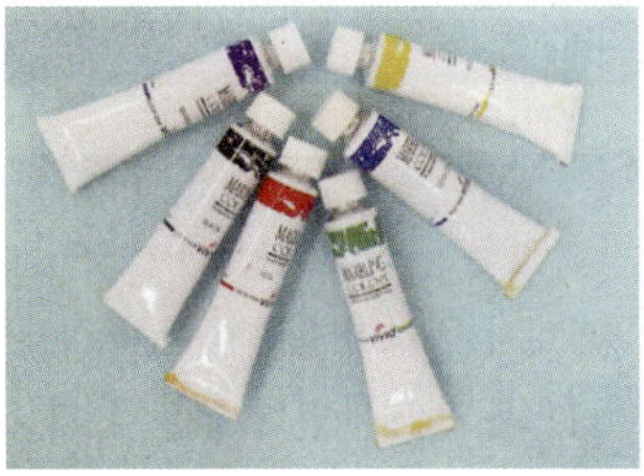

〈거품물감〉

용도 및 유의점 거품 용기에 넣어 사용하며, 핑거페인팅이나 마블링활동을 할 때 사용하기 용이하다. 옷에 묻으면 지워지지 않을 수 있으니 주의한다.

〈물감〉

용도 및 유의점 물을 떨어뜨려 농도를 맞추어 사용하며, 미술활동 또는 교과 · 교재 제작에 많이 활용된다.

〈분장물감〉

용도 및 유의점 얼굴이나 몸에 페인팅을 할 수 있는 재료로 분장 후 물로 씻으면 쉽게 지워진다. 응원전이나 행사 때 주로 사용된다. 다양한 문양을 표현할 수 있고 유아의 흥미를 유발하기에 충분하다.

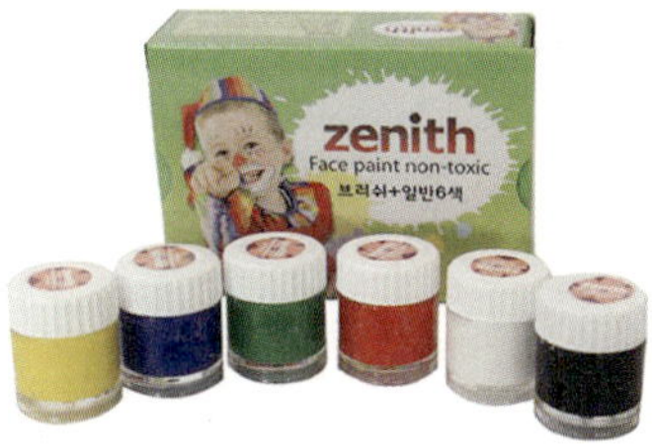

〈아크릴 컬러 물감〉

용도 및 유의점 페트병이나 스티로폼에 색을 입힐 때 사용하는 것으로, 물감이 마르면 지워지지 않는 유성 물감과 같은 성질이 있다. 다양한 재료에 착색 가능하다. 옷에 묻으면 잘 지워지지 않으므로 유의해야 하며, 금방 굳는 성질이 있어 되도록 빨리 사용해야 한다.

〈윈도우 페인트〉

용도 및 유의점 흔히 글라스 데코라고 불리는 것으로 비닐 위에 마음대로 그림을 그려 말린 뒤 떼어 내어 유리나 타일 등에 붙일 수 있다. 그린 뒤 떼어 내서 붙여야 하므로 때 빈틈이 없이 칠해야 하며, 너무 얇게 칠하거나 그림이 너무 큰 경우 비닐에서 떼어 내다가 그림이 망가지는 경우가 있으므로 주의해야 한다.

〈엽전〉

용도 및 유의점 동그란 모양에 가운데가 구멍이 네모거나 동그랗게 파인 것으로 제기 만들기에 주로 사용된다. 전통 활동에 활용되고 수 세기에도 좋은 도구이다.

〈벽지〉

용도 및 유의점 종이의 질이 단단하고 잘 찢어지지 않으며 색상도 다양하여 교구 제작 활용에 매우 적합하다. 오래된 벽지는 지물포에서 얻을 수도 있다.

〈비닐 장판〉

용도 및 유의점 가정에서 쉽게 접할 수 있고 다칠 염려가 없으며, 유연성이 있어서 교과 · 교재 재료에 적합하다. 지물포에서 생산 날짜가 오래 된 것은 적은 비용으로 구입할 수 있다. 무늬와 색상이 다양하다.

〈아스테이지〉

용도 및 유의점 투명하고 두께감이 있는 비닐이다. 매직이나 아크릴 물감으로 그림을 그려서 사용할 수 있으며, 책상이나 책 표지를 보호할 때 사용한다.

〈투명 시트지〉

용도 및 유의점 두명한 접착 비닐로 한쪽 면은 접착할 수 있게 되어 있다. 물이 흡수되지 않아 작품이나 교과 · 교재의 겉면에 붙여 오랫동안 사용할 수 있도록 해 준다. 두 사람이 함께 한쪽 면에서부터 자로 밀어가면서 붙여야 기포가 생기지 않고 울지 않는다.

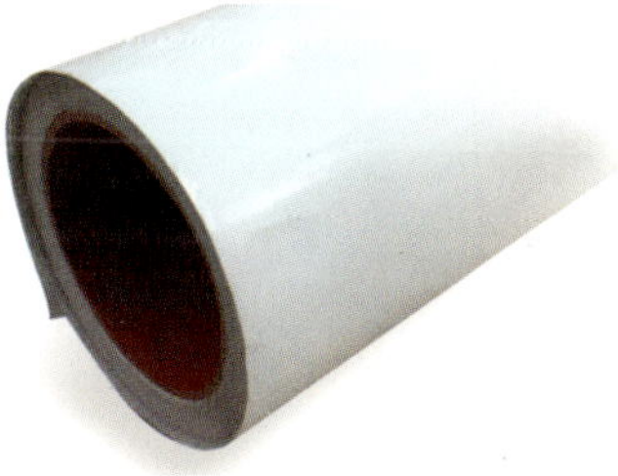

<색 시트지>

용도 및 유의점 다양한 색의 접착 비닐이다. 교과 · 교재판과 퍼즐, 장식 등에 붙여 사용하기도 하고 벽면에 붙여 인테리어로 활용하기도 한다.

<코팅지>

용도 및 유의점 두 겹의 투명한 비닐로 코팅기에 넣어 접착하여 사용한다. 교과 · 교재나 환경판을 꾸밀 때 색지를 오려 낸 모양이나 그림이 오래 유지되도록 코팅할 때 사용한다. 코팅할 때, 오린 모양의 뒷면에 풀칠을 해 주면 코팅 중 위치가 움직일 위험이 줄어든다. 높은 온도로 코팅하므로 화상에 유의해야 한다.

<코팅기>

용도 및 유의점 종이를 코팅할 때 사용한다. 충분한 예열 후 사용해야 하며, 코팅기 안에 있는 롤러에 종이가 아닌 다른 물건이 같이 들어가지 않도록 유의한다.

<OHP 필름>

용도 및 유의점 투명한 필름지로 잘 찢어지지 않아 활용도가 높다. 필름지 위에 유성매직으로 그림을 그려 그림자놀이나 색 그림자 동화에 사용할 수 있다. 그림 위에 필름을 놓아 그림을 따라 그릴 수 있다.

<면끈>

용도 및 유의점 면으로 되어 있는 부드러운 끈이다. 목걸이 줄로도 활용이 가능하고, 인형의 머리카락으로 사용하기도 한다. 고정시키거나 묶을 때 사용하기도 한다.

<컬러 나무집게>

용도 및 유의점 나무 재질의 집게로, 양쪽 손잡이를 누르면 벌어졌다가 놓으면 다시 돌아온다. 교과 · 교재 제작 또는 환경 구성 시 유아 작품 전시회에 유용하게 사용할 수 있다. 다양한 색깔이 있으며, 작고 가벼워 유아가 사용하기에도 적절하다.

<벨크로(보슬이, 까슬이)>

용도 및 유의점 보슬이: 융판 동화나 교과 · 교재 가사판, 동시판을 만들 때 사용하며, 떼었다 붙였다 할 수 있다. 융판에는 보슬이가 붙지 않으므로 사용에 유의한다.

까슬이: 잘라서 쉽게 붙일 수 있다. 까슬한 부분에 유아의 손이 다치지 않도록 하고, 니트류나 레이스 옷에 달라붙어 옷이 상하지 않도록 유의한다.

보슬이는 붙여지는 곳에, 까슬이는 붙이는 곳에 사용해야 한다.

<구슬>

용도 및 유의점 여러 가지 모양과 색깔의 플라스틱 또는 유리 재질로 되어 있다. 교과 · 교재를 장식하거나 촉감 책에서 활용하거나 팔찌를 만들 때 사용한다. 크기가 작아 유아가 코나 입에 넣지 않도록 유의한다.

<핑킹가위>

용도 및 유의점 날이 지그재그로 되어 있어 모양을 내어 자르는 데에 사용한다. 포장지나 리본 끈을 잘라 주어 마무리하거나 카네이션을 만들 때 사용하기도 한다. 가위를 사용할 때는 안전에 유의하고 잘라낸 면이 날카로운지 확인한다.

〈커터칼〉

용도 및 유의점 종이나 보드류 등을 깔끔하게 직선으로 자를 때 사용한다. 자를 대고 사용하면 더욱 쉽게 자를 수 있으며, 칼날이 무뎌질 경우에는 교체할 수 있어 반영구적인 사용이 가능하다. 매우 날카로우므로 사용 시 안전에 유의해야 하고, 유아 손에 닿지 않는 곳에 보관한다.

〈컷팅매트〉

용도 및 유의점 커터칼 사용 시 바닥에 깔아 책상 표면에 생길 수 있는 흠집을 예방한다.

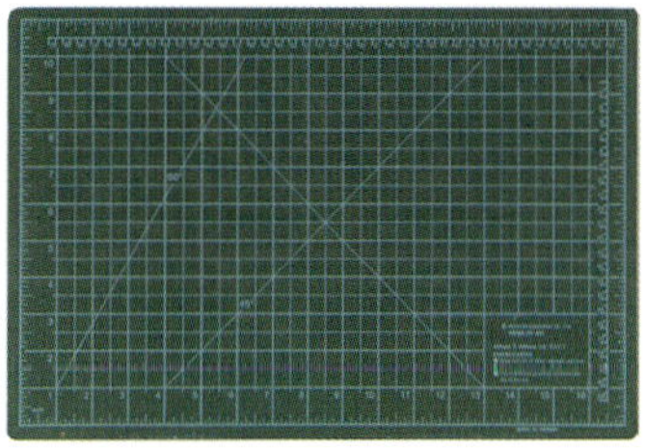

〈주름관, 고무호스〉

용도 및 유의점 주름관과 고무호스는 여러 방향으로 잘 구부러지며, 변형이 쉽다. 길이와 두께, 색과 무늬도 다양해 교과 · 교재로 활용도가 높다. 영유아의 놀이 시 구슬이나 작은 물체를 통과시키거나 물을 흘려보내는 등의 활동 시 유용하게 사용된다.

<종이류>

용도 및 유의점 박스는 하드보드지나 두꺼운 도화지 대신 사용할 수 있으며, 우유갑이나 울퉁불퉁한 달걀판은 모양을 살려 교구를 제작하거나 영유아의 작품을 만드는 데 사용할 수 있다. 또한, 다양한 모양의 종이상자는 놀이에 자주 사용된다.

<캔>

용도 및 유의점 철제로 만들어진 제품으로 본판 그대로 활용하여 교과 · 교재를 만들 수 있다. 절단면이 날카로울 수 있으므로 영유아가 사용할 때 주의하도록 한다. 겉면을 자석으로 꾸미는 활동도 할 수 있다. 다양한 모양의 틴케이스 안에 물체를 넣어 놀이에 활용할 수도 있다.

<플라스틱 용기>

용도 및 유의점 플라스틱으로 만들어진 제품으로 다양한 형태의 용기가 많다. 색과 크기 모양이 다양하여 활동에 따라 다양한 활용이 가능하다. 물건을 담아 활동하거나 작품을 전시하는 용도로도 사용된다. 페트병이나 일회용품을 재활용하여 사용할 수 있는 다양한 플라스틱 용기도 많다.

2) 교과 · 교재 제작을 위한 재료 사용 시 유의점

(1) 자르기를 할 때

〈칼〉

- **종이**: 칼로 자를 수 있는 재료는 얇은 종이 종류로 낱장을 자르거나 몇 장을 포개어 자를 수 있다. 주로 직선을 자를 때 사용하는데 정확하게 자르기 위해서는 자를 종이 위에 대고 양 끝에 자를 선을 점을 찍거나 선을 그어 놓는다. 자르기를 할 점보다 조금 위에 칼을 올려놓고 자르기를 시작한다. 이때 처음 시작하는 부분에서 손에 힘을 주어 정확하게 자르기를 하여야 한다. 여러 장을 함께 자를 때는 반드시 여러 장이 움직이지 않도록 고정시킨 후 자른다.
- **하드보드지**: 커터칼을 사용할 때는 칼심을 짧게 하고 칼날을 세워서 자르는 게 좋다.
- **우드록**: 한 번에 잘라야 깨끗이 자를 수 있다. 곡선을 자를 때는 우드록 절단기를 사용하는 것이 좋다.
- **스티로폼**: 직선이나 사선은 커터칼을 길게 뽑아 눕혀서 자른다. 스티로폼은 특히 칼날이 날카로운 것을 사용하여 모양이 반듯하게 한 번에 자를 수 있어야 한다. 되도록 우드록 절단기를 사용하는 것이 좋다.

① 칼은 쉽게 손을 베일 염려가 있으므로 칼을 사용할 때는 특별한 주의를 요한다.
② 칼을 사용하기 전에 칼이 얼마나 잘 드는지 다른 종이를 잘라서 시험해 본 후 자르고자 하는 종이를 잘라야 한다. 만약, 잘 들지 않는 칼을 직접 자르고자 하는 종이에 사용하면 종이가 곧게 잘 안 잘리고 찢어질 수도 있다.
③ 칼을 사용하기 전에 자르고자 하는 종이의 두께를 본 후 칼의 크기를 결정해야 한다. 두꺼운 하드보드지를 자를 때는 튼튼하고 큰 커터칼을 사용하여야 하며, 얇은 종이를 자를 때는 보다 작은 칼을 사용하여 자르기를 하여야 한다.
④ 커터칼을 주로 많이 사용하게 되는데 칼날이 무뎌지면 종이가 잘 안 잘린다. 이때는 칼날 끝을 잘라주면 깔끔하고 매끄럽게 잘 자를 수 있다.

<가위>

- 종이, 천, 비닐, 가죽, 부직포 등(부드러운 소재): 가위는 주로 종이 종류와 천, 비닐 등 부드러운 소재를 오릴 때 사용한다. 가위는 칼에 비해 둥근 부분이나 모양 따라 오리기를 하거나 여러 장의 종이를 함께 자를 때 사용한다. 여러 장의 종이를 함께 오릴 때는 스테이플러를 상하좌우에 찍어서 오리고자 하는 모양이 움직이지 않도록 고정시켜야 똑같은 모양의 오리기가 용이하다. 가위 중 가윗날에 모양이 있는 핑킹가위는 다양한 무늬의 곡선과 직선을 오릴 수 있어 카네이션꽃 만들기나 단조로운 모양에 장식을 하고자 할 때 주로 사용된다. 유아용과 어른용이 있어 편리하게 사용할 수 있다.
- 철사, 함석판(철로 된 단단한 소재): 가위 중에 가는 철사나 함석판을 자를 수 있는 가위가 따로 있다. 이 가위는 단단한 것을 잘라야 하므로 가윗날이 두껍고 손잡이가 길게 되어 있다. 함석판을 자르는 가위 중에 원을 자르는 가위는 가윗날이 직선으로 되어 있지 않고 둥글게 휘어져 있어 둥글게 오리기에 용이하다.

① 유아가 작업 시 가위를 사용하게 될 때에는 만 3세 이하의 유아는 가윗날 앞부분이 날카롭지 않은 안전용 가위를 사용하여 손을 다치지 않도록 유의해야 한다. 만 3세 이상의 유아라고 해도 가윗날 앞부분이 뾰족하여 날카로운 것은 피하는 것이 좋다.
② 가위를 사용하기 전에 무엇을 자를 것인가를 살펴보고 용도에 맞는 가위를 택하여 사용하여야 한다. 철사나 함석판을 일반 가위로 자르면 가윗날이 망가져서 다른 재료의 오리기를 할 수 없다. 또 셀로판테이프나 접착시트지 등 접착력이 있는 재료를 계속 오리면 가위에 끈끈이가 묻어서 가위질이 잘 되지 않으므로 용도를 구분하여 쓰는 것이 반드시 필요하다.
③ 가위로 여러 장의 재료를 함께 오렸을 때 오려진 선이 매끄럽지 않을 수 있으므로 많은 양을 한꺼번에 포개어 오리지 않도록 한다.
④ 가위로 코팅한 재료를 오릴 때는 코팅된 부분의 모서리 부분을 곡선으로 오려서 유아가 모서리 부분에 다치지 않도록 해야 하며, 코팅된 그림보다 2~4mm 정도 바깥 선을 오려 주어 코팅이 떨어지지 않도록 한다.

<종이절단기(작두)로 자를 때>

- **종이, 시트지 등 절단 가능한 재료:** 칼이나 가위로 자르기를 할 때는 정확하게 자르거나 여러 장을 함께 자르기에 어려움이 있다. 이때 사용하는 도구로 주로 직선일 경우 사용한다. 자르고자 하는 크기를 정확하게 절단기에 맞추어 놓아야 한다. 여러 장을 함께 자를 때는 먼저 한 장을 올려놓고 절단을 해 본 후 크기가 적당하면, 여러 장을 올려놓고 절단을 하는 것이 실수로 인한 재료의 손실을 막아주므로 바람직하다.

① 절단기(작두)를 사용하여 종이를 자를 때, 특히 도구에 집중하여 실수하지 않도록 손을 조심하여 사용하여야 한다. 절단기를 사용한 후에는 반드시 유아 손에 닿지 않는 곳에 두어 유아가 다치는 일이 없도록 신경을 써야 한다.
② 절단기(작두)에도 너무 많은 양의 종이를 함께 넣어 자르면 자르는 선이 조금씩 흩어져 정확하지 않을 수 있으므로 적당한 양의 종이만 넣어서 자르도록 해야 한다.
③ 우드록은 종이절단기로 자르면 부서지므로 우드록 절단기를 사용하여 오려야 한다. 사용 시 열선으로 인해 재료가 녹기 쉬우므로 빠르게 움직여 잘라내야 한다.

(2) 붙이기를 할 때

<풀 종류>

종이를 붙이기에 용이한 재료로 물풀과 딱풀이 있다. 물풀은 묽어서 사용하기는 편하나 접착력이 딱풀보다 떨어진다. 물풀을 사용할 때는 너무 세게 눌러서 한꺼번에 많은 양의 풀이 나오지 않도록 유의해야 한다. 풀을 사용할 때는 풀이 밖으로 칠해져도 책상에 묻지 않도록 바닥에 다른 종이를 깔고 하는 것이 좋다.

<테이프 종류>

셀로판테이프와 양면테이프, 색테이프, 종이테이프, 전기선 테이프 등이 있다.

- 셀로판테이프는 두 면을 이어 주거나 붙여 줄 때 주로 사용한다.
- 양면테이프는 양면에 접착제가 모두 붙어 있는 것으로 겉에 흰색 종이를 벗

기면 양면을 모두 붙일 수 있게 되어 있다. 주로 양쪽 면에 모두 접착이 필요할 때 사용한다. 예를 들어, 유아의 작업 시간에 종이 위에 스팽글을 붙여 모양을 장식하고자 할 때 종이 위에 양면테이프를 붙여 놓고 그 위에 스팽글을 붙이면 접착력이 있어 스팽글이 쉽게 떨어지지 않고 붙이기도 용이하여 유아가 즐겨 쓰는 재료이다.

- 색테이프는 교구를 만들고 테두리를 붙일 때 주로 사용한다.
- 종이테이프는 유아용 교재의 작은 책을 만들고 스테이플러로 찍은 부분에 유아의 손이 다치지 않도록 붙여줄 때 사용하며, 페인트를 칠할 때 경계선에 붙여 주면 선에 따라 깨끗하게 칠할 수 있고 벽에 접착된 테이프가 쉽게 떨어지지 않는 장점이 있다.
- 전기선 테이프는 탄성이 있어 곡선 부위를 붙이는 데 용이하다. 바닥에 표시할 때도 사용된다.

〈본드 종류〉

일반 본드, 순간접착제, 스티로폼 본드, 우드록 본드, 목공 본드 등이 있다.

- 일반 본드는 접착 시에 다양한 재료에 무난하게 사용되며, 접착면을 깨끗하게 닦은 후 본드를 칠하고 1분 정도 기다린 후 붙여 준다.
- 순간접착제는 강한 접착력이 있는 반면 쉽게 마르는 단점이 있으므로 접착면에 빨리 접착시켜야 한다.

〈접착 시트지 종류〉

교구 제작 시 견고성과 영구성을 위해 교구나 동화 자료에 접착 시트지를 붙이는 경우가 많다. 종류는 교구의 완성품 위에 붙이는 투명 시트지와 교구 기본판의 바탕 제작 시 사용할 수 있는 색깔 있는 시트지로 구분할 수 있다.

시트지를 붙일 때에는 두 사람이 함께 작업을 하면 용이하다. 작은 면을 붙일 때는 기포가 생기지 않아 어려움이 없으나 넓은 면을 붙일 때는 기포가 생길 수 있고 붙이고자 하는 면에 정확하게 붙일 수 있도록 접착된 종이를 떼기 전에 붙이고자 하는 위치를 정확하게 결정하고 필요한 만큼의 시트지를 자른다.

깨끗한 바닥에 붙이고자 하는 자료를 놓고 그 위에 시트지의 종이를 조금씩 떼면서 붙이는 방법이 있고, 시트지 접착면에 붙어 있는 종이와 시트지 사이에 자료를 넣고 붙일 수도 있다.

〈보슬이, 까슬이〉

- 보슬이: 까슬이와 이용하며, 표면이 부들부들하다. 교과 · 교재로 제작 시 부착되어져야 하는 면에 사용된다.
- 까슬이: 보슬이와 이용하며, 표면이 거칠거칠하다. 부착하여야 하는 면에 사용된다.

① 풀 종류는 종이 외에 다른 재료에는 붙였을 때 일정한 시간이 지나면 다시 떨어질 수 있으므로 재료에 맞는 접착 재료를 사용하는 것이 중요하다.
② 양면테이프는 벽면에 직접 붙이면 나중에 제거하기 힘들다. 그러므로 벽면에 테이프를 붙일 때는 접착력이 적은 셀로판테이프나 종이테이프를 둥글게 말아서 양면으로 쓰는 것이 좋다.
③ 본드 종류는 반드시 작업 시 책상 위에 다른 종이를 깔아 놓고 작업하여 책상이나 바닥에 본드가 묻지 않도록 주의해야 한다. 본드를 떨어뜨렸을 경우는 빠른 시간 안에 휘발유로 제거하는 것이 좋다. 순간접착제가 손에 붙으면 잘 안 떨어지므로 유의해야 한다. 또 본드 종류는 붙이는 재료의 성질을 알고 사용해야 한다. 예를 들어, 스티로폼이나 우드록을 일반 본드로 붙이면 녹아버리는 성질이 있으므로 특히 유의해야 한다.
④ 시트지 붙이기 작업은 힘들게 만들어 놓은 자료가 못 쓰게 되는 일이 없도록 충분히 연습을 한 후 사용하여야 한다.
⑤ 까슬이 · 보슬이는 보슬이를 까슬이보다 넓게 하고 까슬이 부분은 조금 작게 하여 떼고 붙일 때 저항을 적게 받게 해 주어야 교구 자료를 오래 사용할 수 있다.

(3) 코팅을 할 때(코팅지)

① 코팅기의 전원을 켠다.

② 한쪽 면에 있는 온도 맞추는 곳을 보면 임의대로 온도를 맞추는 곳이 있는데 온도는 100~120℃로 맞추면 적당하다.

③ 다른 한쪽에는 코팅할 때 속도를 맞출 수 있는 곳이 있다. 코팅을 하는 종이의 두께가 두꺼우면 속도를 느리게 하고 얇은 종이를 코팅할 때는 속도를 빠르게 한다.

④ 온도가 다 맞추어지면 속도를 조절하는데, 너무 빨리하면 코팅이 제대로 이루어지지 않고 기포가 생길 수 있다.

⑤ 코팅의 속도는 4~6으로 놓으면 적절하다.

⑥ 코팅이 시작되면 코팅기에 코팅지를 넣는다. 직접 넣는 것보다 A4 용지를 반으로 접어 그사이에 코팅지를 넣고 하는 게 말리지 않고 잘된다.

⑦ 코팅이 끝나면 꼭 전원을 끈다.

코팅지의 속도를 처음부터 맞추게 되면 온도가 올라갈 때까지 롤이 돌아가게 된다. 롤은 고무로 되어 있기 때문에 열을 받으면 코팅 시 말릴 수가 있으므로 미리 켜 놓지 않는다.

3 교과 · 교재 제작 방법의 실제

1) 멀티미디어를 활용한 교과 · 교재의 제작

(1) 3D프린터를 이용한 방법

3D프린터를 이용하여 교과 · 교재를 만드는 방법은 다음과 같은 순서로 진행된다.

3D 모델링 파일 제작 → 3D 모델링 파일 슬라이싱 작업 → 슬라이싱 파일 제작 → 3D 프린팅

❶ 3D 모델링 및 슬라이싱 작업

제작하고자 하는 모양 틀을 찾아 파일화한다. 모양 틀을 다운받을 수 있는 사이트로는 싱기버스(thingiverse)와 마이미니팩토리(myminifactory) 등이 있다.

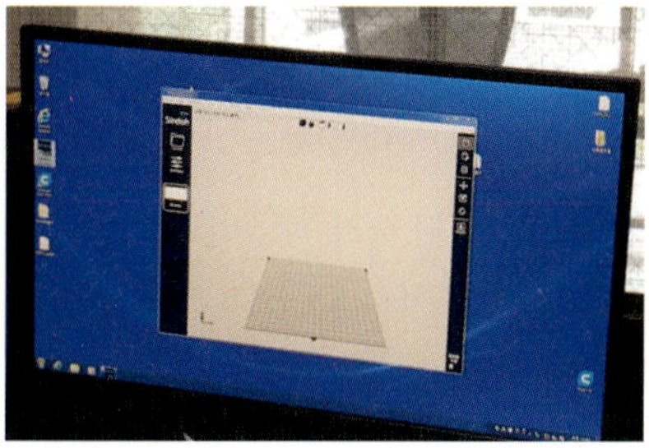

❷ 3D 프린팅

슬라이싱 파일을 3D프린터로 인쇄한다.

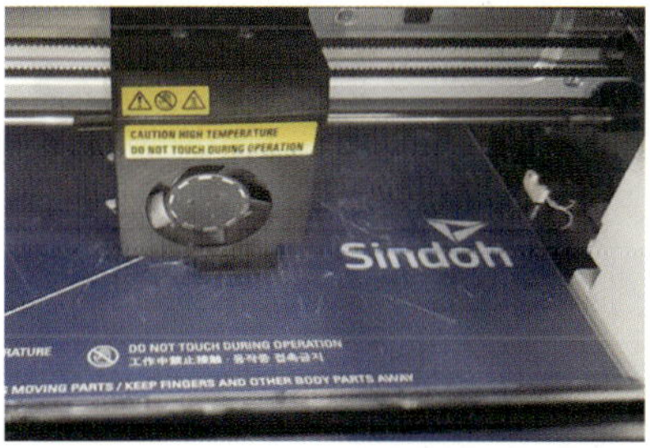

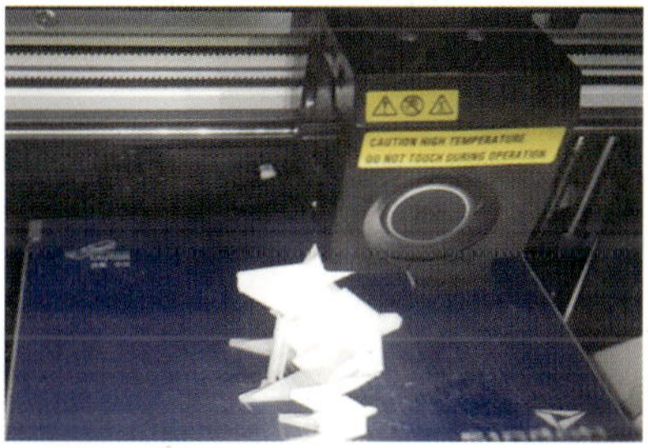

인쇄 장면

완성된 교구

(2) 3D펜을 이용한 방법

3D펜을 이용하여 교과 · 교재를 만드는 방법은 다음과 같은 순서로 진행된다.

도안 제작 → 기본 틀 제작 → 틀 합치기 → 꾸미기

❶ 도안 만들기

① A4용지를 준비한다.

② A4용지에 크기가 다른 직사각형 2개, 사다리꼴 1개, 이등변삼각형 1개를 그린다.

③ 도형을 그린 A4용지를 코팅한다.

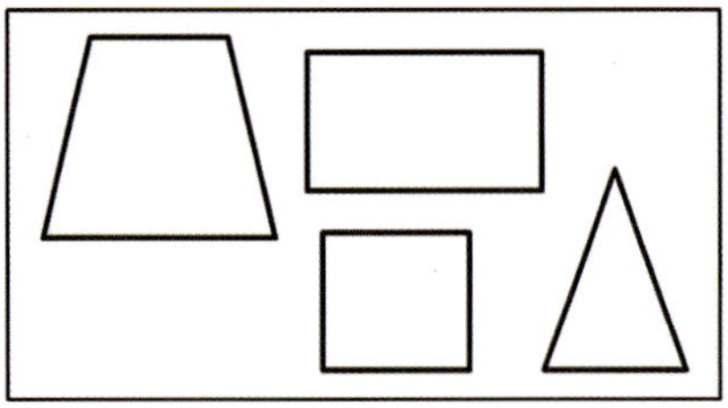

❷ 기본 틀 제작

① 3D펜에 필라멘트를 연결한 후 190~195℃로 예열한다.

② 코팅한 도안을 3D펜으로 그린다. (각 도형이 두 개씩 만들어지도록 도안을 총 두 번 그림)

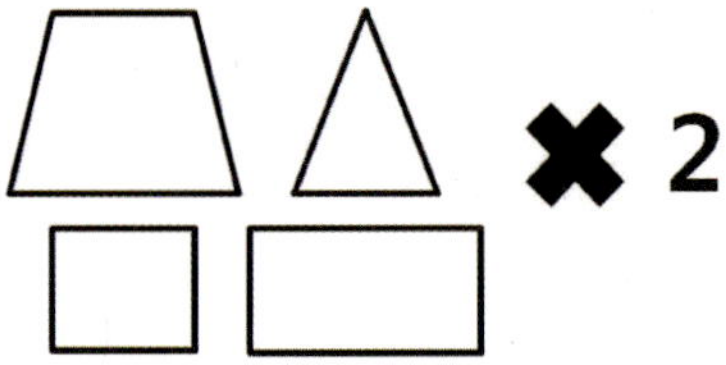

③ 필라멘트가 식을 때까지 기다린 후 도안에서 도형을 떼어 낸다.

❸ 기본 틀 이어 주기(집 몸체)

① 크기가 큰 직사각형 양 옆에 작은 직사각형을 세워서 이어 준다.

② 양 옆에 세워진 작은 직사각형 위에 큰 직사각형을 이어 준다.

③ 사이에 빈 틈이 없도록 필라멘트로 채워 준다.

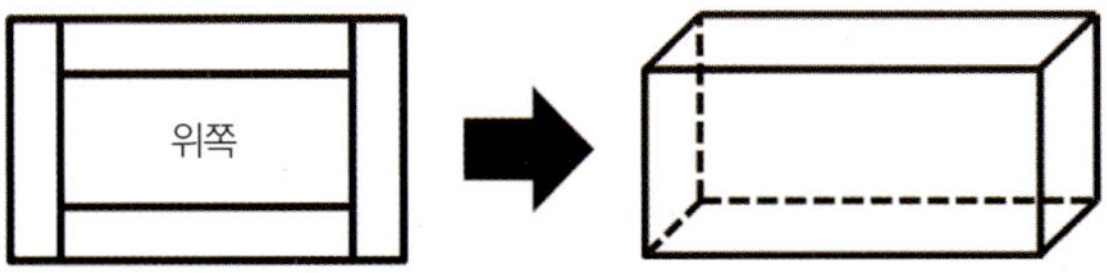

사각기둥 모양으로 완성된다.

❹ 기본 틀 이어 주기(지붕)

① 사다리꼴 양 옆에 이등변삼각형을 세워서 이어 준다.

② 양 옆에 세워진 이등변삼각형 위에 사다리꼴을 이어 준다.

③ 사이에 빈 틈이 없도록 필라멘트로 채워 준다.

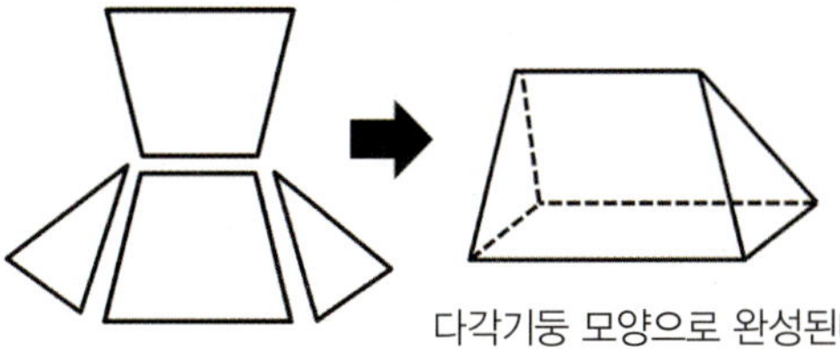

다각기둥 모양으로 완성된다.

❺ 틀 합치기(몸체 + 지붕)

① 몸체 틀 위에 지붕 틀을 올려 합쳐 준다.

② 사이에 빈 틈이 없도록 밖과 안을 잘 채워 준다.

③ 합친 틀 바깥 부분을 필라멘트로 채워 집 모형을 만든다.

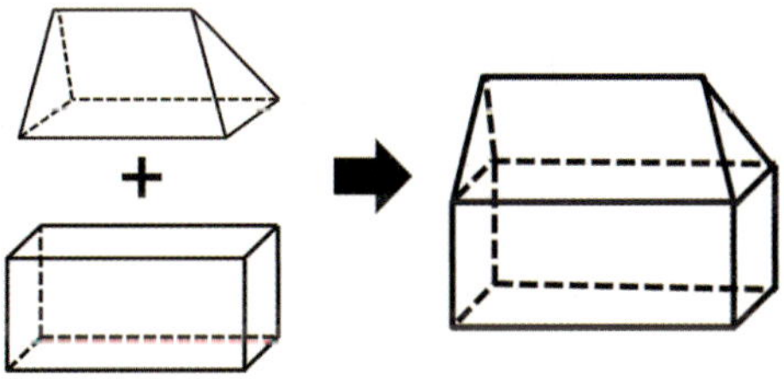

❻ 꾸미기

① 여러 가지 색의 필라멘트를 사용해 모형을 꾸민다.

② 매끄러운 마무리를 원한다면 인두기나 사포로 겉의 거칠한 면을 갈아 준다.

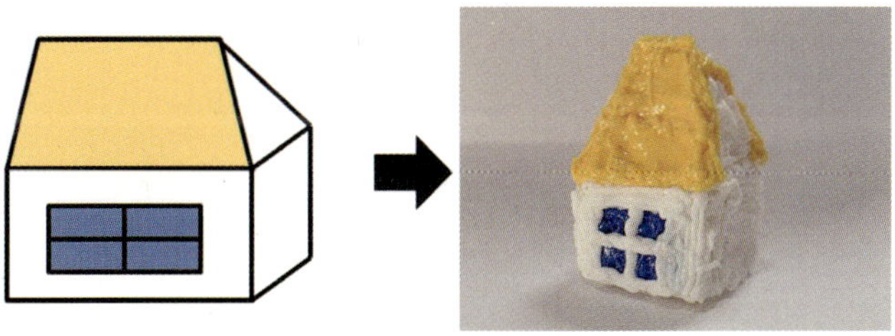

(3) 미디어 편집 방법-애플

- 사진(기본 앱)에서 편집하고자 하는 동영상을 클릭 후 오른쪽 상단에 편집 클릭

〈 컷 편집 〉

- 컷 편집: 영상에서 사용할 부분만 잘라서 남겨 놓는 것
- ⟨, ⟩ 화살표를 이용하여 필요한 부분만 좌우로 움직여 필요한 부분 선택
- 우측 하단의 완료 버튼을 누른 후
  새 클립으로 비디오 저장: 원본과 편집한 영상이 둘 다 저장
  비디오 저장: 원본은 삭제되고 편집한 파일만 저장

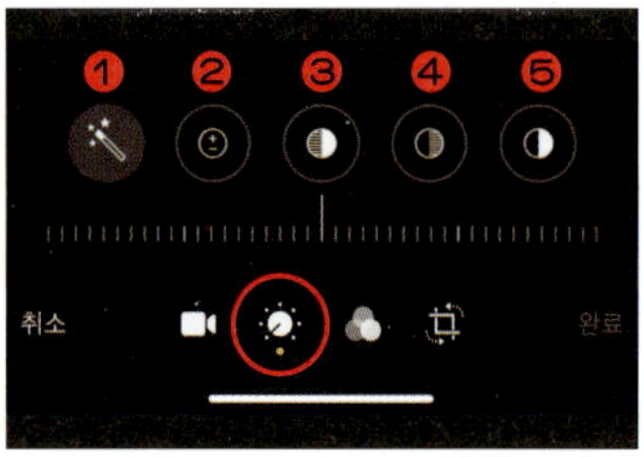

〈 영상 효과 〉

① 자동: 자동으로 영상의 밝기 등을 조절

② 노출: 빛의 노출도 조절
(−100~100 숫자가 낮을수록 어두움)

③ 하이라이트: 영상의 윗부분 밝기 조절
(−100~100 숫자가 낮을수록 어두움)

④ 그림자: 영상 중간부분 밝기 조절
(−100~100 숫자가 낮을수록 어두움)

⑤ 대비: 영상의 대비효과
(−100~100 숫자가 낮을수록 하얀색 강조
숫자가 높을수록 검은색 강조)

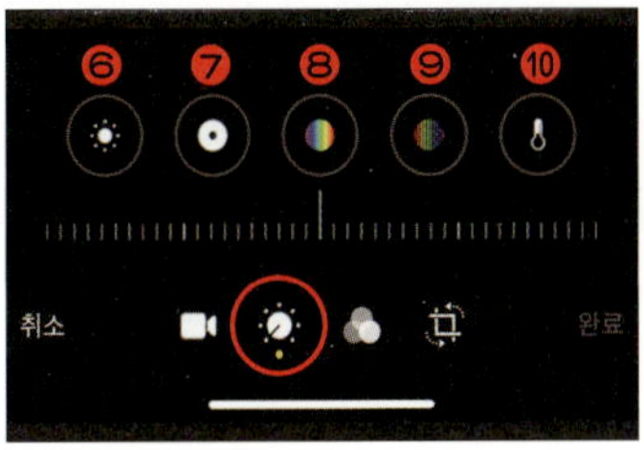

⑥ 밝기: 영상 전체의 밝기 조절
(−100~100 숫자가 낮을수록 어두움)

⑦ 블랙포인트: 검정 부분의 명암 조절
(−100~100 숫자가 낮을수록 검정 부분 강조)

⑧ 채도: 색의 선명도 조절
(−100~100 숫자가 낮을수록 무채색)

⑨ 선명도: 색의 선명도 조절
(−100~100 숫자가 낮을수록 어두움)

⑩ 따듯함: 따듯한 색과 차가운 색의 조절
(−100~100 숫자가 높을수록 따듯한 색 강조,
숫자가 낮을수록 차가운 색 강조
예 −100: 파란색 강조 100: 빨간색 강조)

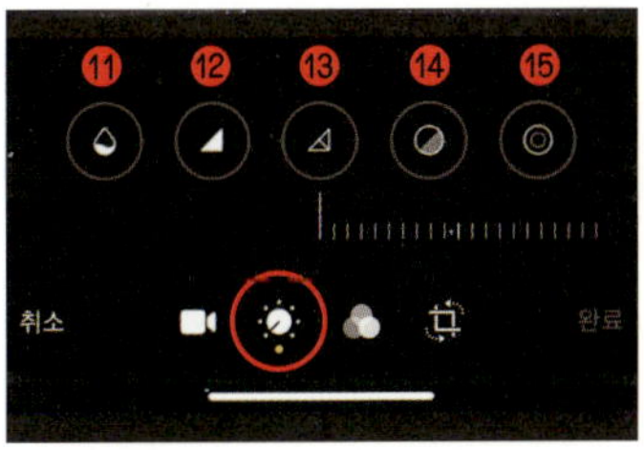

⑪ 색조: 색상의 명암과 강약, 농도 조절
(−100~100 숫자가 낮을수록 탁한 톤)

⑫ 선명도: 색상의 선명도 조절
(0~100 숫자가 높을수록 선명해짐)

⑬ 명료도: 영상의 뚜렷하고 분명한 정도 조절
(0~100 숫자가 높을수록 분명해짐)

⑭ 노이즈 감소: 영상 주변의 경계를 모호하게 함
(0~100 숫자가 높을수록 경계가 모호해짐)

⑮ 비네트: 영상의 모서리 부분 대비효과
(−100~100 숫자가 낮을수록 밝게 강조,
숫자가 높을수록 어둡게 강조)

〈 영상 색감 조절 〉

– 좌우로 움직여 영상의 색감을 조절할 수 있음

– 원하는 효과 선택 후 자세하게 조절 가능

예시)

'모노 효과'를 사용하여 영상의 색감 조절

〈 영상의 각도 조절 〉

① 수평 조절: 영상의 각도를 조절
(−45~45 숫자가 낮을수록 오른쪽으로 기울)

② 상하기울기 조절: 위아래의 기울기를 조절
(−30~30 숫자가 낮을수록 위쪽이 앞으로 기울)

③ 좌우 기울기 조절: 좌우의 기울기를 조절
(−30~30 숫자가 낮을수록 왼쪽이 앞으로 기울)

④ 좌우 반전: 좌우를 반전시킴

⑤ 각도 조절: 한 번 클릭 왼쪽으로 90도 회전

〈 영상의 크기 조절 〉

– 좌우로 움직여 영상의 크기를 조절할 수 있음

– 불필요한 부분도 삭제가 가능함

예 자유형태: 모서리를 움직여 자신이 원하는 부분만 남기고 삭제할 수 있음

(4) 미디어 편집 방법-삼성

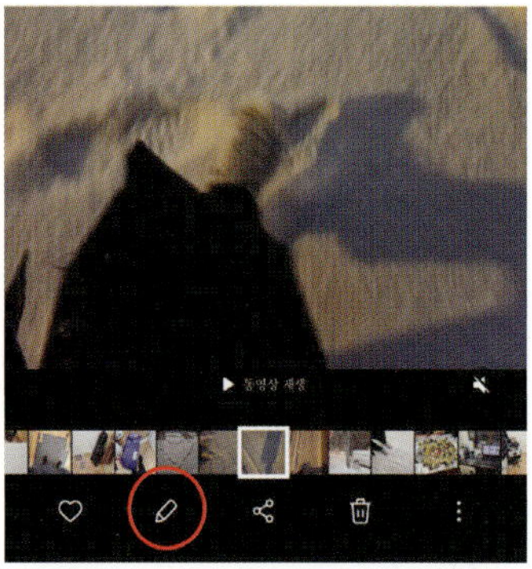

편집하고자 하는 동영상 하단의 '연필 아이콘'을 클릭

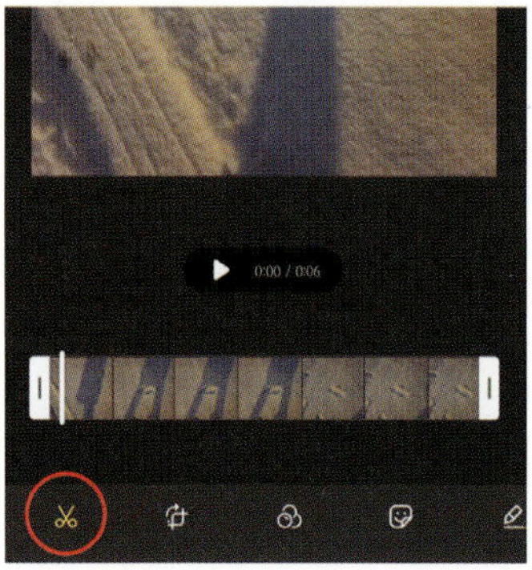

〈 컷 편집 〉

– 하단의 '첫번째 아이콘'을 클릭

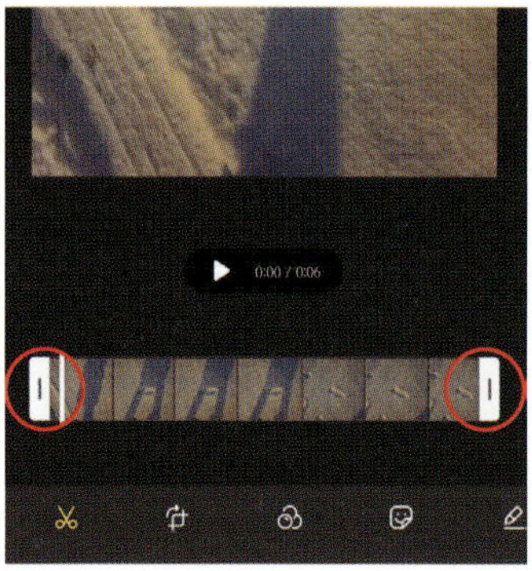

– 양쪽 끝에 생겨난 '흰색 바'를 좌우로 움직여 필요한 부분을 선택

– 흰색 바 안에 있는 영상들이 선택되고, 밖에 있는 영상들은 제거됨

- 상단의 '저장'을 클릭하면 컷 편집된 영상이 저장됨

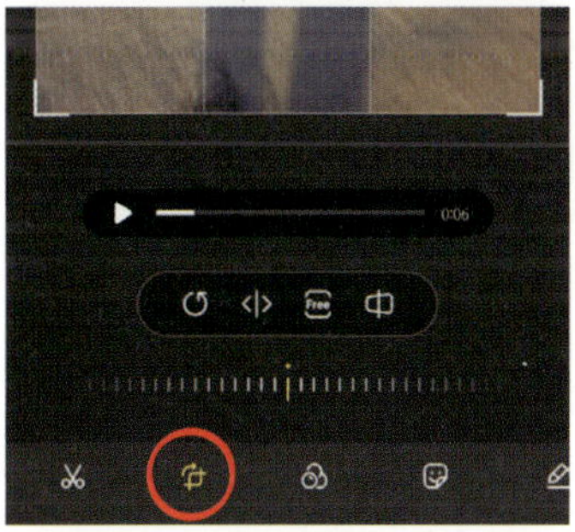

〈 동영상 각도 변경 〉

- 하단의 두번째 아이콘을 클릭

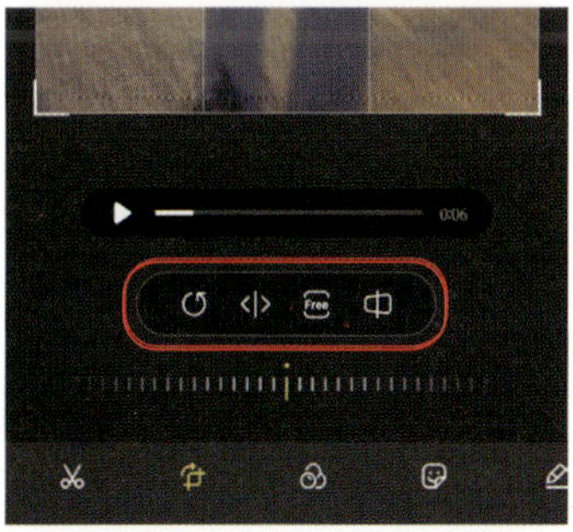

- 새로 생긴 4개의 아이콘을 클릭해 동영상 각도 변경 가능

각도 조절

- 한 번 클릭 왼쪽으로 90도 회전

원본 영상

1번 각도 조절한 영상

좌우반전

- 좌우를 반전시킴

원본 영상

1번 좌우반전한 영상

영상 크기 조절

- 좌우로 움직여 영상의 크기를 조절할 수 있고, 불필요한 부분도 삭제 가능함

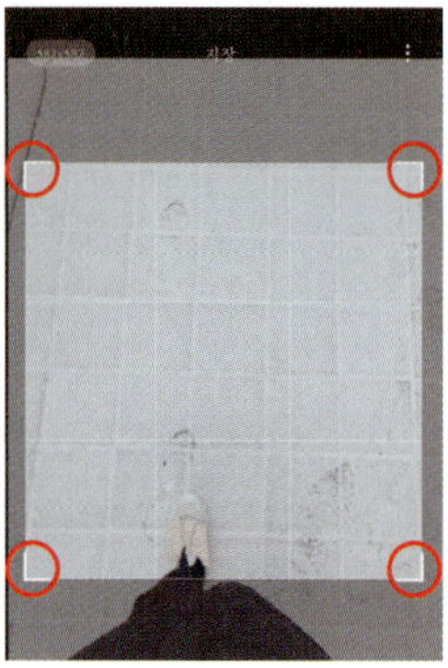

영상 기울기 조절

① 수평 조절: 영상의 각도를 조절
(−45~45 숫자가 낮을수록 오른쪽으로 기움)
② 상하 기울기 조절: 위아래의 기울기를 조절
(−45~45 숫자가 낮을수록 위쪽이 앞으로 기움)
③ −45~45까지 숫자가 나옴

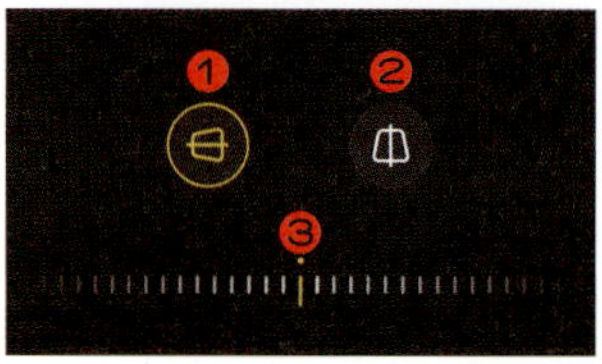

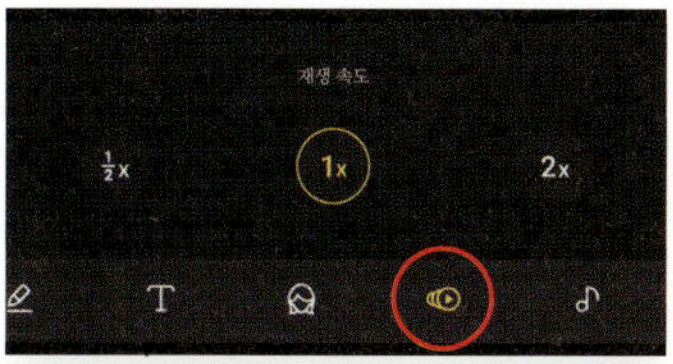

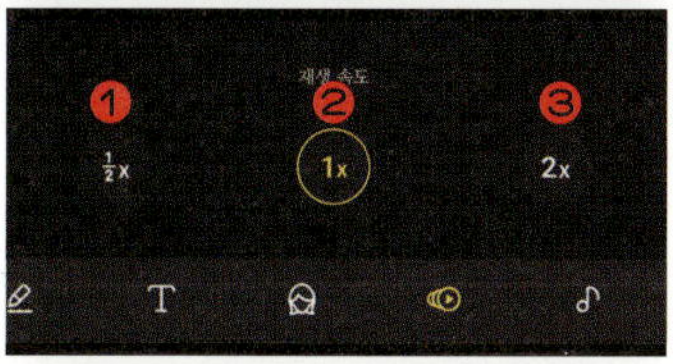

〈 재생속도 변경 〉

– 하단의 바를 오른쪽으로 밀어 '재생 버튼 아이콘' 클릭

① 0.5 배속: 원본 영상보다 느려짐

② 1배속: 원본 영상 속도

③ 2배속: 원본 영상보다 빨라짐

〈 음향 변경 〉

– 하단의 바를 오른쪽으로 밀어 '음표 아이콘' 클릭

① 배경음악 추가 가능

② 음향 크기 조절 가능

(5) ‘VLLO’ 앱을 이용한 영상 제작법(애플)

휴대폰의 영상편집 어플리케이션 ‘VLLO’를 활용하여 영상을 제작, 편집할 수 있다.

♣ VLLO를 활용한 영상 제작 방법 ♣

① 자신이 만들고자 하는 영상을 기획한다.

② 화면의 비율 및 영상 배치를 설정한다.

③ 영상에 필요한 이미지를 다운 받아 선택한다.

④ 배경음악을 삽입한다.

⑤ 각 장면에 필요한 자막을 넣는다.

⑥ 영상을 필요한 포맷과 해상도를 설정하여 추출한다.

⑦ 제작된 영상을 마지막으로 검토한다.

❶ 화면 비율 & 영상 배치 설정방법

선택 완료 후 > 버튼 클릭

〈화면비율〉

– 1 : 1과 4 : 5는 SNS 업로드용

– 16 : 9는 You Tube 업로드용

〈영상 배치〉

– 새로운 미디어를 추가할 때 적용된다.

❷ 영상 속 필요한 사진 선택 방법

예시) '동물원에 가면 만날 수 있어요'라는 동물원에 있는 동물들이 나오는 영상을 제작하기로 기획하였다.

- 영상에 필요한 이미지를 다운받아 저장하기

★ 저작권 없는 이미지를 다운받을 수 있는 사이트
- https://unsplash.com/
- https://pixabay.com/
- https://freeqration.com/

- 영상에 사용할 이미지 선택하기
  - 사진첩 외에도 촬영과 파일을 통해 다운 가능

❸ 영상 속 사진의 효과 설정 방법

① 조록색 화살표를 이용하여 사진의 크기를 원하는 부분만 확대 축소할 수 있다.

② 각 사진을 클릭하면 사진이 나오는 영상의 길이 조절, 레이아웃, 배경, 애니메이션, 시간, 불투명도 등 다양한 효과를 설정할 수 있다.

❹ 배경음악 삽입 방법

영상 내에 배경음악을 삽입할 수 있다.
테마에 맞는 배경음악을 선택해 보자.
최근에 사용했던 음악, iTunes, 내 음원, 검색 등 다양한 메뉴를 이용해 볼 수 있다.

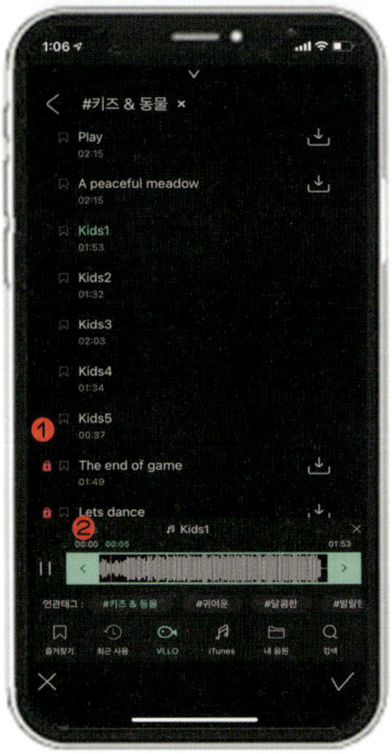

❺ 배경음악 선택 방법

화면은 키즈 & 동물 테마의 배경음악이다.
이외에도 다양한 배경음악이 있고 미리 들어보기를 통해 영상과 어울리는 음악을 선택해 보자.

① 🔒 모양이 붙어 있는 것은 유료 음원
② 〈, 〉 를 통해 음원에서 원하는 부분만 편집하여 사용 가능

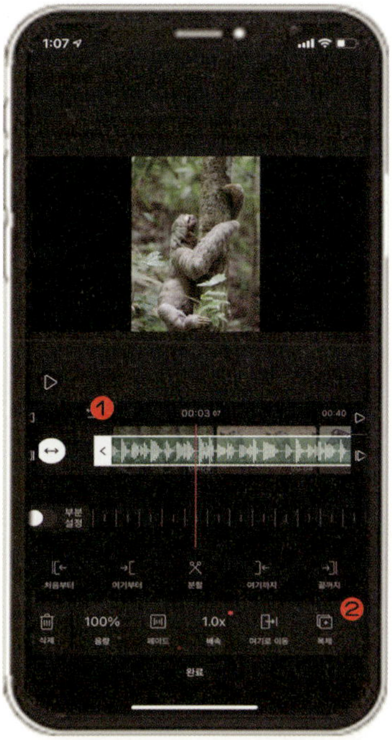

❻ 삽입된 배경음악 효과 설정

① 삽입된 배경음악을 〈, 〉를 이용하여 재생 시간을 조절할 수 있다.

② 배속, 음량, 복제 등 다양한 효과 설정이 가능하다.

❼ 자막 설정 방법 1

① 자막을 넣고 싶은 부분에 빨간색 선을 위치시킨다.

② 하단에 'T 글자'라고 적힌 부분을 누른다.

③ 왼쪽에 '자막'을 클릭하여 자막을 입력한다.

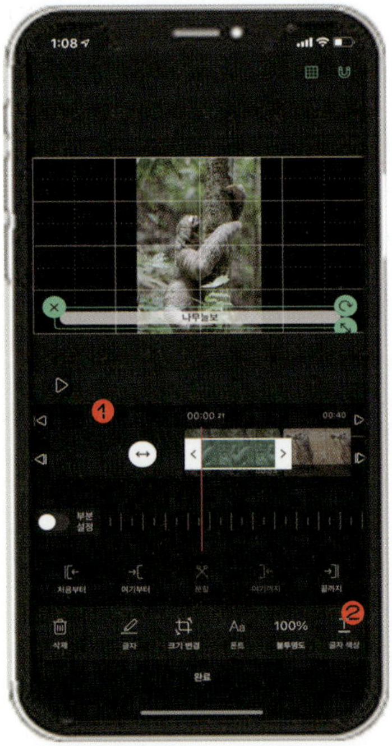

❽ 자막 설정 방법 2

① 자막을 두 번 눌러 원하는 자막을 작성한다. 자막의 크기 및 위치 조정도 가능하다.

② 영상에서 자막이 나올 부분의 길이를 조절한다.

※ 자막의 크기 변경, 폰트, 불투명도, 글자 색상과 크기 등 다양한 효과의 설정이 가능하다.

❾ 자막 설정 방법 3

영상의 다른 부분도 '빨간 선'을 좌우로 움직여서 전과 동일한 방법으로 자막을 설정해 준다.

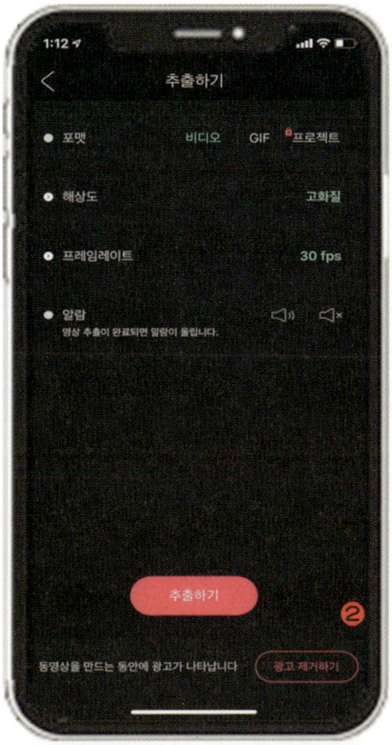

⑩ 영상 추출 방법

- 영상을 공유 및 업로드를 하기 위해 가장 쉽지만 중요한 작업이다.
- 포맷, 해상도, 프레임 등을 용도에 맞게 설정한 후 마지막으로 추출하기 버튼을 누른다.
- 영상 추출이 완료되면 사진첩에서 만든 영상을 확인해 볼 수 있다.

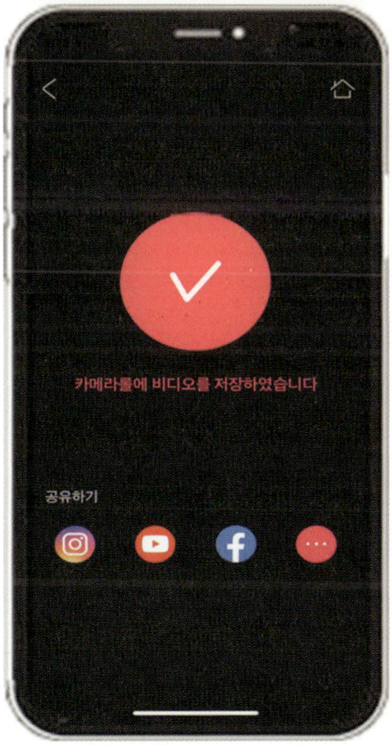

완성된 예시 영상 '동물원에 가면 만날 수 있어요'

더 자세한 내용을 배우고 싶다면!

* YouTube '그림 그리는 수이쌤' – 동영상 편집하는 방법 / VLLO / 블로
  https://youtu.be/KZt8IVMQfKE
* YouTube '치하키 스튜디오' – 다양한 영상 효과 제작 방법
  https://youtu.be/tTc9RcNhsMo
* YouTube '영상18도 – 갭디의 유튜브 클래쓰' – 초보 유튜버를 위한 VLLO 사용법
  https://youtu.be/UVxnmf4Uw3A

2) 재료를 활용한 놀이의 실제

(1) 스카프

놀이방법	사진
스카프와 백업 놀이 • 백업에 스카프를 묶으며 놀이한다.	 
스카프를 이용한 인형 놀이 • 스카프를 바닥에 깔고 그 위에 인형을 올려 놀이한다. • 인형 위에 스카프를 올려 놀이한다.	 
스카프를 이용한 안전 요원 놀이 • 두 명의 유아가 스카프의 양쪽을 잡는다. • 스카프 위에 인형을 올려 인형을 정해진 곳으로 옮긴다.	 

(2) 종이컵

놀이방법	사진
종이컵 낚시 놀이 • 종이컵에 끈을 연결해 낚싯대를 만든다. • 종이컵 바닥에 물고기 그림을 그린다. • 낚싯대를 이용하여 물고기를 잡는다.	 
종이컵 전화기 놀이 • 실을 종이컵 바닥에 연결하여 종이컵 전화기를 만든다. • 한 명은 종이컵에 말을 하고 다른 한 명은 종이컵을 귀에 대고 듣는다.	 
문어 다리 팽이 • 종이컵을 잘라 문어 다리 모양을 만든다. • 수수깡을 이용하여 팽이 손잡이를 만든다. • 팽이를 돌린다.	 

놀이방법	사진
동물 먹이 주기 • 종이컵에 동물 얼굴 그림을 붙인다. • 먹이통에 있는 수수깡을 동물 입으로 옮긴다.	 
종이컵 징검다리 놀이 • 종이컵 바닥에 별, 하트 등의 그림을 그린다. • 종이컵을 나열한 뒤 주사위를 굴려 나온 숫자만큼 이동한다.	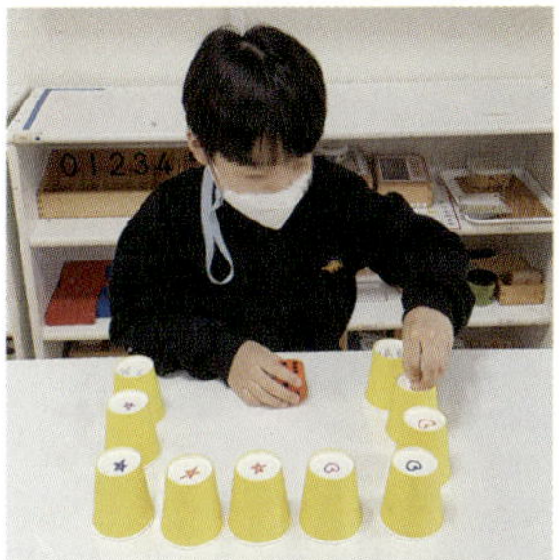 
탁구공 잡기 • 탁구공을 던져서 종이컵으로 이동시킨다. • 자신의 종이컵에서 친구의 종이컵으로 탁구공을 이동시키며 놀이한다.	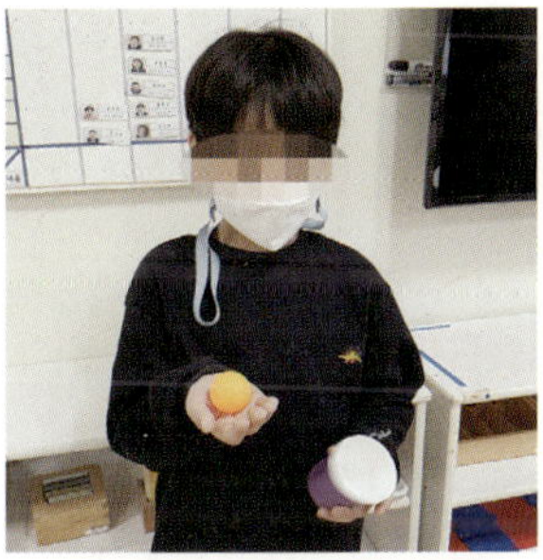 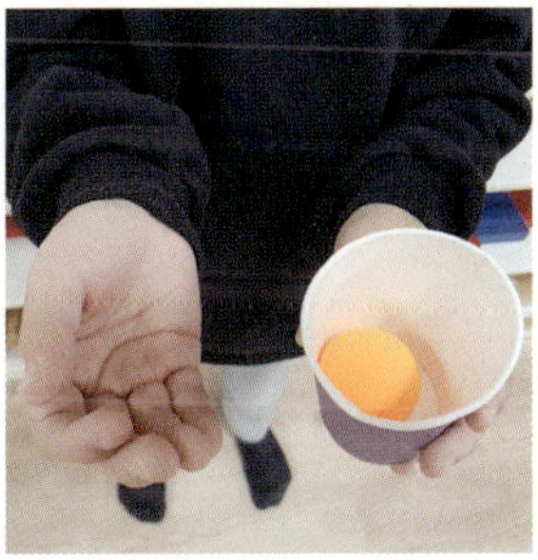
빛 그림자 놀이 • 종이컵 바닥에 원하는 모양으로 구멍을 뚫는다. • 빛을 비춰서 구멍을 통해 빛이 벽면에 비치는 모양을 확인하며 놀이한다.	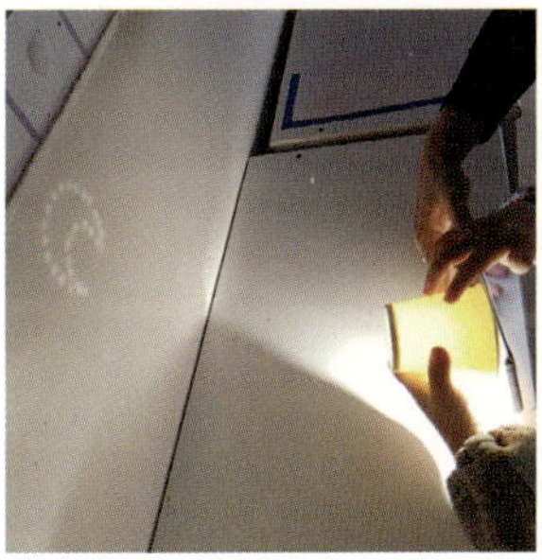 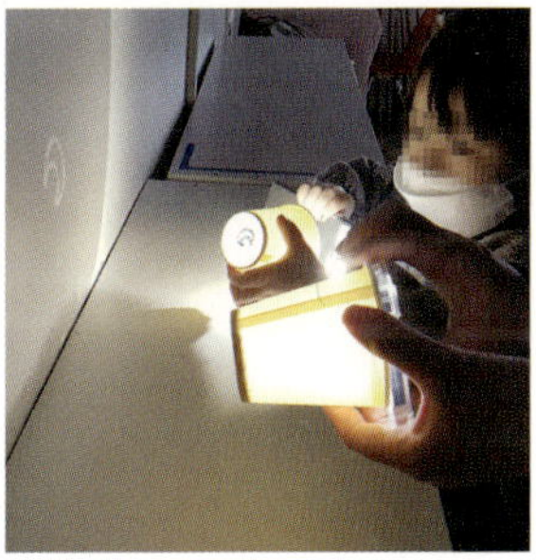

(3) 종이

놀이방법	사진
종이공 놀이 • 종이와 테이프를 이용하여 공을 만들어 놀이한다. • 공을 발로 차서 이동시키기도 하고 공을 손으로 들어서 이동시키기도 하며 놀이한다.	 
종이 놀이 • 종이를 지그재그로 잘라서 연결된 큰 종이를 만든다. • 종이를 머리 쪽으로 넣어서 다리로 빼 보기도 하고 반대로도 하며 놀이한다.	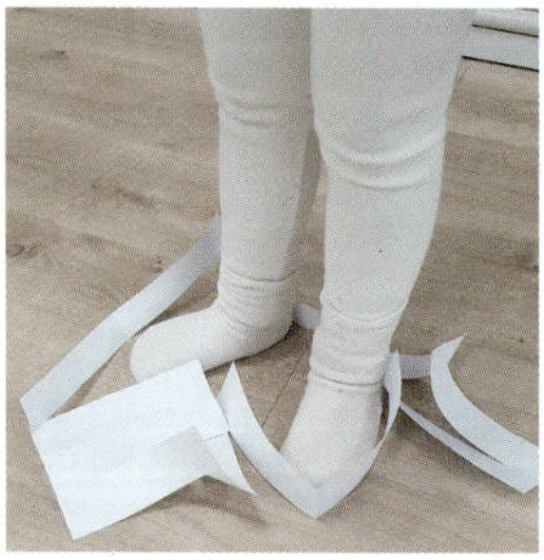 
색종이 애벌레 • 색종이를 접어 모서리를 자른다. • 애벌레를 불어서 이동시키며 놀이한다. • 종이를 빨대에 붙여서 움직이며 놀이한다.	 

놀이방법	사진
숫자 옮기기 • 빨대를 빨아들여서 종이를 접시로 옮긴다. • 친구나 교사가 제시하는 숫자를 찾아서 옮긴다. • 숫자를 순서대로 옮긴다.	 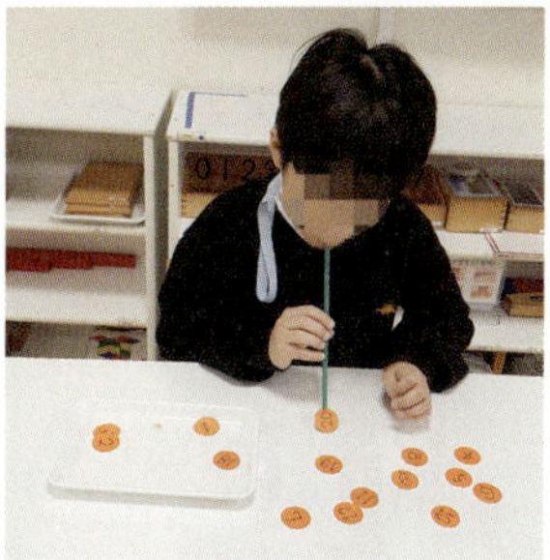
색종이 역할 놀이 • 색종이로 동물 가면을 만든다. • 동물을 흉내 내며 역할 놀이를 한다.	

(4) 빨대

놀이방법	사진
빨대를 이용한 투호 놀이 • 테이프로 바닥에 선을 긋고, 선과 일정 간격이 떨어진 곳에 바구니를 배치한다. • 선 뒤에 위치하여 바구니에 빨대가 들어가도록 던진다.	 
뚫린 구멍에 빨대를 다양하게 꽂아 보는 소근육 발달 놀이 • 판에 다양한 색깔의 사인펜을 이용하여 길을 그린 후 길 위에 구멍을 뚫는다. • 뚫린 구멍의 색깔을 보고 빨대의 색과 일치하는 구멍에 빨대를 꽂아 본다.	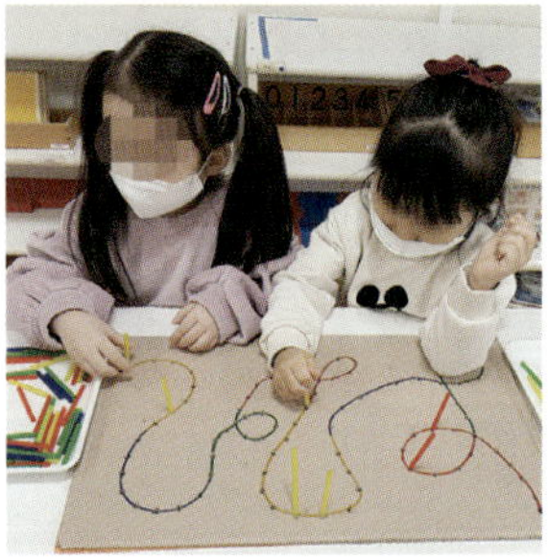 
빨대 로켓 놀이 • 종이에 자유롭게 로켓을 꾸민 후 빨대에 붙인다. • 빨대에 로켓을 연결한 후 빨대를 불어 로켓을 발사한다.	 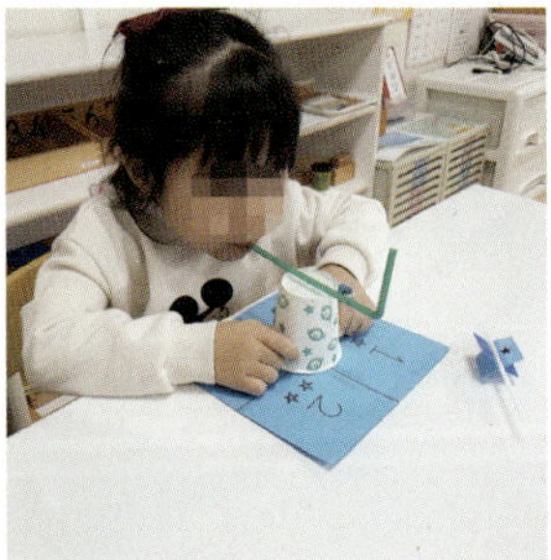

놀이방법	사진
빨대 피리 • 빨대를 다양한 길이로 자른 후 길이 순서대로 배열하여 고정시킨다. • 만든 피리를 불며 놀이한다.	 
빨대 미로 놀이 • 다양한 색깔의 빨대를 활용하여 미로를 제작한다. • 조그만 스티로폼 공을 빨대로 불어 미로를 탈출하는 놀이를 한다.	 
빨대를 이용한 코끼리 놀이 • 종이를 이용하여 코끼리를 만든 후 꾸민다. • 제작한 코끼리를 빨대에 연결한다. • 빨대를 불어 코끼리의 코를 움직이며 놀이한다.	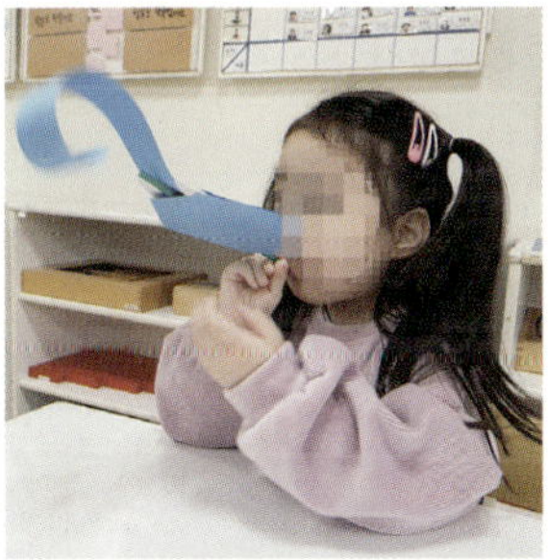 
빨대 나비 • 나비 모양으로 종이를 자른다. • 빨대를 두 갈래로 갈라서 나비를 붙인다. • 나비가 날아가는 것을 표현하며 놀이한다.	 

(5) 휴지심

놀이방법	사진
휴지심을 이용한 쌓기 놀이 • 휴지심이 쓰러지지 않게 높이 쌓거나 원하는 건축물 등을 떠올려 만든다. • 신문지와 테이프로 만든 공을 이용하여 쌓은 휴지심을 무너뜨리며 놀이한다.	 
휴지심 볼링 놀이 • 휴지심을 세모 모양으로 배열한 후 적당한 거리에 공을 놓고 휴지심을 향해 굴려 휴지심을 쓰러뜨리며 놀이한다.	 
백업에 휴지심 끼우기 • 유아에게 휴지심과 백업을 제공한다. • 유아가 자유롭게 놀이하다가 휴지심을 백업에 끼우며 놀이한다. • 휴지심을 끼운 백업을 흔들면서 놀이한다.	 

(6) 백업

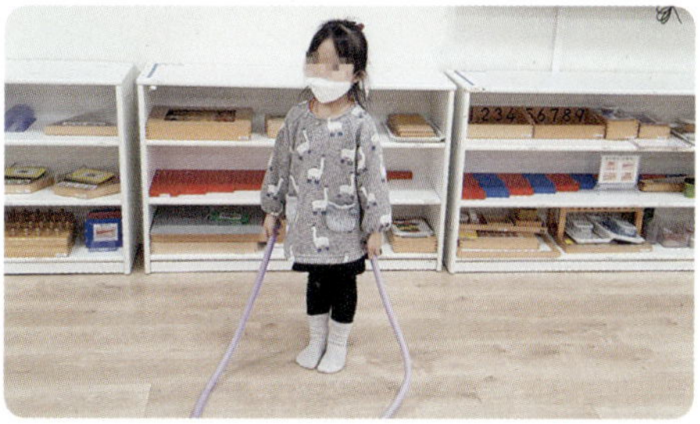

놀이방법	사진	
백업을 이용한 신체 놀이 • 백업을 색깔별로 배열한다. • 백업 위에 눕거나 일어서서 놀이한다.		
백업 기차놀이 • 한 명의 유아가 백업의 양쪽을 잡는다. • 다른 유아가 백업의 안쪽에 들어가 이동하고 싶은 곳으로 이동하며 기차놀이를 한다.		
백업 줄넘기 놀이 • 백업의 양쪽 끝을 줄넘기 잡듯이 잡는다. • 백업을 뒤에서 앞으로 이동시키며 백업이 발 가까이에 올 때 점프하여 줄넘기 놀이를 한다.	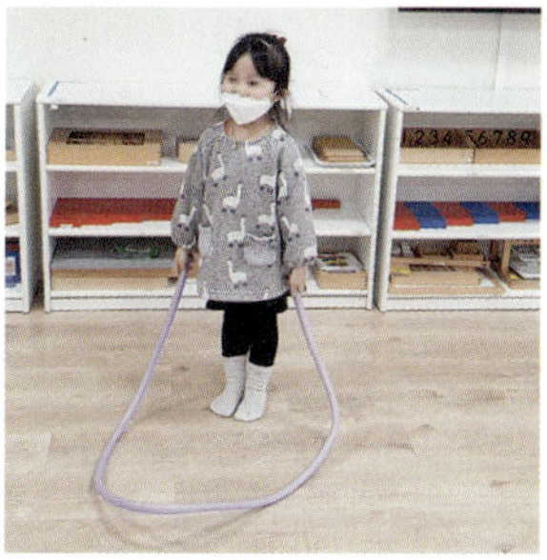	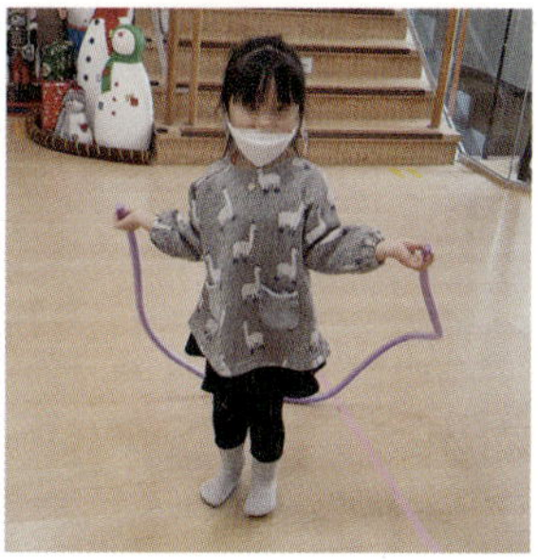

(7) 풍선

놀이방법	사진	
풍선 로켓 • 긴 풍선에 바람을 넣은 뒤 바람이 들어가지 않은 풍선 부분에 빨대를 넣는다. • 풍선을 잡아당긴 뒤 놓으면 풍선이 발사된다.	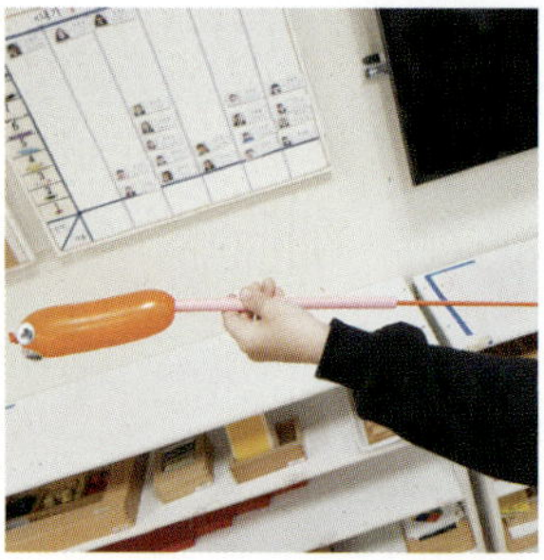	
풍선과 줄을 이용한 놀이 • 풍선을 불어서 끈과 연결한다. • 끈을 목에 건 뒤 움직이며 풍선을 차면서 놀이한다.		
풍선 인형 놀이 • 풍선에 표정을 그리고 CD에 연결한다. • 마개를 풀면 풍선의 바람이 빠지면서 풍선이 움직인다.		

(8) 자연물

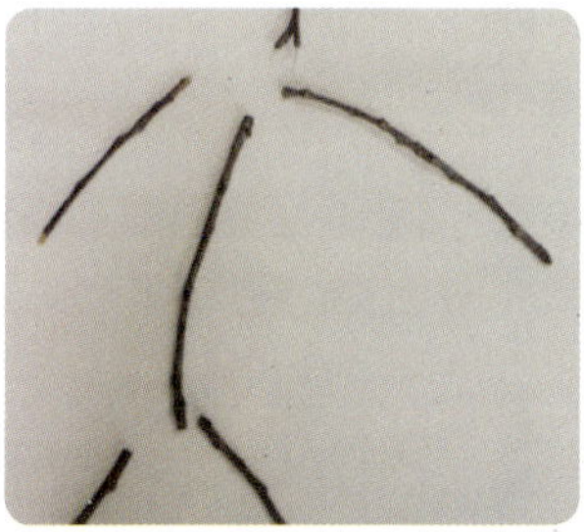

놀이방법	사진	
나무로 만들어요 • 나뭇가지와 나무에 그림을 그린다. • 목공풀을 이용하여 나뭇가지와 나무를 연결하여 작품을 만들며 놀이한다.		
나무 만들기 • 나뭇가지를 이용하여 나무 모양을 만든다. • 점토를 이용하여 나뭇가지에 붙어 있는 나뭇잎, 꽃 등을 표현한다.		
자연물 투호놀이 • 나뭇가지와 대나무를 이용하여 투호놀이 용품을 만든다. • 나뭇가지를 대나무에 던져서 투호놀이를 한다.		

생각을 모아요

※ 다음의 재료를 이용하여 할 수 있는 놀이에 대해서 토론해 보세요.

여러가지 끈

컬러 나무집게

스티로폼 공

컬러 링

종이접시

주름관

CHAPTER 5

개정 놀이중심 교육과정의 교과 · 교재 활용

학습목표 놀이중심 교육과정의 영역별 교과 · 교재 활용에 대해 이해할 수 있다.

- 놀이중심 교육과정의 영역에 대한 이해
- 놀이중심 교육과정에서 영역별로 교과 · 교재를 활용할 수 있는 능력
- 유아의 놀이에 적절한 교과 · 교재 활용을 지원하는 태도

신체운동 · 건강 영역 범주와 내용

범주	내용	놀이
신체활동 즐기기	신체를 인식하고 움직인다.	– 단추 끼우기
	신체 움직임을 조절한다.	– 우리 몸의 뼈
	기초적인 이동운동, 제자리 운동, 도구를 이용한 운동을 한다.	– 골프장놀이
	실내외 신체활동에 자발적으로 참여한다.	– 감자를 익혀요
건강하게 생활하기	자신의 몸과 주변을 깨끗이 한다.	– 머리를 땋아주세요
	몸에 좋은 음식에 관심을 가지고 바른 태도로 즐겁게 먹는다.	– 원숭이에게 야채주기
	하루 일과에서 적당한 휴식을 취한다.	– 장갑놀이
	질병을 예방하는 방법을 알고 실천한다.	– 치카 치카를 잘할 수 있어요
안전하게 생활하기	일상에서 안전하게 놀이하고 생활한다.	–다양한 길에서 버스 굴리기
	TV, 컴퓨터, 스마트폰 등을 바르게 사용한다.	– 전기가 통하는 것과 통하지 않는 것을 가려내는 로봇
	교통안전 규칙을 지킨다.	– 교통질서를 지켜 나를 보호해요
	안전사고, 화재, 재난, 학대, 유괴 등에 대처하는 방법을 경험한다.	– 소방관 옷을 입어요

1 신체운동 · 건강 영역

단추 끼우기

누리과정 연계

▶ 신체운동 · 건강 〉 신체활동 즐기기 〉 신체를 인식하고 움직인다.

제 작 방 법

준비물: 펠트지, 하드보드지, 헝겊, 벨크로, 바늘, 실, 단추 등

① 펠트지 위에 인형을 그린 뒤 오린다.

② 인형 도안 중앙에 하드보드지를 넣고, 나머지 부분에 얇게 솜을 넣은 후 바느질을 한다.

③ 여러 가지 헝겊을 이용하여 옷을 만든 뒤, 다양하게 단추, 똑딱이, 지퍼 등을 달아 준다.

④ 옷과 옷 사이에 벨크로를 붙인다.

놀이방법

① 유아가 흥미를 가지고 놀잇감을 충분히 탐색한다.

② 소근육을 사용하여 인형에 있는 단추를 끼운다.

③ 유아가 옷 입는 순서를 인지하고 인형의 옷을 순서대로 입힌다.

④ 놀이가 끝난 후 여러 가지 옷과 인형을 제자리에 정리한다.

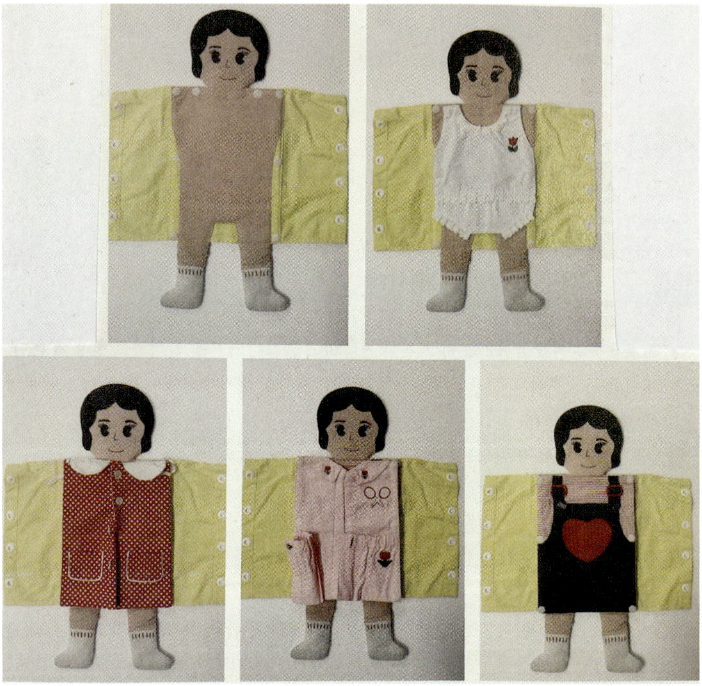

우리 몸의 뼈

누리과정 연계

▶ 신체운동 · 건강 〉 신체활동 즐기기 〉 신체 움직임을 조절한다.

제 작 방 법

〈활동판〉

① 함석판과 폼보드를 가로 27cm × 세로 39cm로 자른 뒤, 글루건을 사용하여 붙인다.

② 폼보드 크기와 동일하게 검은색 색지를 오린 후 우리 몸속 뼈와 기관의 그림과 명칭을 붙인다.

③ 검은색 색지를 그 위에 붙인 뒤, 투명 시트지를 붙이고 테두리를 검은색 마스킹 테이프로 감싼다.

〈뼈 그림 칩〉

① 활동판에 있는 몸속 뼈의 그림과 동일한 그림을 연두색 용지를 사용하여 프린트한 뒤, 코팅한다.

② 코팅한 뼈 그림을 오린 뒤, 뒷면에 글루건으로 자석을 붙인다.

〈주사위 판〉

① 하드보드지를 가로 17cm × 세로 15cm의 정육각형 모양으로 자른다.

② 파란색, 노란색, 분홍색 색지를 사용하여 각각의 칸에 붙인 뒤, 투명 시트지로 감싼다.

놀 이 방 법

① 유아가 흥미를 가지고 놀잇감을 충분히 탐색한다.

② 뼈의 이름과 특성을 알아본다.

③ 다양한 방법으로 뼈 그림을 가지고 놀이한다.

④ 놀이가 끝나면 놀잇감을 제자리에 정리한다.

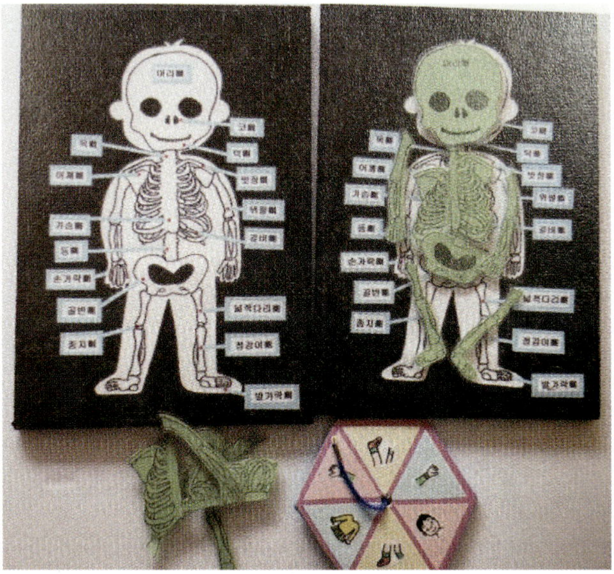

골프장 놀이

누리과정 연계

▶ 신체운동 · 건강 〉 신체활동 즐기기 〉 기초적인 이동운동, 제자리 운동, 도구를 이용한 운동을 한다.

제 작 방 법

준비물: 하드보드지, 부직포, 망, 나무막대, 공

① 하드보드지로 골프장을 만든다.

② 공이 지나가는 길은 다른 색 부직포를 붙이고 끝에 망을 붙인다.

③ 나무막대로 골프채를 만든다.

놀 이 방 법

① 골프채로 골프장에 난 길로 공을 쳐서 망에 정확히 넣는다.

② 공을 정확히 넣을 수 있었는지 이야기해 보고 어떻게 하면 정확히 넣을 수 있는지 이야기해 본다.

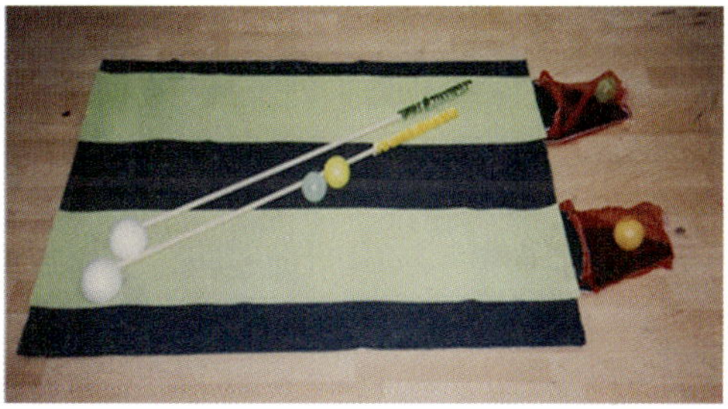

감자를 익혀요

누리과정 연계

▶ 신체운동 · 건강 〉 신체활동 즐기기 〉 실내외 신체활동에 자발적으로 참여한다.

제 작 방 법

① 큰 상자를 이용하여 오븐이나 찜통으로 꾸민다.

② 팥주머니를 이용하여 감자를 만든다.

놀 이 방 법

① 감자를 익히는 방법을 이야기 한다.

② 유아들을 4그룹으로 나눈다. 각 그룹은 사각형의 한 면이 되도록 앉는다.

③ 가운데 큰 박스를 놓는다(박스는 감자를 굽는 오븐이 된다).

④ 각 그룹의 첫 번째 사람이 감자(팥주머니)를 들고 있다 신호가 울리면 감자를 자기 그룹의 친구들에게 전달한다. 끝까지 전달하면 감자를 오븐(상자)에 넣을 수 있다.

⑤ 어떤 그룹이 오븐에 감자를 많이 넣었는지 세어본다.

⑥ 놀이가 끝나면 놀잇감을 제자리에 정리한다.

머리를 땋아 주세요

누리과정 연계

▶ 신체운동 · 건강 〉 건강하게 생활하기 〉 자신의 몸과 주변을 깨끗이 한다.

제 작 방 법

① 노란색 하드보드지와 우드록을 가로 20cm × 세로 40cm로 자른다.
② 하드보드지 위에 얼굴 그림을 그린 뒤, 투명 시트지를 붙인다.
③ 하드보드지 머리카락이 있는 부분에 펀치로 구멍을 뚫어 준다.
④ 구멍 난 부분에 털실을 끼워서 하드보드지 뒷면에 글루건을 붙여 실을 고정한다.
⑤ 뒷면의 실이 보이지 않도록 하드보드지 뒷면에 우드록을 붙여 고정한다.
⑥ 하드보드지와 우드록의 테두리에 노란색 마스킹 테이프를 붙인다.

놀 이 방 법

① 신체 구조에 대해 관심을 갖는다.
② 털실로 만든 인형의 머리를 만지며 놀잇감을 충분히 탐색한다.
③ 인형의 머리를 빗으로 빗고, 땋는 등의 놀이를 한다.
④ 놀이가 끝나면 놀잇감을 제자리에 정리한다.

원숭이에게 야채 주기

누리과정 연계

▶ 신체운동 · 건강 〉 건강하게 생활하기 〉 몸에 좋은 음식에 관심을 가지고 바른 태도로 즐겁게 먹는다.

제 작 방 법

〈볼링통〉

① 하드보드지를 동굴 모양으로 자른 뒤, 글루건으로 고정을 시키고 윗면에 갈색 부직포를 붙인다.

② 얼굴 틀을 잡은 뒤, 하드보드지를 잘라서 고정시킨 후 원숭이 얼굴을 만든다. (볼링핀이 들어갈 원숭이의 입을 자른다.)

③ 안쪽 면에 주황색 시트지를 붙인다.

〈볼링핀〉

① 캔 10개를 준비하여 약간의 무게감을 주기 위해 캔에 쌀을 조금씩 넣는다.

② 캔 겉면에 노란색 부직포를 감싼 뒤, 야채 모양의 그림을 프린트하여 붙인다.

놀이방법

① 각각 다른 야채들이 붙어 있는 10개의 캔 중에서 자신이 원하는 야채 핀 6개를 피라미드 모양으로 세운다.

② 준비된 야구공으로 약간의 힘을 주어 굴려 핀을 맞춘다.

③ 놀잇감을 다양한 방법으로 놀이할 수 있도록 지원한다.

④ 놀이가 끝나면 제자리에 정리한다.

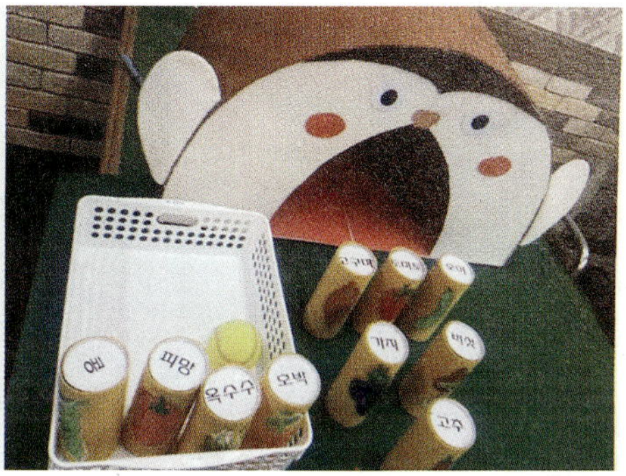

장갑놀이

누리과정 연계

▶ 신체운동 · 건강 〉 건강하게 생활하기 〉 하루 일과에서 적당한 휴식을 취한다.

제 작 방 법

① 담요나 쌀가마니를 이어 유아들이 들어갔다 나왔다 할 수 있는 장갑을 만든다.
② 유아들이 숨을 쉬는데 불편하지 않도록 구멍을 뚫어준다.
③ 털실, 반짝이 등을 이용하여 꾸민다.

놀 이 방 법

① 유아들에게 장갑 동화를 들려준다.
② 동화 속 등장인물처럼 장갑 속으로 들어가 따뜻함을 느껴본다.
③ 아이들과 함께 누워서 커다란 장갑을 덮고, 잔잔한 음악을 감상한다.
④ 휴식시간이 끝나면 장갑 교구를 이용해 동화 속 인물의 역할극을 해본다.

치카치카를 잘할 수 있어요

누리과정 연계

▶ 신체운동 · 건강 〉 건강하게 생활하기 〉 질병을 예방하는 방법을 알고 실천한다.

제 작 방 법

준비물: 하드보드지, 머메이드지, 함석판, 자석, 접착제, 두꺼운 도화지, 전단지, 비닐, 벨크로, 가위, 풀 등

① 머메이드지를 이용해 얼굴을 만들고 코팅한다.

② 칫솔을 코팅하여 움직일 수 있게 제작한다.

③ 이에 좋은 음식과 나쁜 음식을 전단지를 이용해 잘라서 뒤에 검은색과 흰색 색지를 대고 코팅하여 자석을 붙인다.

④ 얼굴의 입 뒤에 함석판을 대고 썩은 이와 하얀 이를 만들어 붙인다.

⑤ 고리로 연결해 책으로 만든다.

놀이방법

① 책을 읽으면서 그 내용에 맞게 그림을 조작해 본다.

② 혼자 또는 둘이서 이에 좋은 음식과 나쁜 음식을 찾아 썩은 이와 하얀 이에 붙여 본다.

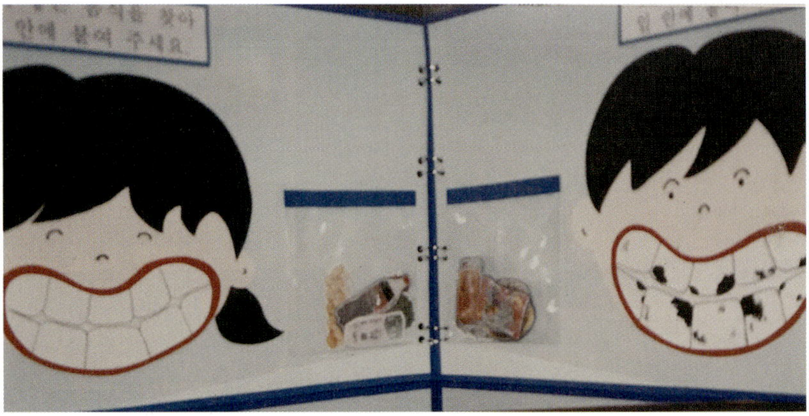

다양한 길에서 버스 굴리기

누리과정 연계

▶ 신체운동 · 건강 〉 안전하게 생활하기 〉 일상에서 안전하게 놀이하고 생활한다.

제 작 방 법

① 하드보드지를 가로 50cm × 40cm로 자른다.

② 가로 5cm로 칸을 다섯 등분하여 칸을 만든다.

③ 하드보드지 밑면에 하드보드지로 삼각대를 만든 뒤 붙여 준다.

④ 5개의 칸에 각각 사포, 단추, 뽕뽕이, 쌀, 수수깡으로 길을 만들어 준다.

놀 이 방 법

① 어떤 길인지, 촉감은 어떠한지 이야기 나눈다.

② 자동차를 이용했을 때 어떤 길이 빠르고 느린지에 대해 예측해 본다.

③ 자동차로 실험을 해 보고 결과에 대해 이야기 나눈다.

전기가 통하는 것과 통하지 않는 것을 가려내는 로봇

누리과정 연계

▶ 신체운동 · 건강 〉 안전하게 생활하기 〉 TV, 컴퓨터, 스마트폰 등을 바르게 사용한다.

제 작 방 법

① 차임벨을 로봇 등에 붙인다.

② 선을 보이지 않게 하여 발 앞으로 꺼내고 집게선을 연결시킨다.

놀 이 방 법

실험 대상의 물체를 집게선으로 연결해 본다.

교통질서를 지켜 나를 보호해요

누리과정 연계

▶ 신체운동 · 건강 〉 안전하게 생활하기 〉 교통안전 규칙을 지킨다.

제 작 방 법

① 가로 30cm × 세로 26cm 폼보드를 자른다.

② 폼보드 위에 색지를 오려 버스 모양을 만들어 준다.

③ 10개의 버스 의자위에 10개의 숫자를 오려 붙인 뒤, 투명 시트지를 붙인다.

④ 각각의 의자마다 보슬이를 붙인다.

놀 이 방 법

① 유아들이 알아야 할 교통규칙에 대해 이야기 나눈다.

② 버스를 안전하게 이용하는 방법에 대해 알아본다.

③ 2명의 유아는 게임판을 나누어 갖는다.

④ 가위, 바위, 보를 통해 순서를 정한다.

⑤ 이긴 유아가 사람(말)을 하나 버스(게임판)에 태운다.

⑥ 색깔 돌림판을 돌린다.

⑦ 색깔 돌림판에 나온 색깔의 바퀴를 맞춘다.

⑧ 어떤 교통수단인지 읽어본 후, 해당되는 교통기관의 그림카드를 가져간다.

⑨ 그림카드를 더 많이 가져간 유아가 이긴다.

⑩ 활동이 끝난 뒤, 그림카드와 돌림판을 제자리에 정리한다.

소방관 옷을 입어요

누리과정 연계

▶ 신체운동 · 건강 〉 안전하게 생활하기 〉 안전사고, 화재, 재난, 학대, 유괴등에 대처하는 방법을 경험한다.

제 작 방 법

준비물: 11~12세용 진바지 · 자켓 3벌, 부츠 3켤레, 플라스틱 모자 3개, 호스

① 바지와 자켓을 붉은 색으로 물들인다.

② 플라스틱 모자를 소방관 모자로 꾸민다.

놀 이 방 법

① 소방관의 옷차림에 대하여 이야기 나누고, 소방관이 하는 일에 대해 알아본다.

② 유아들을 세그룹으로 나누고 각 그룹의 유아들이 순서대로 소방관이 되어본다.

③ 각 그룹의 첫 번째 유아들은 신호가 울리면 소방관 옷을 가능한 한 빨리 입고 호스를 들고 불이 난 곳에 물을 뿌리고 출발점으로 돌아온다.
(옷을 입을 때 다른 유아들은 그 유아가 옷을 빨리 입을 수 있도록 도와준다)

④ 빨리 불을 끄고 먼저 돌아오는 팀이 승리한다.

의사소통 영역 범주와 내용

범주	내용	놀이
듣기와 말하기	말이나 이야기를 관심있게 듣는다.	– 잘록해진 티티
	자신의 경험, 느낌, 생각을 말한다.	– 십원이의 기쁨
	상황에 적합한 단어를 사용하여 말한다.	– 작은 동물원
	상대방이 하는 이야기를 듣고 관련해서 말한다.	– 도깨비 동화
	바른 태도로 듣고 말한다.	– 한 살이 수수께끼
	고운 말을 사용한다.	
읽기와 쓰기에 관심 가지기	말과 글의 관계에 관심을 가진다.	– 글자 따라가기
	주변의 상징, 글자 등의 읽기에 관심을 가진다.	– 요술 글자
	자신의 생각을 글자와 비슷한 형태로 표현한다.	– 생일을 축하해요
책과 이야기 즐기기	책에 관심을 가지고 상상하기를 즐긴다.	– 개구리 경주
	동화, 동시에서 말의 재미를 느낀다.	– 쥐와 고양이가 무엇을 하고 있나요
	말놀이와 이야기 짓기를 즐긴다.	– 배고픈 개구리

2 의사소통 영역

잘록해진 티티

누리과정 연계

▶ 의사소통 〉 듣기와 말하기 〉 말이나 이야기를 관심 있게 듣는다.

제 작 방 법

〈OHP 동화 자료〉

① 사인펜과 매직을 이용해 그림을 그린다.

② 동화 내용을 프린트하여 알맞게 하드보드지에 붙인다.

③ 하드보드지를 잘라서 테이프로 고정시킨 후 고리로 연결한다.

④ 동화내용 제시 카드도 코팅하여 만든다.

놀 이 방 법

① 선생님이 구연동화를 해 주며, OHP 동화 자료를 보여 준다.

② 거미의 성장과정을 순서화하여 이야기 나눈다.

③ 동화 장면별로 그룹을 나누어 생각나는 장면을 골라 역할을 정한 뒤 신체로 표현한다.

십원이의 기쁨

누리과정 연계

▶ 의사소통 〉 듣기와 말하기 〉 자신의 경험, 느낌, 생각을 말한다.

제 작 방 법

① 상자에 들어갈 만한 크기의 하드보드지를 부직포를 이용하여 예쁘게 꾸민다. (나무, 10원 모양, 주인공 3명 등)

놀 이 방 법

① 동화 「십원이의 기쁨」을 읽는다.

② 유아들이 겪었던 10원의 경험에 대해 들어 본다.

작은 동물원

누리과정 연계

▶ 의사소통 〉 듣기와 말하기 〉 상황에 적합한 단어를 사용하여 말한다.

제 작 방 법

준비물: 상자, 스티로폼, 부직포, 지점토, 깡통 2개, 시트지, 하드보드지, 동물 모형

〈동물원 배경 판〉

① 상자 아래에 스티로폼을 깔고, 그 위에 초록색 부직포를 덮는다.

② 지점토로 나무를 만들어 세우고 작은 돌멩이와 나뭇가지로 동물원의 느낌을 살려서 배경 판을 구성한다.

③ 2개의 깡통을 시트지로 감싼다.

〈조각카드〉

① 가로 15.5cm × 세로 3.5cm 크기의 하드보드지 12개에 동일한 바탕색으로 2세트 준비하여 동물 이름을 앞 · 뒤 음절로 나누어 조각카드를 만든다.

놀 이 방 법

① 게임 순서를 정한다.

② 2개의 깡통에서 글자카드를 각각 1장씩 꺼내 만들어진 낱말이 동물 이름이 되면 찾아서 동물원 배경 판에 세운다.

③ 동물 이름이 만들어지지 않으면 다른 유아의 차례가 된다.

④ 동물이 모두 없어지면 놀이가 끝난다.

도깨비 동화

누리과정 연계

▶ 의사소통 〉 듣기와 말하기 〉 상대방이 하는 이야기를 듣고 관련해서 말한다.

제 작 방 법

① 부직포를 도깨비 모양으로 자른다.

② 다른 색 부직포로 도깨비 뿔, 얼굴 등의 형상으로 만든다.

③ 셀로판지를 코팅해서 도깨비 배 부분에 덧댄다.

④ 옷걸이를 이용해 도깨비를 고정시킨다.

놀 이 방 법

① 도깨비 동화를 읽는다.

② 색의 이름과 사물의 색을 알아 본다.

③ 색이 섞이면 어떤 색으로 나오는지 알아 본다.

한 살이 수수께끼

누리과정 연계

▶ 의사소통 〉 듣기와 말하기 〉 바른 태도로 듣고 말한다. / 고운 말을 사용한다.

제 작 방 법

〈기본 판〉

① 하드보드지를 가로 60cm × 세로 50cm로 자른 뒤, 연두색 색지를 붙인다.

② 연못과 연못 잎의 칸을 오려 하드보드지 위에 붙인다.

③ 연못 위에 올챙이의 성장과정을 붙인다.

④ 투명 시트지를 하드보드지 위에 붙인 뒤, 빈 공간에 보슬이를 붙인다.

〈연못 판〉

① 하드보드지를 가로 30cm × 세로 20cm로 자른 뒤, 연두색 색지를 붙인다.

② 연못 모양을 오려 붙인다.

③ 하드보드지 위에 투명 시트지를 붙인 뒤, 테두리에 빨간색 마스킹 테이프를 붙인다.

④ 연못 위에 보슬이를 붙인다.

놀 이 방 법

① 개구리 사진 위에 말을 올려놓는다.

② 돌림판 주사위를 돌려 화살표에 나온 수만큼 말을 이동한다.

③ 연못에 도착했을 때 수수께끼 카드를 하나 꺼내서 문제를 푼다.

④ 정답을 맞추면 게임판에 있는 개구리 카드를 나의 연못 판에 가져온다.

⑤ 6마리의 개구리 카드를 모두 모은 사람이 놀이에서 이긴다.

글자 따라가기

누리과정 연계

▶ 의사소통 〉 읽기와 쓰기에 관심 가지기 〉 말과 글의 관계에 관심을 가진다.

제 작 방 법

① 초록색 EVA와 하드보드지를 가로 35cm × 세로 25cm로 자른다.
② 하드보드지 위에 초록색 EVA를 글루건으로 붙인다.
③ 메추리(빨강), 닭(주황)을 각각 3장씩 동그랗게 프린트 한 뒤, 코팅한다.
④ 코팅한 글자카드를 주황색 EVA 위에 붙인 뒤 오린다.
⑤ 연두색 EVA를 오려, 게임판의 테두리에 붙이고 글자카드를 연결해 준다.
⑥ 마지막으로 분홍색, 빨간색 EVA를 오려 알 모양을 만든 뒤, 출발점과 도착점에 붙여 준다.
⑦ 활동명을 보라색 EVA를 오려 게임판 위에 글루건으로 붙여 준다.

놀이방법

① 게임판에 나오는 글자를 알아본다.

② 순서를 정한 후, 주사위를 던져 나온 글과 게임판의 글자와 같은 글자를 찾아 말을 옮긴다.

③ '꽝'이 나왔을 경우 한 번 쉬고, 동물 그림이 나오면 한 칸 옮길 수 있다.

④ 먼저 도착한 유아가 이기는 놀이이다.

⑤ 놀이가 끝나면 스스로 자리를 정리한다.

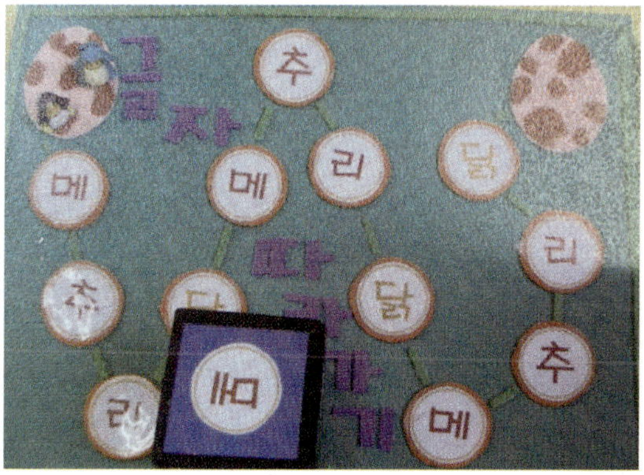

요술 글자

누리과정 연계

▶ 의사소통 〉 읽기와 쓰기에 관심 가지기 〉 주변의 상징, 글자 등의 읽기에 관심을 가진다.

제 작 방 법

〈글자판〉

① 가로 25cm × 세로 20cm 하드보드지를 자른다.

② 하드보드지 위에 자석을 잘라 '우주, 별, 달, 지구, 해'를 오려 붙인다.

③ 하드보드지 위에 파란색 색지를 붙인 뒤, 투명 시트지로 감싼다.

④ 자석이 붙지 않은 하드보드지 뒷면에 검은색 부직포를 붙인다.

〈글자 틀〉

① 하드보드지의 윗면, 아랫면의 크기가 가로 28cm × 세로 18cm × 높이 2cm가 되도록 자른다.

② 하드보드지 윗면에 아크릴판을 붙인다.

③ 아크릴판 뒷면에 철가루를 넣은 다음, 새어 나오지 않도록 글루건으로 다른 아크릴판을 뒷면에 붙인 뒤, 테이프로 한 번 더 붙인다.

④ 상자 접기 하듯이 하드보드지의 틀을 접는다.

놀 이 방 법

① 사진을 보며, 지구와 우주의 구성물에는 어떤 것들이 있는지 이야기 나눈다.
② 상자에서 글자판과 글자판 틀을 뽑는다.
③ 파란색 글자판을 글자판 틀이 있는곳에 집어 넣는다.
④ 글자판을 끼워 넣은 상태에서 글자판 틀을 흔든다.
⑤ 글씨가 나타난 것을 글자판에 수성펜으로 적는다.

생일을 축하해요

누리과정 연계

▶ 의사소통 〉 읽기와 쓰기에 관심 가지기 〉 자신의 생각을 글자와 비슷한 형태로 표현한다.

제 작 방 법

〈모형생일케이크〉

① 하얀색 펠트지를 원모양으로 제작한 후, 6등분하여 위, 아래로 2쌍씩 만든다.

② 겉면에 물결모양 크림을 분홍색 펠트지를 사용하여, 6개를 오린다.

③ 안쪽면에 사용될 면을 살구색 펠트지(24개)와 분홍색 펠트지(12개)를 사용하여 도안을 그린 후, 오린다.

④ 제작된 펠트지를 모아, 하얀색 실과 분홍색 길을 사용하여 바느질을 한다.

〈과일모형〉

① 블루베리(6개)

- 진한 보라색과 연한 보라색 펠트지를 사용하여, 진한 보라색은 크게, 연한 보라색은 작게 동그랗게 오린다.
- 진한 보라색 펠트지 가운데에 십자가 모형으로 칼집을 작게 낸다.
- 진한 보라색 펠트지 안에 연한 보라색 펠트지를 겹쳐 솜을 넣어 바느질을 한다.
- 바느질을 한 후, 벨크로(까슬이)를 오려 밑면에 바느질을 한다.

② 키위(3개)

- 연구색과 연노랑색 펠트지를 반원 모양으로 제작한다.
- 뽁뽁이를 넣은 후, 바느질을 한다.

③ 딸기

- 빨간색 펠트지를 오린 후, 솜과 방울을 넣어 바느질을 한다.
- 바느질을 한 후, 벨크로(까슬이)를 오려 밑면에 바느질을 한다.

④ 파인애플 & 귤

- 노란색 펠트지를 오린 후, 솜을 넣어 바느질한다.
- 주황색 펠트지를 오린 후, 솜을 넣어 바느질 한다.

놀 이 방 법

① 생일잔치 사진을 보며 생일잔치와 관련된 경험과 느낌을 이야기 나눈다.
② 생일잔치 놀이를 하기 위해 필요한 장소와 소품을 준비한다.
③ 친구들과 함께 생일잔치 놀이에 필요한 역할을 정한다.
④ 생일친구에게 전해줄 생일카드를 꾸며준다.
⑤ 생일축하 노래를 함께 부르며 소품을 이용하여 '친구와 함께하는 생일 축하놀이' 활동에 즐겁게 참여한다.
⑥ 활동이 끝나면 자리를 정리한다.

개구리 경주

누리과정 연계

▶ 의사소통 〉 책과 이야기 즐기기 〉 책에 관심을 가지고 상상하기를 즐긴다.

제 작 방 법

〈게임판〉

① 노란색 폼보드를 가로 57cm × 세로 60cm로 자른다.

② 같은 크기로 합석판을 자른 뒤, 폼보드 뒷면에 붙여 준다.

③ 총 7줄의 게임 칸을 오려서 붙이고, 맨 밑줄에 낙엽과 1~12까지의 숫자를 붙인다.

④ 뒷면에 한지를 붙인다.

⑤ 투명 시트지를 붙여 마무리한다.

⑥ 보관이 용이하도록 6등분한다.

〈주사위 판〉

노란색 폼보드를 가로 30cm × 세로 45cm로 자른 후 빨간색, 파란색 라벨 스티커를 이용해 '두 수의 합' 표를 만든다.

놀 이 방 법

① 「개구리 경주」 동화를 감상한다.

② 동화에 나오는 등장인물에 대해 이야기 나눈다.

③ 동화의 뒷이야기를 상상해 본다.

④ 역할을 정하여 동화의 뒷이야기 역할 놀이를 즐긴다.

⑤ 출발지점에 12마리의 개구리를 번호 순서대로 올려놓고 순서를 정한다.

⑥ 1~12번의 개구리 중 연못에 가장 먼저 도착할 것 같은 개구리를 예측하여 한 마리를 선택한다.

⑦ 2개의 주사위를 던져 두 수를 합한 수의 번호 개구리가 앞으로 한 칸 나간다.

⑧ 번호판을 보며 합한 수가 맞는지 확인한다.

⑨ 중간에 연잎에 개구리가 도착하면 한 번 바꿀 수 있는 기회를 준다.

⑩ 연못에 도착하는 개구리가 생기면 활동이 끝난다.

⑪ 게임에 대해 평가한다.

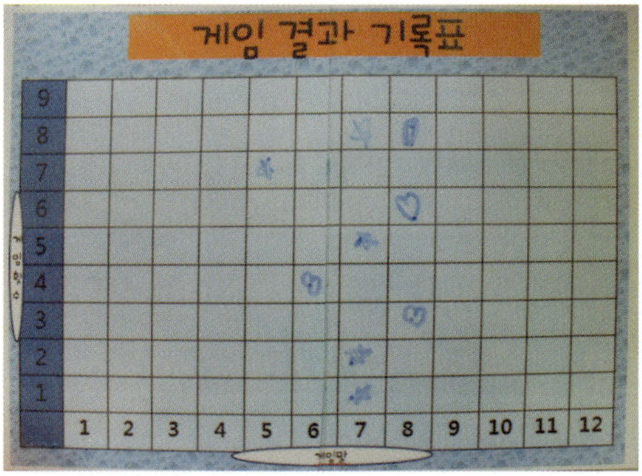

⑫ 신체활동을 통해 개구리가 되어 시합을 해본다.

⑬ 신체 활동에 필요한 각자의 개구리 가면을 조형영역에서 만들어본다.

쥐와 고양이가 무엇을 하고 있나요

누리과정 연계

▶ 의사소통 〉 듣기와 말하기 〉 동화 · 동시에서 말의 재미를 느낀다.

제작방법

〈인형〉

부직포로 꾸며서 인형에 입체감을 준다.

〈손가락 인형〉

장갑에 쥐 인형을 실로 꿰맨다.

놀이방법

① 「쥐와 고양이」 노래를 부르며 손가락 인형을 조작한다.

② 인형을 이용해 이야기를 만들어 본다.

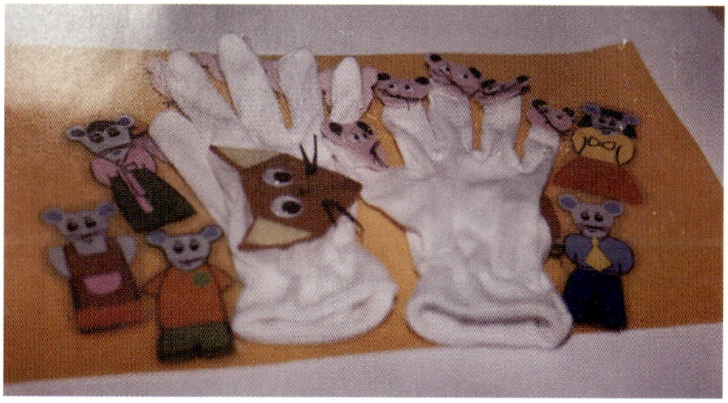

배고픈 개구리

누리과정 연계

▶ 의사소통 〉 책과 이야기 즐기기 〉 말놀이와 이야기 짓기를 즐긴다.

제 작 방 법

〈개구리 판〉

① 폼보드를 가로 30cm × 세로 30cm로 자른다.

② 폼보드 위에 개구리 그림을 붙인다.

③ 연두색 보슬이를 개구리 배 위에 붙인다.

④ 투명 시트지를 붙인 뒤, 마스킹 테이프로 테두리를 붙인다.

〈나무 판〉

① 폼보드를 가로 30cm × 세로 50cm로 자른다.

② 나무 그림 위에 나뭇잎을 그린다.

③ 나뭇잎에 연두색과 초록색 보슬이를 붙인다.

④ 투명 시트지를 붙인다.

놀이방법

활동자료: 먹이칩 6개, 개구리 말 2개, 판 각 1개, 주사위 통, 수 빨대

① 개구리의 천적과 먹이의 종류에 대해 알아보고 이야기 나눈다.

② 개구리 먹이 칩을 나무판 위에 자유롭게 놓는다.

③ 수 빨대를 뽑아 이동한 후 도착 칸에 먹이가 있으면 먹이의 이름을 말해 보고 이야기를 만들어 본다.

④ 역할을 정하여 만들어 본 개구리와 먹이 이야기를 역할놀이로 이어간다.

사회관계 영역 범주와 내용

범주	내용	놀이
나를 알고 존중하기	나를 알고 소중히 여긴다.	– 몸을 살펴 보아요
	나의 감정을 알고 상황에 맞게 표현한다.	– 얼굴 표정 바꾸기
	내가 할 수 있는 것을 스스로 한다.	– 내 방을 정리해요
더불어 생활하기	가족의 의미를 알고 화목하게 지낸다.	– 가족이 사용하는 물건 바느질하기
	친구와 서로 도우며 사이좋게 지낸다.	– 뽕뽕국기들
	친구와의 갈등을 긍정적인 방법으로 해결한다.	– 재미있는 가게 놀이
	서로 다른 감정, 생각, 행동을 존중한다.	– 나는야, 착한 어린이
	친구와 어른께 예의 바르게 행동한다.	– 바르게 절하는 방법
	약속과 규칙의 필요성을 알고 지킨다.	– 전통놀이 암호게임
사회에 관심을 가지기	내가 살고 있는 곳에 대해 궁금한 것을 알아본다.	– 알맞은 곳을 채워보아요
	우리나라에 대해 자부심을 가진다.	– 옛날 물건과 현대 물건
	다양한 문화에 관심을 가진다.	– 세계 친구들에게 옷을 입혀 보아요

3 사회관계 영역

몸을 살펴보아요

누리과정 연계

▶ 사회관계 〉 나를 알고 존중하기 〉 나를 알고 소중히 여긴다.

제 작 방 법

① 하늘색 하드보드지를 가로 54cm × 세로 30cm로 자른다.

② '몸을 살펴보세요' 게임 제목을 가운데 붙인 뒤, 하드보드지를 반으로 자른다.

③ 여자아이와 남자아이의 앞모습과 뒷모습의 그림을 그린 뒤, 하드보드지 위에 붙인다.

④ 다양한 색깔의 색지를 오린 뒤, 글자를 붙여 준다.

⑤ 글자카드의 색깔과 동일한 배경 색깔의 색지를 그림판 위에 붙여 준다.

⑥ 투명 시트지를 붙인 뒤, 파란색 마스킹 테이프로 테두리를 감싼다.

⑦ 글자카드와 글자배경카드에 각각 보슬이와 까슬이를 붙인다.

놀 이 방 법

① 신체 각 부분의 명칭을 생각하며 몸을 살펴본다.

② 몸을 소중히 여기는 마음을 가지며, 신체 부위의 기능과 중요성에 대해 이야기 나눈다.

③ 명칭을 말해 본 후, 알맞은 글자카드를 붙여 본다.

④ 놀이가 끝난 뒤, 그림판과 글자카드를 스스로 제자리에 정리한다.

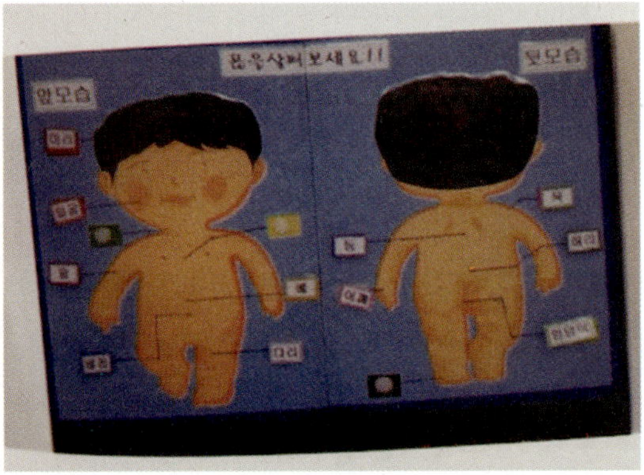

얼굴 표정 바꾸기

누리과정 연계

▶ 사회관계 〉 나를 알고 존중하기 〉 나의 감정을 알고 상황에 맞게 표현한다.

제 작 방 법

〈그림카드〉

① 다양한 상황(놀람, 울음, 즐거움 등)의 그림카드를 준비한 후 그림카드를 코팅하여 고리로 묶는다.

〈얼굴판〉

① 살구색 펠트지를 얼굴 모양으로 두 장 오린 후 갈색 펠트지로 여아와 남아의 머리 모양을 오린다.

② 빨간색 펠트지로 여아의 옷을, 파란색 펠트지로 남아의 옷을 오린 후 다양한 색상의 펠트지와 털실로 꾸민다.

놀 이 방 법

① 상황에 맞는 표정을 알고 그 표정을 만들어 보며 표정을 보고 상황을 지어내어 이야기해 본다.

내 방을 정리해요

누리과정 연계

▶ 사회관계 〉 나를 알고 존중하기 〉 내가 할 수 있는 것을 스스로 한다.

제 작 방 법

〈게임판〉

① 함석판(1/2)에 전체 바탕면을 붙인다.

② 방에 있는 물건들과 정리 장소를 시트지로 오려 붙인다.

③ 물건에 자석을 부착한 후, 옆 테두리를 색테이프로 처리한다.

〈주사위〉

① 페트병의 아랫부분과 윗부분에 구멍을 뚫어 준다.

② 모루에 방울을 달아 준다.

③ ②를 ①에서 뚫은 구멍에 통과시킨다.

④ 하드보드지를 병보다 약간 크게 직사각형과 삼각형 두 개로 자른다.

⑤ 직사각형에 삼각형으로 자른 것을 양쪽에 붙여 준다.

⑥ 양쪽 삼각형에 구멍을 뚫어서 병을 통과시킨 모루를 통과시켜 끝부분을 빠지지 않도록 감아 준다.

⑦ 페트병에 옷, 책, 인형, 장난감 등의 모양을 시트지로 잘라 붙여 준다.

〈옷, 책, 인형, 양말, 장난감〉

① 고무판에 밑그림을 그리고 잘라서 모양을 만든다.

② ①의 뒤에 자석을 붙여 준다.

놀 이 방 법

① 손으로 주사위를 굴려서 나온 물건을 어질러져 있는 곳으로 가서 해당 물건을 고른다.

② 제자리에 정리한다.

가족이 사용하는 물건 바느질하기

누리과정 연계

▶ 사회관계 〉 더불어 생활하기 〉 가족의 의미를 알고 화목하게 지낸다.

제 작 방 법

① 여러 가지 물건 사진을 그린 뒤, 코팅한다.

② 코팅한 그림의 모서리를 자른다. (특히, 모서리 부분은 유아가 다치지 않도록 둥글게 오린다.)

③ 펀치를 사용하여 코팅된 그림을 뚫는다.

놀 이 방 법

① 놀잇감의 구성을 살펴보고 놀이방법을 생각해 본다.

② 바느질을 구멍에 맞게 차례대로 바느질해 본다.

③ 놀이를 끝낸 후, 실을 차례대로 빼 그림판과 함께 제자리에 정리한다.

뽕뽕 국기들

누리과정 연계

▶ 사회관계 〉 사회에 관심을 가지기 〉 친구와 서로 도우며 사이좋게 지낸다.

제 작 방 법

〈활동 상자〉

① 하드보드지를 가로 45cm × 세로 28cm로 잘라 상자를 만든다.

② 상자 윗면에 6개의 칸을 그린 뒤 자른다.

③ 각 테두리 칸의 테두리에 빨간색 마스킹 테이프를 붙인다.

④ 6개 칸 크기와 동일하게 노란색, 연두색, 분홍색, 하늘색, 보라색, 주황색 색지를 오려 상자를 만든다. 이때 상자가 구겨지지 않도록 안에 신문지나 휴지를 넣는다.

⑤ 각 상자에 국기와 이름을 붙인다.

⑥ 투명 시트지를 상자에 붙인 뒤, 밑면에 까슬이를 붙인다.

⑦ 하드보드지 밑면 각각의 6개 칸에 보슬이가 붙은 스프링을 글루건으로 고정한다.

〈뽕망치〉

① 줄무늬 양말 안에 다양한 곡식을 채워 넣는다.

② 아크릴 막대에 양말을 글루건으로 고정한다.

놀 이 방 법

① 세계지도를 보며 유럽에 대해 이야기 나눈다.

② 나라 이름 카드를 나누어 가지고 유아가 적혀 있는 순서대로 나라 이름을 부른다.

③ 뿅망치를 가지고 있는 유아는 불리는 나라의 국기를 찾아서 뿅망치로 때린다.

④ 유아들끼리 게임의 규칙을 만들어 다양하게 놀이할 수 있도록 지원한다.

⑤ 놀이가 끝나면 제자리에 정리한다.

재미있는 가게 놀이

누리과정 연계

▶ 사회관계 〉 더불어 생활하기 〉 친구와의 갈등을 긍정적인 방법으로 해결한다.

제 작 방 법

① 폼보드를 가로 25cm × 세로 50cm로 자른 뒤 노란색 색지를 붙인다.

② 여러 가지 색깔의 색지를 이용하여 가게 모양을 만들어 폼보드 위에 붙인다.

③ 가게 이름을 붙인 뒤, 투명 시트지를 붙인다.

④ 가게를 나열하여 서로 연결될 수 있도록 접이식 부착제로 연결한다.

⑤ 가게 위에 6개의 보슬이를 붙인다.

⑥ 그림카드를 가로 6cm × 세로 6cm로 자른 뒤, 까슬이를 뒤에 붙여 준다.

놀 이 방 법

① 다양한 가게를 가 본 경험에 대해 이야기 나눈다.

② 순서를 정해서 이긴 유아가 먼저 주사위 2개를 던진다.

③ 숫자 주사위 2가 나왔고, 또 다른 주사위에 과일가게가 나왔을 시 그림카드에서 과일을 찾아 자신의 바구니에 담는다.

④ 놀잇감으로 다양하게 놀이할 수 있도록 지원한다.

⑤ 놀이가 끝나면 제자리에 정리한다.

나는야, 착한 어린이

누리과정 연계

▶ 사회관계 〉 더불어 생활하기 〉 서로 다른 감정, 생각, 행동을 존중한다.

제 작 방 법

〈카드 상자 만들기〉

① 티슈케이스를 색지로 포장한다.

② 마스킹 테이프로 마무리한다.

〈카드 만들기〉

① 좋은 행동 10장, 나쁜 행동 5장 이미지를 컴퓨터에서 찾아 인쇄한다.

② 고무자석 15장을 잘라 ①에 양면테이프로 붙이고 마스킹 테이프로 마무리한다.

〈게임판 만들기〉

① 함석판을 하드보드지에 붙인 후 색지를 붙이고 색종이로 칸을 잘라 판에 붙인다.

② 투명 시트지로 판을 붙이고 테이프로 마무리한다.

놀 이 방 법

상자에서 꺼낸 카드를 보고 좋은 행동인지, 나쁜 행동인지 구별하고 좋은 행동 카드로 게임판을 완성한다.

바르게 절하는 방법

누리과정 연계

▶ 사회관계 〉 더불어 생활하기 〉 친구와 어른께 예의 바르게 행동한다.

제 작 방 법

준비물: 하드보드지, 부직포, 벨크로, 절하는 그림(사진), 시트지, 코팅지, 풀, 가위

① 가로 40cm × 세로 50cm의 하드보드지에 부직포를 싼다.

② 하드보드지를 가로 10cm × 세로 10cm의 정사각형으로 자른다.

③ 정사각형에 절하는 그림(사진)을 순서대로 나누어 붙여 투명 시트지를 싼다.

④ 벨크로를 붙여 큰 하드보드지에 같은 그림끼리 붙인다.

⑤ 글씨를 워드로 쳐서 코팅하여 붙인다.

놀 이 방 법

① 공수 자세를 배워 본다.

② 평절, 큰절을 배우고 친구와 마주 보고 해 본다.

③ 반복하여 여러 번 학습한다.

전통놀이 암호게임

누리과정 연계

▶ 사회관계 〉 더불어 생활하기 〉 약속과 규칙의 필요성을 알고 지킨다.

제 작 방 법

〈암호판〉

① 폼보드를 가로 42cm × 세로 30cm로 자른다.

② 보라색, 분홍색 색지를 안쪽 면에 붙인다.

③ 분홍색 색지 배경에 활동방법을 붙이고, 보라색 색지 배경 위에 암호카드와 글자카드를 붙인다.

④ 투명 시트지를 붙인 뒤, 접었다 펼 수 있도록 반(가로 21cm × 세로 30cm)으로 칼집을 낸다.

⑤ 검은색 마스킹 테이프를 테두리에 붙인다.

〈활동판〉

① 폼보드를 가로 15cm × 세로 21cm로 자른다.

② 각각의 하드보드지 위에 다양한 전통놀이 사진과 암호카드를 붙인다.

③ 시트지를 붙인 뒤, 까슬이를 붙인다.

놀 이 방 법

① 놀잇감을 살펴보고 놀이방법을 생각해 본다.

② 암호와 글자를 말해 보며 우리나라의 전통놀이에 대해 알아본다.

③ 글자카드를 붙여 본다.

④ 놀잇감을 다양한 방법으로 놀이할 수 있도록 지원한다.

⑤ 놀이가 끝나면 제자리에 정리한다.

알맞은 곳을 채워 보아요

누리과정 연계

▶ 사회관계 〉 사회에 관심을 가지기 〉 내가 살고 있는 곳에 대해 궁금한 것을 알아본다.

제 작 방 법

〈계란판〉

① 계란판을 6개씩 나누어질 수 있도록 4등분하고 흰색, 빨간색, 파란색, 초록색 물감으로 색칠한다.

② 골판지를 이용하여 틀을 잡고 공공기관 이름을 붙인다.

〈스티로폼 공〉

① 스티로폼 공 위를 1.5cm 자르고 흰색, 빨간색, 파란색, 초록색 물감으로 6개씩 색칠한다.

② 기관에 해당하는 사진을 프린트한 뒤 코팅하여 공의 잘린 부분에 붙인다.

〈비밀상자〉

준비한 상자에 검은색 시트지를 붙이고 손이 들어갈 수 있도록 구멍을 뚫는다.

놀이방법

생활 속의 다양한 기관에 해당하는 그림을 찾아 알맞은 곳에 스티로폼 공을 채워 넣는다.

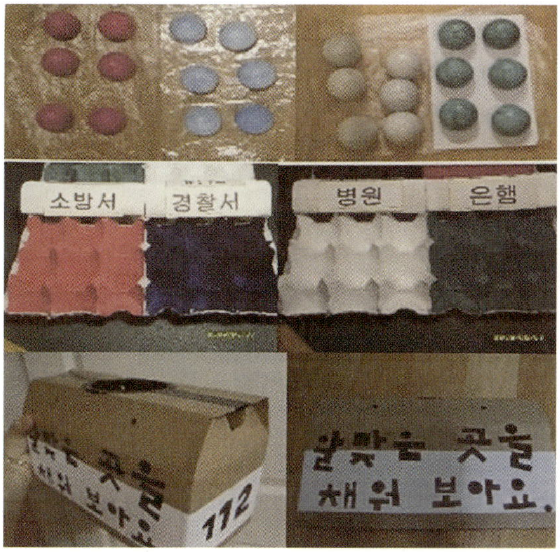

옛날 물건과 현대 물건

누리과정 연계

▶ 사회관계 〉 사회에 관심을 가지기 〉 우리나라에 대해 자부심을 가진다.

제 작 방 법

준비물: 하드보드지, 색테이프, 할핀, 벨크로(까슬이, 보슬이), 시트지, 현대 물건과 옛날 물건 그림 등

〈기본판〉

① 하드보드지에 색테이프로 8칸을 나눈다.

② 옛날에 사용하던 물건과 현재에 사용하는 물건들을 붙인다.

③ 투명 시트지로 싼 뒤 중앙에 화살표를 꽂아 할핀으로 고정시킨다.

〈말판〉

① 두 개의 하드보드지에 각각 다른 색 시트지로 싸고 옛날 물건, 현재 물건이라고 이름을 붙인다.

② 색테이프로 4칸이 되게 구분하고 투명 시트지를 붙인 뒤, 보슬이를 붙인다.

〈현대 물건, 옛날 물건 카드〉

현대 물건과 옛날 물건들의 사진을 모은 뒤 카드를 만들어 까슬이를 붙인다.

놀이방법

① 옛날 팀과 현재 팀으로 나눈다.

② 화살표를 튕겨 옛날 물건이 나오면 옛날 물건의 용도와 같은 현재 물건을 판에 붙이고, 현재 물건이 나오면 같은 용도의 옛날 물건을 붙인다.

③ 물건을 모두 붙이면 게임이 끝난다.

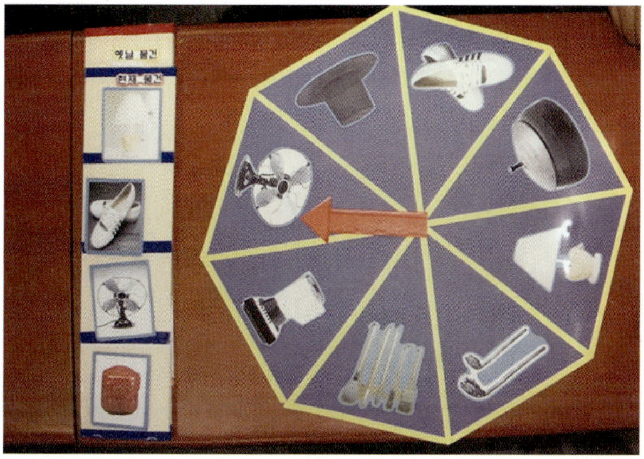

세계 친구들에게 옷을 입혀 보아요

누리과정 연계

▶ 사회관계 〉 사회에 관심을 가지기 〉 다양한 문화에 관심을 가진다.

제 작 방 법

① 하드보드지에 2개의 원을 그려 오린다.

② 원 1에 구멍 2개를 뚫는다. (국기 구멍: 2.5cm, 사람 얼굴 구멍: 4.5cm)

③ 원 1은 파란색 부직포로 포장한 뒤 초록색 부직포로 대륙을 그려서 붙여 준다. 이때, 뚫은 구멍은 막지 않도록 주의한다.

④ 원 2의 한 면에 노란색 색지를 붙인 뒤, 사람 얼굴 그림, 국기 그림 6개를 붙이고 시트지를 붙여 준다. 뒷면에는 파란색 부직포로 포장해 준다.

⑤ 원 1, 2를 합쳐 가운데를 송곳으로 뚫은 뒤에 할핀으로 고정해 준다.

⑥ 옷장은 부직포로 만들어 바느질하고 전통의상 6개는 색지로 모양을 만든다.

옷장 문을 연 뒤에 돌림판을 꺼내어 사람 얼굴과 국기를 보고 그 나라에 맞는 전통의상을 찾아 붙인다.

예술경험 영역 범주와 내용

범주	내용	놀이
아름다움 찾아보기	자연과 생활에서 아름다움을 느끼고 즐긴다.	– 별자리 퍼즐을 맞춰보아요
	예술적 요소에 관심을 갖고 찾아본다.	– 색깔 기억 게임
창의적으로 표현하기	노래를 즐겨 부른다.	– 소리의 길이가 달라요
	신체, 사물, 악기로 간단한 소리와 리듬을 만들어 본다.	– 깡통 흔들기
	신체나 도구를 활용하여 움직임과 춤으로 자유롭게 표현한다.	– 다그닥! 다그닥! 말처럼 달려보자
	다양한 미술 재료와 도구로 자신의 생각과 느낌을 표현한다.	– 신기한 소리가 나는 악기를 만들어 보아요
	극 놀이로 경험이나 이야기를 표현한다.	– 세계는 하나
예술 감상하기	다양한 예술을 감상하며 상상하기를 즐긴다.	– 에그 쉐이크
	서로 다른 예술 표현을 즐긴다.	– 명화 퍼즐 맞추기
	우리나라 전통 예술에 관심을 갖고 친숙해진다.	– 무궁화 강산을 만들어보아요

4 예술경험 영역

별자리 퍼즐을 맞춰 보아요

누리과정 연계

▶ 예술경험 〉 아름다움 찾아보기 〉 자연과 생활에서 아름다움을 느끼고 즐긴다.

제 작 방 법

① 하드보드지에 별자리 그림을 붙이고 주변을 자른다.

② 그림 위에 시트지를 붙이고, 그림 뒷면에 도안을 짜서 퍼즐을 만든다.

③ 퍼즐의 그림과 같은 완성됐을 때의 그림을 붙인다.

놀 이 방 법

① 퍼즐을 모두 꺼내 섞는다.

② 그림을 보면서 퍼즐을 맞춘다.

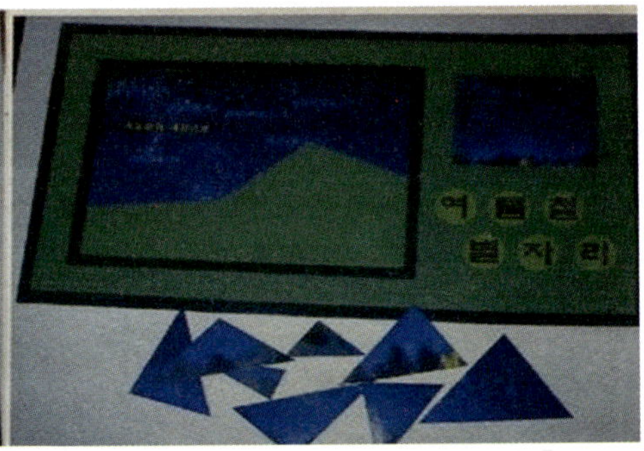

색깔 기억 게임

누리과정 연계

▶ 예술경험 〉 아름다움 찾아보기 〉 예술적 요소에 관심을 갖고 찾아본다.

제 작 방 법

준비물: 우드록, 시트지, 병뚜껑, 벨크로, 양면테이프

① 두꺼운 우드록으로 밑판을 만든다.

② 얇은 우드록으로 테두리를 만든 후 시트지로 싼다.

③ 병뚜껑을 시트지로 싼 후, 색 도화지와 벨크로를 붙인다.

④ 우드록을 팔레트 모양으로 자른다.

⑤ 시트지와 벨크로를 붙인다.

놀 이 방 법

① 게임판 위의 그림카드를 모두 뒤집어 놓는다.

② 2명의 유아가 팔레트 모양 판을 나누어 가진 후, 순서를 정한다.

③ 그림카드를 2개 뒤집어 같은 색깔이 나오면 자신의 팔레트 모양 판에 붙인다.

④ 게임판 위에 그림카드가 모두 없어지면 게임이 끝난다.

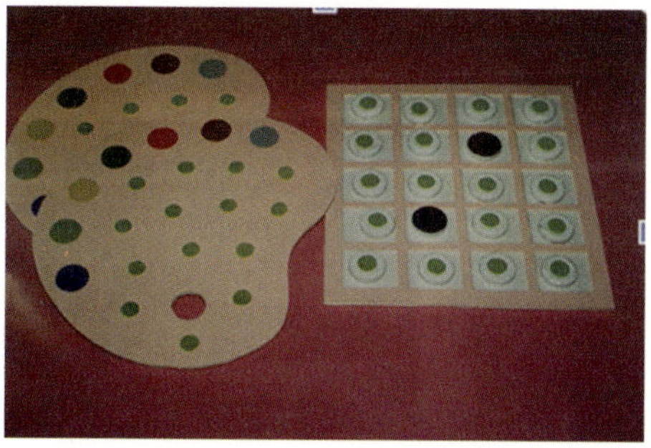

소리의 길이가 달라요

누리과정 연계

▶ 예술경험 〉 창의적으로 표현하기 〉 노래를 즐겨 부른다.

제 작 방 법

① 하드보드지에 음표를 그린다.

② 음표아래 장 · 단, 길이 차례로 사과를 붙인다.

③ 시트지로 테두리를 싼다.

놀 이 방 법

① 음표를 보고 몇 박자인지 알아본다.

② 음표카드를 사과 수가 적은 것부터 나열해 볼 수 있도록 한다.

③ 음표카드와 같은 박자의 쉼표카드를 찾아 짝지어 본다.

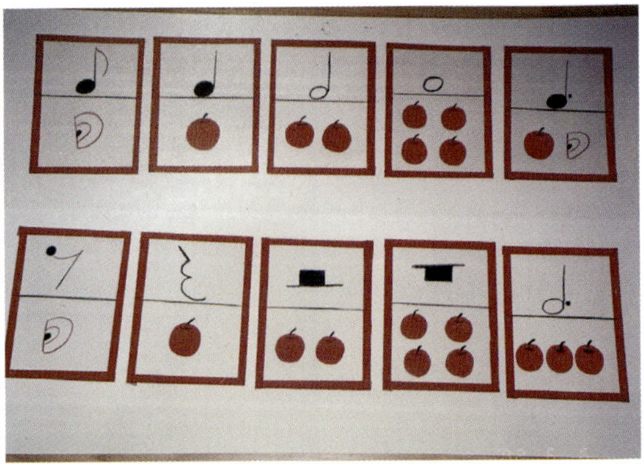

깡통 흔들기

누리과정 연계

▶ 예술경험 〉 창의적으로 표현하기 〉 신체, 사물, 악기로 간단한 소리와 리듬을 만들어 본다.

제 작 방 법

① 깡통 속에 소리 나는 물체를 같은 양으로 넣어서 2개씩 만들고 시트지로 싼다.
② 속에 무엇이 들어 있는지 알 수 있도록 깡통 밑에 속의 내용물을 적는다.
③ 속의 내용물이 나오지 않도록 잘 막는다.
④ 하드보드지로 '점점 크게', '점점 작게', '작게 크게'를 적은 판을 만든다.

놀 이 방 법

① 깡통을 흔들어 보며 소리를 들어 본다.
② 소리를 듣고 같은 소리의 깡통을 찾아본다.
③ 깡통 속에 무엇이 들어 있는지 생각해 본다.
④ 같은 소리의 깡통을 찾은 후 밑에 적어 놓은 이름을 확인해 본다.
⑤ 소리의 크기를 구분하여 '점점 크게', '점점 작게', '작게 크게'를 적은 판에 올려 본다.

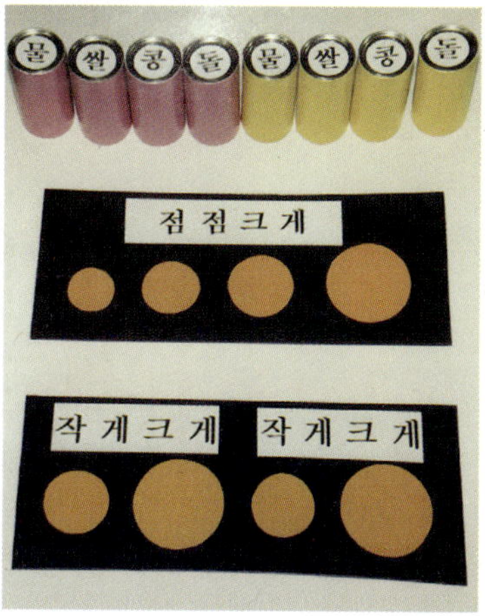

다그닥! 다그닥! 말처럼 달려 보자

누리과정 연계

▶ 예술경험 〉 창의적으로 표현하기 〉 신체나 도구를 활용하여 움직임과 춤으로 자유롭게 표현한다.

제 작 방 법

준비물: 우드록, 색지, 유성 매직, 시트지

① 노란색 우드록에 음표를 그린다.

② 음표 밑에 노랫말을 적는다.

③ 노랫말 밑에 가사를 상징할 수 있고 한눈에 알아볼 수 있는 그림을 오려 붙인다.

④ 투명 시트지로 싸고 마스킹 테이프로 마무리한다.

놀 이 방 법

① 그림을 보고 가사를 떠올리며 노래해 본다.

② 가사와 음표를 보며 노래를 부를 수 있다.

③ 말이 뛰는 느낌을 신체로 표현해 본다.

신기한 소리가 나는 악기를 만들어 보아요

누리과정 연계

▶ 예술경험 〉 창의적으로 표현하기 〉 다양한 미술 재료와 도구로 자신의 생각과 느낌을 표현한다.

제 작 방 법

〈큰북〉

젤리 통 입구 크기에 맞게 두꺼운 도화지를 오려서 입구를 막고 시트지로 꾸민다.

〈작은북〉

사발면 그릇의 입구 크기에 맞게 두꺼운 도화지를 오려서 입구를 막고 색깔 시트지로 꾸민다.

〈북채〉

나무젓가락을 색테이프로 두르고 컬러믹스를 끝부분에 둥글게 붙이고 컬러믹스를 비닐봉지로 싸고 고무줄로 묶는다.

〈탬버린(마라카스)〉

메추리알 통에 색깔 빨대를 잘게 잘라 넣은 후 옆을 테이프로 봉하고 손잡이는 하드보드지를 잘라 색테이프로 두른다.

〈손목 구슬 띠〉

부직포를 손목의 크기로 자른 다음 바늘과 실로 구슬을 달고 양 끝에 벨크로를 붙인다.

놀 이 방 법

① 아이들이 먼저 만져 보고 소리를 들어보면서 자유롭게 다루어 본다.

② 간단한 리듬의 악보를 보면서 연주해 본다.

③ 아이들이 직접 재활용 악기를 만들어 본다.

세계는 하나

누리과정 연계

▶ 예술경험 〉 창의적으로 표현하기 〉 극놀이로 경험이나 이야기를 표현한다.

제 작 방 법

〈게임판〉

① 가로 30cm × 세로 30cm의 하드보드지를 동그랗게 2장 오린다.

② 세계 여러 나라 사람 10명을 그린 뒤, 팔을 제외하고 나머지 부분을 오려서 하드보드지에 붙인다.

③ 할핀으로 팔을 고정한다.

④ 남은 하드보드지를 뒷면에 붙인 뒤, 투명 시트지를 붙인다.

〈돌림판〉

① 파란색 하드보드지를 가로 15cm × 세로 15cm로 자른 뒤 4등분한다.

② 각각의 칸에 전쟁, 톱, 망치, 비둘기, 웃는 얼굴 그림을 붙인다.

③ 하드보드지 위에 투명 시트지를 붙인다.

④ 가운데에 빨간색 화살표를 할핀으로 고정한다.

놀 이 방 법

① 세계 여러 나라에 대해 이야기 나눈다.

② 게임판에 있는 10명의 사람을 반으로 나누어 5명씩 자신의 팀으로 정한다.

③ 주사위를 돌려 평화의 그림(비둘기, 웃는 얼굴)이 나오면 한쪽 팔을 내리고, 전쟁이나 톱, 망치 그림이 나오면 팔을 그대로 둔다.

④ 세계 여러 나라 사람들이 모두 손을 잡은 그림이 완성되면 게임이 끝난다.

⑤ 놀잇감을 다양한 방법으로 놀이할 수 있도록 지원한다.

⑥ 놀이가 끝나면 제자리에 정리한다.

에그 쉐이크

누리과정 연계

▶ 예술경험 〉 예술 감상하기 〉 다양한 예술을 감상하며 상상하기를 즐긴다.

제 작 방 법

[에그 쉐이크 보관함]

① 계란 판 4칸을 자른 뒤, 빨간색 물감을 칠한다.

② 물감이 마르면, 계란 판의 크기에 맞게 우드락을 자른다.

③ 분홍색 색지를 오려 우드락에 붙인 뒤, 계란 판을 넣을 상자를 완성한다.

④ 상자가 완성되면 빨간색 마스킹테이프를 테두리에 붙여준다.

[에그 쉐이크]

① 뽑기 통을 4개 준비한다.

② 각각의 뽑기 통 안에, 콩, 쌀 등 다양한 잡곡과 콩을 집어넣는다.
이때, 뽑기 통이 열리지 않도록 접착제로 뚜껑을 고정한다.

③ 포스터물감으로 뽑기 통을 다양하게 색칠하여 꾸며 준다.

놀 이 방 법

① 에그 쉐이크의 소리를 탐색한다.

② 사자, 토끼, 거북이, 물고기, 새, 닭 중 알을 낳는 동물을 알아본다.

③ '엄마, 아빠' 노래를 불러본다.

④ '엄마, 아빠' 가사에 맞춰 에그 쉐이크를 연주하기 위해 사자, 토끼, 거북이, 물고기, 새, 닭 그림 카드를 자유롭게 정하여 가사판에 붙인다.

⑤ 에그 쉐이크 중 거북이, 물고기, 새, 닭을 연주할 에그 쉐이크를 정한다.

⑥ 가사판을 보며 '엄마, 아빠' 노래에 맞춰 에그 쉐이크를 연주해 본다.

⑦ 자유선택활동 시, 역할 영역에서 '에그 쉐이크 연주회'를 해볼 수 있다.

⑧ 자유선택활동 시, 미술영역에서 '나만의 에그 쉐이크 만들기' 활동을 할 수 있다.

명화 퍼즐 맞추기

누리과정 연계

▶ 예술경험 〉 예술 감상하기 〉 서로 다른 예술 표현을 즐긴다.

제작방법

〈그림판〉

① 다양한 크기의 명화 그림 5장을 프린트한다.

② 명화 그림 크기에 맞게 우드록과 하늘색 하드보드지 5개를 자른다.

③ 우드록 위에 명화 그림을 붙인 뒤, 투명 시트지를 붙인다.

④ 우느록에서 큰 동그라미, 작은 동그라미 크기만큼 자른다.

⑤ 자른 동그라미 명화 그림 조각과 동일한 크기의 하드보드지를 오려 붙인다.

⑥ 남은 명화 그림 우드록과 하드보드지를 글루건으로 고정한다.

놀 이 방 법

① 그림판에 있는 다양한 명화를 감상한다.

② 그림판을 보고 그림에 대해 이야기를 나눈다.

③ 전체의 그림을 보고 부분에 들어갈 알맞은 그림을 찾아 맞춘다.

④ 놀이가 끝난 뒤 놀잇감을 제자리에 정리한다.

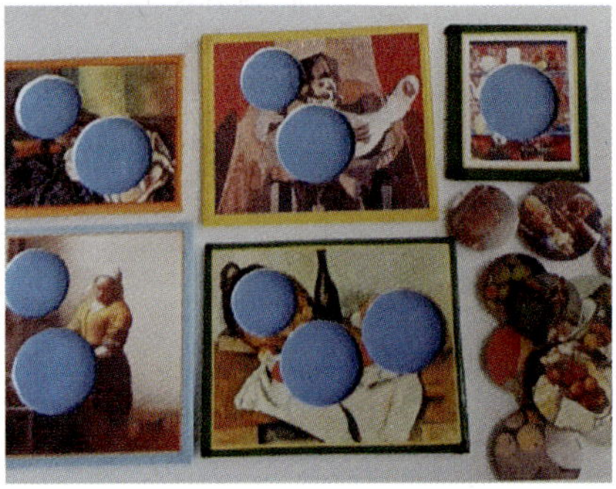

무궁화 강산을 만들어 보아요

누리과정 연계

▶ 예술경험 〉 예술 감상하기 〉 우리나라 전통 예술에 관심을 갖고 친숙해진다.

제 작 방 법

〈게임판〉

① 가로 15cm × 세로 30cm 연두색 폼보드를 자른다.

② 폼보드 위에 하늘색 색지를 오려 우리나라 지도를 만들어 붙인다.

③ 우리나라 지도 안에 칼집을 낸 뒤, 할핀으로 고정한다. 이때, 작은 자석을 붙이거나, 함석판을 이용하여 만들 수도 있다.

④ 할핀을 고정한 부분의 뒷면에 테이프를 붙인 뒤, 펠트지를 뒷면에 붙인다.

⑤ 빨간색, 초록색 마스킹 테이프를 사용하여 테두리에 붙인다.

〈무궁화 모양 칩〉

① 무궁화 모양 그림을 오린 뒤, 코팅한다.

② 코팅한 무궁화 모양 그림 뒷면에 글루건으로 자석을 붙인다.

놀이방법

① 우리나라 국화인 무궁화에 대해 이야기를 나눈다.

② 순서를 정해 주사위를 던져 나온 수만큼 무궁화 판에 붙인다.

③ 서로의 무궁화의 개수를 비교한다.

④ 유아들끼리 게임의 규칙을 만들어 다양하게 놀이할 수 있도록 지원한다.

⑤ 놀이가 끝나면 제자리에 정리한다.

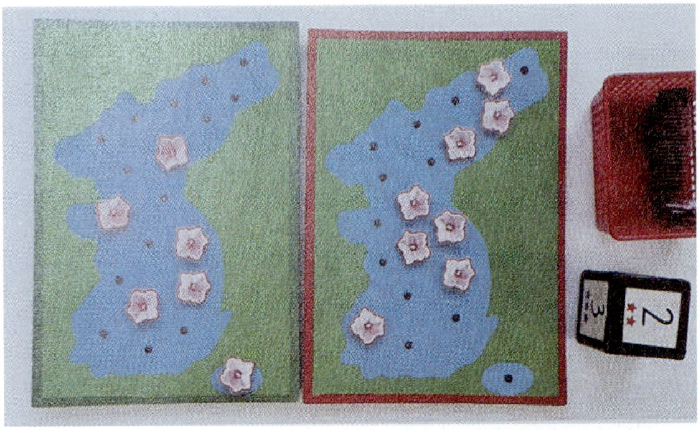

자연탐구 영역 범주와 내용

범주	내용	놀이
탐구과정 즐기기	주변 세계와 자연에 대해 지속적으로 호기심을 가진다.	– 알을 찾아라
	궁금한 것을 탐구하는 과정을 즐겁게 참여한다.	– 일어나라 얍
	탐구과정에서 서로 다른 생각에 관심을 가진다.	– 모형 물고기를 움직여보자
생활 속에서 탐구하기	물체의 특성과 변화를 여러 가지 방법으로 탐색한다.	– 색 돋보기 놀이
	물체를 세어 수량을 알아본다.	– 연못 건너기
	물체의 위치와 방향, 모양을 알고 구별한다.	– 재미있는 모양 만들기
	주변에서 반복되는 규칙을 찾는다.	– 물고기 퍼즐 맞추기
	일상에서 모은 자료를 기준에 따라 분류한다.	– 지하철을 갈아 타보아요
	도구와 기계에 관심을 가진다.	– 곡물을 쉽게 운반해요
자연과 더불어 살기	주변의 동식물에 관심을 가진다.	– 손으로 끼어 보아요
	생명과 자연환경을 소중히 여긴다.	– 행운의 코끼리
	날씨와 계절의 변화를 생활과 관련짓는다.	– 어떤 날씨일까?

5 자연탐구 영역

알을 찾아라

누리과정 연계

▶ 자연탐구 〉 탐구과정 즐기기 〉 주변 세계와 자연에 대해 지속적으로 호기심을 가진다.

제 작 방 법

① 가로 20cm × 세로 35cm의 하드보드지 위에 분홍색 EVA를 붙인다.

② 노란색(4개), 연두색(16개) EVA를 오려 분홍색 하드보드지 위에 글루건으로 붙인다.

③ 주황색 EVA를 사용해 교구명을 활동판 위에 글루건으로 붙인다.

④ 물고기, 거북이, 닭, 새 그림을 그린 뒤 코팅한다.

⑤ 코팅한 그림을 오린 뒤 필름 통이나 요구르트 통에 고정한다.

놀이방법

① 알을 낳는 동물(물고기, 거북이, 닭, 새)의 알 사진을 보며 탐색한다.
② 물고기, 거북이, 닭, 새 중 말을 선택한다.
③ 순서를 정한 후, 자신의 말을 게임판에 올려놓는다.
④ 주사위를 던져, 자신이 선택한 말과 같은 동물이 나오면 말을 옮기고, 꽝이 나오면 한 칸 뒤로 가고 다른 동물이 나오면 한 번 쉰다.
⑤ 알이 있는 도착점에 먼저 도착한 유아가 이기는 게임이다.
⑥ 놀이 후 놀잇감을 제자리에 정리한다.

일어나라 얍~

누리과정 연계

▶ 자연탐구 〉 탐구과정 즐기기 〉 궁금한 것을 탐구하는 과정에 즐겁게 참여한다.

제 작 방 법

① 노란색 하드보드지를 가로 25cm × 세로 15cm로 자른다.

② '일어나라 얍~' 교구명을 하드보드지 위에 붙인 뒤, 투명 시트지를 붙인다.

③ 아기부터 할머니까지 성장과정 그림카드 6개를 오린 뒤, 코팅한다.

④ 하드보드지 위에 성장과정 그림카드를 테이프로 고정한다.

놀 이 방 법

① 머리빗, 천, 옷 등의 놀잇감에 관심을 가지고 탐색한다.

② 머리빗, 천, 옷 등의 다양한 물건을 이용하여 정전기를 만들어 본다.

③ 물건을 물체에 대면 어떤 현상이 일어날지 이야기 나눈다.

④ 물건을 물체에 대면 어떤 현상이 일어나는지 실험해 본다.

⑤ 정전기가 어떻게 일어났는지 이야기 나눈다.

⑥ 실험을 하고 난 후 느낀 점을 이야기 나눈다.

모형 물고기를 움직여 보자

누리과정 연계

▶ 자연탐구 〉 탐구과정 즐기기 〉 탐구과정에서 서로 다른 생각에 관심을 가진다.

제 작 방 법

평 플라스크에 물을 넣고 모형 자석 물고기를 넣는다.

놀 이 방 법

① 평 플라스크 안에 들어 있는 물고기를 움직일 수 있는 방법에 대해 생각해 본다.
② 자석을 이용해 움직이는 방법을 생각해 본다.
③ 막대자석의 극을 바꿔 가며 움직여 본다.

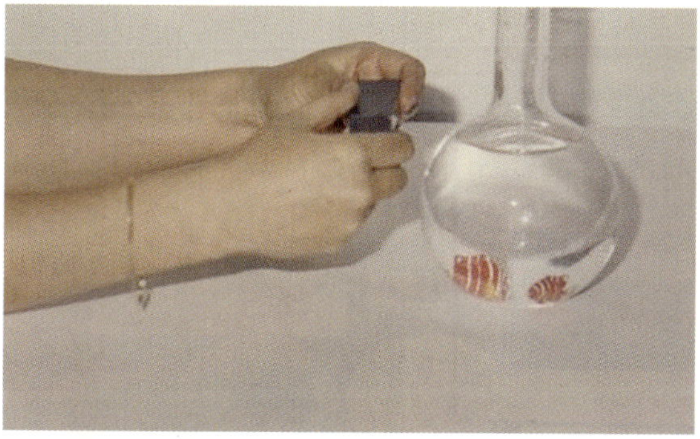

색 돋보기 놀이

누리과정 연계

▶ 자연탐구 〉 생활 속에서 탐구하기 〉 물체의 특성과 변화를 여러 가지 방법으로 탐색한다.

제작방법

① 하드보드지 위에 빨강, 노랑, 파란색의 색지로 지름 8cm 정도의 원을 그려 판에 붙인다.
② 빨강, 노랑, 파란색 셀로판지를 돋보기의 렌즈 크기로 오려, 돋보기에 붙여 색 돋보기를 만든다.

놀이방법

① 색 돋보기를 통해서 본 색을 비교해 본다.
② 색 돋보기로 놀이방의 물건이나 친구들의 얼굴을 보거나 2개의 색 돋보기를 겹쳐 보면 어떤 색으로 보이는지 말해 본다.

연못 건너기

누리과정 연계

▶ 자연탐구 〉 생활 속에서 탐구하기 〉 물체를 세어 수량을 알아본다.

제 작 방 법

〈기본판〉

① 하드보드지에 하늘색 시트지로 전체를 싼다.

② 연꽃잎 24개, 연꽃 1개, 물방울 2개를 시트지에 그려 붙인다.

③ 방향 화살표를 붙인다.

〈주사위〉

① 개구리알, 올챙이, 뒷다리가 나옴, 앞다리도 나옴, 꼬리가 짧아짐, 개구리가 된 그림을 주사위 면에 붙인다.

② 그 자리에 그대로의 그림을 붙인 후 투명 시트지를 싼다.

〈말〉

① 필름통에 시트지를 싼 후 개구리 그림을 붙인다.

놀이방법 1

① 순서를 정하고 말을 나눈 후 주사위를 던져 나온 수 만큼 연꽃잎 위를 건너간다.

② 물방울이 튀기는 그림에서 멈추면 뒤로 3칸 간다.

③ 말이 먼저 도착하는 유아가 이긴다.

놀이방법 2

① 순서를 정한 뒤 말을 나누어 갖는다.

② 주사위의 숫자만큼 이동한다.

③ ㅁ표시가 있는 곳이 이동하는 길이다(알을 하나 골라서 반을 나눠 숫자를 살펴본다.). ☆ – 한 번 더 알을 고른다. ♨– 뒤로 한 칸 이동한다.

④ 알이 있는 곳에 말이 걸리면 알을 게임판에 담는다.

⑤ 도착점에 도착 했을 때 모은 알의 수가 많은 유아가 이긴다.

재미있는 모양 만들기

누리과정 연계

▶ 자연탐구 〉 생활 속에서 탐구하기 〉 물체의 위치와 방향, 모양을 알고 구별한다.

제 작 방 법

〈모양〉

① 우드록에 다양한 모양을 그려서 오린다.

② 보관 상자를 모양의 크기별로 수납할 수 있도록 칸을 만들어 준다.

〈모양 구성 책〉

① 유아들이 다양한 구성 형태를 경험할 수 있도록 기본 구성을 그림으로 그려 책으로 묶어 둔다.

놀 이 방 법

① 여러 모양의 조각들을 관찰한다.

② 모양 조각들을 이용하여 기본 책자를 보며 구성 활동을 한다.

③ 스스로 창의적으로 구성 활동을 해 본다.

물고기 퍼즐 맞추기

누리과정 연계

▶ 자연탐구 〉 생활 속에서 탐구하기 〉 주변에서 반복되는 규칙을 찾는다.

제 작 방 법

① 폼보드 2개를 가로 20cm × 세로 40cm로 자른다.

② 자른 폼보드 한 개의 윗부분을 가로 16cm × 세로 26cm 크기로 자른다.

③ 자른 폼보드를 각각 다른 크기(3가지)로 12개 조각을 만든다.

④ 조각 위에 코팅된 물고기 그림(연두색, 파란색, 분홍색)을 붙인다.

⑤ 폼보드 아랫면과 윗면을 글루건으로 붙인다.

⑥ 아랫면에 윗면의 조각카드 그림과 동일한 크기의 화살표를 오려 붙인다.

⑦ 윗면의 폼보드에 색지를 오려 바닷속 그림을 완성한 뒤, 투명 시트지를 오려 붙인다.

놀이방법

① 다양한 물고기의 색깔, 모양 등에 대해 관심을 갖고 탐색한다.

② 퍼즐 판의 화살표 방향과 색깔, 길이를 자세히 살펴본다.

③ 화살표와 같은 물고기가 어떤 것인지 예측해 본다.

④ 화살표의 색깔과 같은 색깔의 물고기를 찾아 분류한다.

⑤ 분류한 물고기를 화살표가 지시하는 방향으로 조각을 맞춘다.

⑥ 놀이가 끝난 뒤 놀잇감을 제자리에 정리한다.

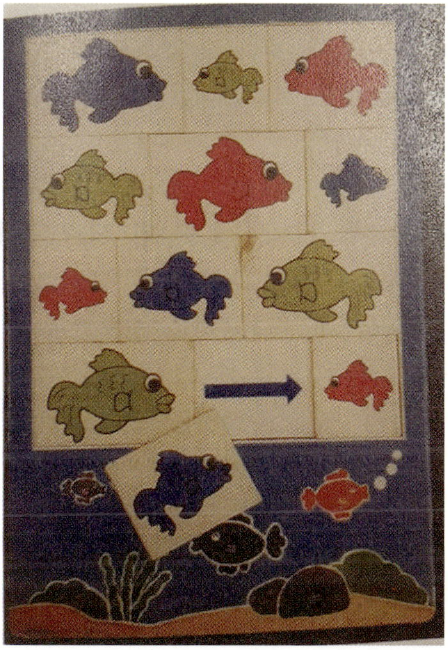

지하철을 갈아 타 보아요

누리과정 연계

▶ 자연탐구 〉 생활 속에서 탐구하기 〉 일상에서 모은 자료를 기준에 따라 분류한다.

제 작 방 법

① 하드보드지에 색 시트지를 붙인다.

② 각 노선을 다 붙인 후 투명 시트지를 붙인다.

③ 뚜껑에 색지를 붙이고 유아들의 얼굴이나 활동 모습을 붙여 말을 만든다.

놀 이 방 법

① 목적지를 정한다.

② 어느 곳에서든 각각의 시작점을 정한다.

③ 환승 지점에서는 자신이 가고 싶은 노선으로 갈 수 있다.

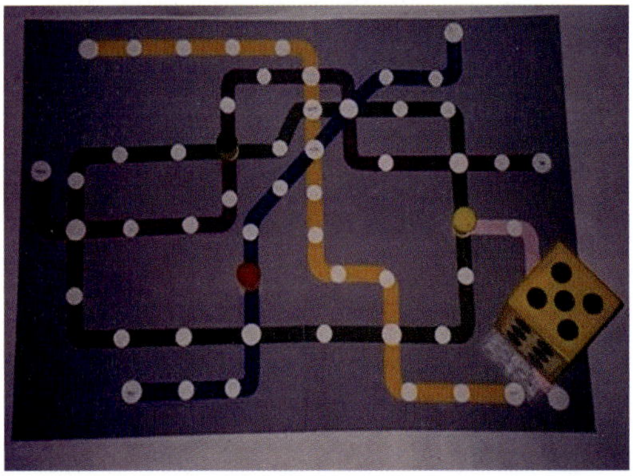

곡물을 쉽게 운반해요

누리과정 연계

▶ 자연탐구 〉 생활 속에서 탐구하기 〉 도구와 기계에 관심을 가진다.

제 작 방 법

① 원통 아크릴 한쪽을 아크릴로 막는다. 그리고 가운데 신주가 들어갈 수 있도록 구멍을 뚫는다. 아크릴로 막힌 쪽 끝부분 옆으로 곡물이 들어갈 수 있도록 구멍을 뚫어 준다.

② 아크릴 낫 한쪽에 신주를 박아 고정시킨다.

③ 원통 아크릴 통에 아크릴 나사를 넣어 아크릴 통 덮개의 뚫려 있는 구멍에 신주를 넣는다. 아크릴 나사를 돌릴 수 있도록 신주를 L자로 꺾는다.

④ 자동차의 옆면을 아크릴 원통이 들어갈 수 있도록 구멍을 뚫는다. 한쪽은 높게 한쪽은 낮게 뚫는다.

⑤ 자동차의 낮은 구멍 쪽으로 신주 손잡이가 오게 하고 원통의 옆에 뚫린 구멍이 자동차 안에서 위쪽으로 놓여져 곡물이 들어갈 수 있도록 한다.

놀이방법

① 자동차 안에 쌀 튀밥을 넣고 신주 손잡이를 돌려 본다. 반대로도 돌려 본다. 튀밥이 떨어지는 곳에 덤프트럭을 놓는다.

손으로 끼어 보아요

누리과정 연계

▶ 자연탐구 〉 자연과 더불어 살기 〉 주변의 동식물에 관심을 가진다.

제 작 방 법

① 똑딱단추: 금붕어 비늘 모양에 똑딱단추를 바느질한다. (그림 참조)
② 지퍼: 고래 입 부분에 연결하여 입을 벌리고 다물 수 있게 한다.
③ 끈: 오징어 몸통에 끈을 연결한다.
④ 단추: 거북이 등 껍질에 단추를 단다. (그림 참조)
⑤ 바느질: 소라 모형에 구멍을 뚫는다.

놀 이 방 법

① 금붕어 비늘 모양의 똑딱단추로 연결하여 채워 본다.

② 고리 입을 열고 다물며 지퍼 연습을 한다.

③ 오징어 다리로 리본 묶기, 끈 묶기를 연습해 본다.

④ 거북이 등껍질에 있는 단추에 모양을 끼워 본다.

⑤ 소라 몸에 있는 구멍에 바느질해 본다.

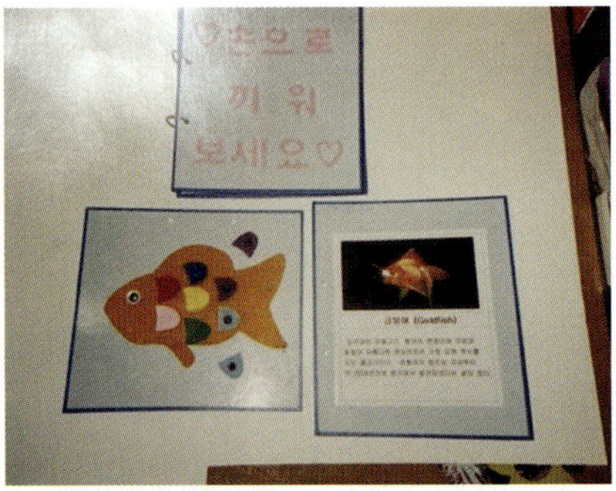

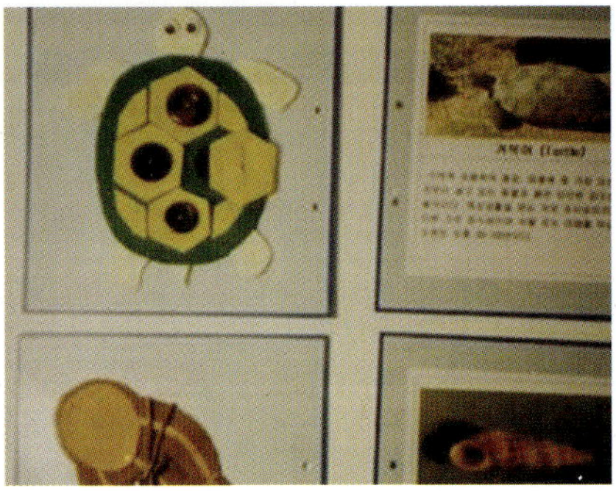

행운의 코끼리

누리과정 연계

▶ 자연탐구 〉 자연과 더불어 살기 〉 생명과 자연환경을 소중히 여긴다.

제 작 방 법

① 폼보드를 가로 30cm × 세로 40cm로 자른다.

② 폼보드 크기와 동일하게 초록색 EVA를 자른 뒤, 글루건으로 폼보드 위에 붙인다.

③ 갈색, 연두색, 파란색, 분홍색, 노란색 EVA를 오려, 나무 모양, 풀, 우물, 진흙 그림을 만들어 붙인다.

④ 다양한 코끼리의 사진 10장을 동그랗게 오려 코팅한 뒤, 재활용 뚜껑이나 남은 폼보드 위에 글루건으로 붙인다.

⑤ 행운의 코끼리, 행운이 없는 코끼리 그림을 살구색, 검은색 EVA를 사용하여 코끼리 얼굴 모양으로 오려 만든다.

놀 이 방 법

① 판에 코끼리 10마리를 놓는다.

② 순서를 정한다.

③ 마지막 코끼리를 행운이 있는 또는 행운이 없는 코끼리로 정하고 잡거나 잡히지 않기 위한 전략을 유아들이 세운다. 2명의 경기자가 룰을 가지고 말을 움직여, 가장 마지막까지 킹을 살아남게 하는 체스(chess)와 비슷한 게임이다.

④ 순서대로 두 사람이 코끼리를 1마리 또는 2마리를 잡는다.

⑤ 초원에 있는 코끼리를 다 잡을 때까지 계속 코끼리를 잡는다.

⑥ 마지막에 행운의 코끼리를 잡은 사람이 이긴다. (행운이 없는 코끼리로 할 경우에는 마지막 코끼리를 잡은 사람이 진다.)

⑦ 놀이를 마친 후 어떠한 전략을 세웠는지 상호작용한다.

어떤 날씨일까?

누리과정 연계

▶ 자연탐구 〉 자연과 더불어 살기 〉 날씨와 계절의 변화를 생활과 관련짓는다.

제 작 방 법

〈기본판〉

① 가로 42cm × 세로 39cm 파란색 하드보드지를 자른다.

② 노란색 색지를 동그랗게 21개 오려 게임 칸을 만든다.

③ 게임 칸 위에 비, 맑음, 번개, 눈 오는 그림을 붙인 뒤, 투명 시트지를 붙인다.

④ 가로 21cm × 세로 39cm가 되도록 하드보드지 뒷면에 반으로 칼집을 낸다.

⑤ 칼집을 낸 뒷면에 테이프를 붙이고, 테두리에 파란색 마스킹 테이프를 붙인다.

〈돌림핀〉

① 노란색 하드보드지를 가로 20cm × 세로 20cm의 정육각형 모양으로 자른다.

② 하드보드지 위에 6등분으로 칸을 만든 뒤, 날씨에 따른 기호 그림과 글자를 붙인다.

놀이방법

① 날씨 기호에 대해 관심을 가지고 탐색한다.

② 게임판을 펼친다.

③ 2명의 유아가 말을 서로 하나씩 나누어 갖는다.

④ 순서를 정한 후, 돌림판을 돌린다.

⑤ 돌림판을 돌려 나온 날씨 기호에 맞는 날씨 그림으로 말을 이동한다.

⑥ 먼저 도착 지점에 도착한 유아가 이기는 게임이다.

⑦ 놀이가 끝난 뒤 놀잇감을 제자리에 정리한다.

생각을 모아요

※ 놀잇감 종류 5개 이상 적어보기

우유곽/상자	
종이컵	
스카프	
풍선	
빨대	
휴지심	
끈	
비닐/종이	

참고문헌

고세화(2020). 재활용품을 활용한 조형놀이 활성화 실행연구. 중앙대학교 교육대학원 석사학위 논문.

구나현(2006). 블렌디드 러닝 환경에서 학습모드 및 형태별 학업성취도에 대한 감성지능의 예측 타당도 검증. 이화여자대학원 석사학위 논문.

김영욱(2010). 증강현실(AR) 기술이 접목된 그림책으로 보는 상상력의 진화. 인문콘텐츠 Vol. 0. No. 19. 465-489.

김혜경(2010). 교과교재 연구 및 지도법. 경기: 공동체.

오인경(2004). Blended Learning의 실시 현황 분석: 국내 현황 및 외국과의 비교. 기업교육연구, 6(1), 41-62.

오연주 · 김혜옥 · 박향아(2015). 교재 · 교구의 이론과 실제. 경기: 창지사.

이대균 · 송정원(2006). 영유아를 위한 교과 · 교재 연구 및 지도. 경기: 양서원.

이성(2004). E-Action Blended Learning을 활용한 실천적 리더십과정의 효과연구. 기업교육연구, 6(2), 105-125.

이정환(1999). 유아교육 · 교수학습방법. 서울: 교학사.

장세희 · 김영식(2003). 효율적인 통합교육 운영전략에 관한 실증적 연구-공공조직을 중심으로. e-Learning 학술연구, 2(1), 87-135.

정솔(2020). 자연물을 활용한 유아수학교육 활성화를 위한 실행연구. 중앙대학교 교육대학원 석사학위 논문.

한성희(2019). 교과교재 연구 및 지도법. 서울: 창지사.

Chen, P., Liu.X. & Huang, R. (2017). A review of using augmented reality in education from 2011 to 2016. In: Popescu E et al (eds) Innovations in smart learning. *Lecture notes in educational technology*. Singapore: Springer

Driscoll, M.(2002). Blended Learning: Let's get beyond the hype. e-Learning. 54. Singh, H. (2003). Building effective blended learning programs. *Educational Technology*, *43*(6). 51-54.

Furió, D., González-Gancedo, S., Juan, M.C., Seguí, I., & Rando, N. (2013). Evaluation of learning outcomes using an educational iPhone game vs. traditional game. *Computers & Education*, *64*, 1-23.

Graham, C. R.(2005). *Blended Learning systems: definition, current trends, and future directions*. In Bonk, C. J. & Graham, C. R. (Eds.), Handbook of blended learning: Global perspectives, local designs. San Francisco, CA: Pfeiffer Publishing.

Singh, H. & Reed, C.(2001). *A white paper: Achieving success with blended* learning. Retrieved May 10, 2010, from http: //www. centra. com/download/whitepapers/blendedlearning. pdf.

Smith, J. M.(2002). Blended Learning: An old friend gets a new name. Executive Update, March. http://www.gwasae.org/Executiveupdate/2001/March/blended. htm.

저자소개

오연주

이화여자대학교 교육학과 학령전 전공

이화여자대학교 교육대학원 유아교육과 전공

경희대학교 아동-가족 전공 박사

현) 대림대학교 유아교육과 교수

김혜옥

이화여자대학교 교육대학원 유아교육과 전공

경희대학교 아동-가족 전공 박사

현) 마인드트리 아동발달센터 대표

다음세대 출판부 주간

박향아

대림대학교 유아교육학과

한국방송통신대학교 유아교육학과

성결대학교 교육대학원 유아교육 전공

현) 꿀송이 어린이집 원장

증보

놀이중심 교육과정

교과 · 교재 연구 및 지도법

초 판 1쇄 발행 2021년 7월 16일
증 보 1쇄 발행 2023년 1월 10일

지 은 이 | 오연주 · 김혜옥 · 박향아
펴 낸 이 | 김기섭
편 집 인 | 이혜란 · 이현남
펴 낸 곳 | 창지사 www.changjisa.com
08589 서울시 금천구 가산디지털 1로 83 파트너스타워 1차 9층
전화 (02)719-2211~3
팩스 (02)701-9386
등 록 | 1977년 4월 28일 · 제1-421호

ISBN 978-89-426-1575-9 (93370)

값 25,000원